中国城镇化
高质量发展的实现路径

郑耀群　著

国家社会科学基金项目（20XJL007）

科学出版社

北　京

内 容 简 介

城镇化高质量发展是新时代中国高质量发展的重要组成部分,也是实现中国式现代化的必由之路。本书从我国城镇化的历史逻辑和实践逻辑出发,总结了中国城镇化的演进阶段与特征,剖析了传统城镇化的困境以及中心城区、新城区、小城镇三种不同类型空间区域存在的问题;阐释了城镇化高质量发展的理论机制;构建了城镇化高质量发展的评价指标体系,并对中国城镇化高质量发展水平进行了定量测度;设计了城镇化高质量发展的总体路径以及中心城区、新城区、小城镇三种不同类型空间区域高质量发展的具体路径;提出了城镇化高质量发展路径实施的政策保障建议。

本书既能为研究领域的专家学者提供研究参考,也能为实践领域的工作人员提供具体的操作指导,还能为对该领域感兴趣的广大读者提供有价值的信息。

图书在版编目(CIP)数据

中国城镇化高质量发展的实现路径 / 郑耀群著. —北京:科学出版社,2024.6

ISBN 978-7-03-077529-0

Ⅰ.①中… Ⅱ.①郑… Ⅲ.①城市化—发展—研究—中国 Ⅳ.①F299.21

中国国家版本馆 CIP 数据核字(2024)第 013757 号

责任编辑:徐 倩 / 责任校对:贾娜娜
责任印制:张 伟 / 封面设计:有道设计

科 学 出 版 社 出版
北京东黄城根北街 16 号
邮政编码:100717
http://www.sciencep.com
北京富资园科技发展有限公司印刷
科学出版社发行 各地新华书店经销

*

2024 年 6 月第 一 版 开本:720×1000 1/16
2024 年 6 月第一次印刷 印张:13 1/4
字数:267 000
定价:152.00 元
(如有印装质量问题,我社负责调换)

作 者 简 介

郑耀群，西安电子科技大学教授，经济学博士，博士生导师，英国诺丁汉大学访问学者。主要从事区域经济、产业经济研究。兼任陕西省发展经济学学会副秘书长、中国民主建国会陕西省委员会与西安电子科技大学共建智库——发展经济学研究院副院长。

已主持国家社会科学基金项目、教育部人文社会科学基金项目、陕西省社会科学基金项目等共计 30 项。在国内外核心期刊上发表论文 40 余篇，被人大复印报刊资料全文转载 1 篇，CSSCI（Chinese Social Sciences Citation Index，中文社会科学引文索引）论文 15 篇。作为第三作者的研究成果《西部大开发中区域产业转移与产业升级》入选 2014 年《国家哲学社会科学成果文库》。研究成果获陕西省哲学社会科学优秀成果奖二等奖 1 项、获西安市社会科学优秀成果奖三等奖 1 项、获陕西高等学校人文社会科学研究优秀成果奖一等奖 2 项。

前　言

本书是在国家社会科学基金项目"新发展理念下城镇化高质量发展的评价体系与实现路径研究"（批准号：20XJL007）资助下完成的。

改革开放 40 多年来，中国城镇化的速度和规模都是史无前例的，2023 年末我国城镇化率已达到 66.16%。然而，在快速的城镇化过程中，出现了一些问题，如进城农民工市民化待遇不高、产城发展不协调、大城市病与中小城市功能性不足并存、城市精细化治理水平较低等问题，导致城镇化发展质量不高。

党的十九大报告提出，"我国经济已由高速增长阶段转向高质量发展阶段"[①]。党的二十大报告提出，"高质量发展是全面建设社会主义现代化国家的首要任务"[②]。城镇化是实现我国经济高质量发展的重要引擎，是增强内需、构建新发展格局的关键驱动力。因此，研究城镇化高质量发展的实现路径具有重要的理论与实际价值。

基于此，本书在我国经济社会进入高质量发展阶段的背景下，基于新发展理念的视角，从我国城镇化的历史逻辑和实践逻辑出发，总结了中国城镇化的演进阶段与特征，剖析了传统城镇化的困境及中心城区、新城区、小城镇三种不同类型空间区域存在的问题；建立了新发展理念下城镇化高质量发展的理论框架；构建了城镇化高质量发展的评价指标体系，并对中国城镇化高质量发展水平进行测度评价；设计了城镇化高质量发展的总体路径以及中心城区、新城区、小城镇三种不同类型空间区域高质量发展的具体路径，提出了城镇化高质量发展路径实施的政策保障建议。

本书的特色与创新之处主要包括以下几个方面。

（1）在研究视角方面，将新发展理念作为城镇化高质量发展的基本内涵和评判标准。本书基于新发展理念构建城镇化高质量发展的理论机制，分析新发展理念与城镇化高质量发展的内在逻辑关联，界定城镇化高质量发展的内涵，重构城镇化高质量发展的动力机制，建立城镇化高质量发展的评价指标体系，提出城镇化高质量发展的实现路径，系统研究了新发展理念下城镇化的高质量发展。

（2）在研究尺度方面，扩展了现有研究范围和研究尺度。现有研究大多只研

① 习近平. 习近平：决胜全面建成小康社会 夺取新时代中国特色社会主义伟大胜利——在中国共产党第十九次全国代表大会上的报告.[2024-05-16].https://www.gov.cn/zhuanti/2017-10/27/content_5234876.htm.

② 习近平. 习近平：高举中国特色社会主义伟大旗帜 为全面建设社会主义现代化国家而团结奋斗——在中国共产党第二十次全国代表大会上的报告.[2024-05-16].https://www.gov.cn/xinwen/2022-10/25/content_5721685.htm.

究全国或者省域城镇化质量提升路径，缺乏从空间异质性出发的相关研究。城镇化高质量发展应该坚持因地制宜的原则，基于不同空间层级、不同区位特征以及不同结构属性的视角进行细化研究。本书遵循区域经济和城镇化发展的内在规律，基于从核心到外围的空间视角，将城镇化区域划分为中心城区、新城区、小城镇，研究三种不同类型空间区域城镇化高质量发展存在的问题和发展路径，是对现有研究的扩展。

（3）在研究内容方面，一是对城市向乡村的要素流动情况进行了定量测度，现有关于要素流动的测度研究主要基于省域或者市域之间的流动，缺少对城乡之间要素流动的准确测度。本书测度了城市向乡村的要素流动，并建立空间计量模型实证分析了要素流动对城乡融合发展的总体效应和空间溢出效应。二是分析了城镇化高质量发展中多元主体的行为及需求，不仅提出了提高进城农民工市民化待遇的路径，还提出了城市老旧小区和城中村的改造路径，解决了城市老旧小区居民以及城中村居民居住环境改善的问题，也分析了乡村振兴过程中如何通过产业发展带动农民就地就业，提高其收益，以及如何通过城乡公共服务均等化，提高农民的社会福利水平。

本书既能为研究领域的专家学者提供研究参考，也能为实践应用领域的政府干部、区域发展规划人员提供具体的操作指导，还能为对该领域感兴趣的广大读者提供有价值的信息。

在本书的撰写过程中，大量的参考文献为我们拓展研究思路提供了很大的帮助，在此对参考和引用文献的作者，以及一些无法在书中列出的作者表示由衷的感谢。

由于作者研究水平有限，书中不足之处恳请读者批评指正。

郑耀群

2024 年 5 月

目　　录

第1章　绪论 ………………………………………………………………… 1
1.1　城镇化高质量发展的研究背景 ……………………………………… 1
1.2　城镇化高质量发展的研究意义 ……………………………………… 4
1.3　研究内容 ……………………………………………………………… 5
1.4　研究方法 ……………………………………………………………… 8
1.5　创新与不足之处 ……………………………………………………… 9
第2章　城镇化高质量发展的研究现状 ………………………………… 13
2.1　国内相关研究综述 …………………………………………………… 13
2.2　国外相关研究综述 …………………………………………………… 20
第3章　中国城镇化的演进特征与现实困境 …………………………… 28
3.1　城镇化发展的一般规律 ……………………………………………… 28
3.2　中国城镇化的演进阶段 ……………………………………………… 29
3.3　中国城镇化的演进特征 ……………………………………………… 34
3.4　中国城镇化的现实困境 ……………………………………………… 45
3.5　不同类型空间区域城镇化的发展困境 ……………………………… 91
3.6　本章小结 ……………………………………………………………… 97
第4章　新发展理念下城镇化高质量发展的理论机制 ………………… 99
4.1　新时代城镇化高质量发展的内在要求 ……………………………… 99
4.2　新发展理念下城镇化高质量发展的内涵界定 …………………… 100
4.3　新发展理念与城镇化高质量发展的内在逻辑关联 ……………… 100
4.4　新发展理念下城镇化高质量发展的动力机制 …………………… 105
4.5　本章小结 …………………………………………………………… 112
第5章　中国城镇化高质量发展水平的测度评价 …………………… 114
5.1　城镇化高质量发展的评价指标体系构建 ………………………… 114
5.2　城镇化高质量发展的测度与分析 ………………………………… 116
5.3　城镇化高质量发展水平的区域差距及其来源 …………………… 124
5.4　本章小结 …………………………………………………………… 128
第6章　新发展理念下中国城镇化高质量发展的实现路径 ………… 129
6.1　国内外典型地区城镇化发展的经验借鉴 ………………………… 129

6.2 城镇化高质量发展的总体路径 ················· 145

6.3 三种不同类型空间区域城镇化高质量发展的路径 ············ 166

6.4 本章小结 ································· 177

第 7 章 中国城镇化高质量发展路径实施的政策保障 ············ 178

7.1 构建"市场主导、政府引导"的城镇化发展体制 ········· 178

7.2 深入改革户籍制度 ······················· 179

7.3 建立公共服务均等化体制 ··················· 183

7.4 构建城乡要素自由流动的体制机制 ············· 185

7.5 建立环境保护机制 ······················· 191

7.6 完善治理机制 ························· 194

7.7 健全空间管理机制 ······················· 198

7.8 构建适用于高质量发展的地方政府考核评价机制 ········ 201

7.9 本章小结 ······························ 201

第1章 绪　　论

1.1　城镇化高质量发展的研究背景

1.1.1　我国已步入高质量发展阶段对城镇化提出了新要求

党的十九大提出，"我国经济已由高速增长阶段转向高质量发展阶段"[①]。党的二十大提出，"高质量发展是全面建设社会主义现代化国家的首要任务"[②]。填补"数量缺口"是高速增长阶段经济增长的主要特征和任务，进入高质量发展阶段，填补"质量缺口"将成为经济发展的主要目标，经济发展需要从"数量追赶"转向"质量追赶"。质量将成为新时代的主题。经济高质量发展对城镇化发展提出了新要求和新挑战，城镇化成为经济高质量发展的重要引擎，"城镇化红利"将接续"人口红利"，成为增强内需、构建新发展格局的关键驱动力。改革开放40多年来，中国城镇化的速度和规模都是史无前例的，2022年中国城镇化率已达到65.22%，城镇常住人口为9.2071亿人。在新发展阶段，城镇化必须由追求速度和规模转向提升质量，建设高质量的城镇化，城镇化高质量发展将成为推动中国经济高质量发展和全面建成社会主义现代化强国以及实现中华民族伟大复兴的重要途径。

1.1.2　社会主要矛盾转变背景下城乡融合发展是高质量发展的应有之义

党的十九大提出，"我国社会主要矛盾已经转化为人民日益增长的美好生活需要和不平衡不充分的发展之间的矛盾"[①]。当前，我国城乡发展差距依然存在，城乡二元结构还未从根本上解决。

如表1-1所示，用农业比较劳动生产率与非农业比较劳动生产率之比来衡量城乡二元对比系数，城乡二元对比系数取值在0和1之间，其值越接近于1，

---

① 习近平. 习近平：决胜全面建成小康社会 夺取新时代中国特色社会主义伟大胜利——在中国共产党第十九次全国代表大会上的报告[EB/OL]. [2023-09-18]. https://www.gov.cn/zhuanti/2017-10/27/content_5234876.htm.

② 习近平. 习近平：高举中国特色社会主义伟大旗帜 为全面建设社会主义现代化国家而团结奋斗——在中国共产党第二十次全国代表大会上的报告[EB/OL]. [2023-09-18]. https://www.gov.cn/xinwen/2022-10/25/content_5721685.htm.

城乡二元发展差距越小。我国城乡二元对比系数在 2011 年至 2021 年始终处于 0.21～0.27，说明我国城乡二元发展特征明显，城乡差距较大。2011～2021 年，城乡居民人均可支配收入之比均值为 2.75，城市居民人均可支配收入远远高于农村居民；城乡在医疗服务方面差距也较大，从均值来看，2011～2020 年城市每万人拥有的卫生机构床位数是农村的 2 倍左右。城乡人均教育文化娱乐支出比和城乡恩格尔系数差值计算结果都说明了城乡居民在精神生活和物质生活方面的差距依然较大。

表 1-1　2011～2021 年城乡发展差距

年份	城乡二元对比系数	城乡居民人均可支配收入比	城乡每万人拥有卫生机构床位数之比	城乡人均教育文化娱乐支出比	城乡恩格尔系数差值
2011	0.21	3.07	2.23	3.69	−4.1
2012	0.22	3.05	2.21	3.90	−3.1
2013	0.23	2.81	2.20	2.63	−4.0
2014	0.24	2.75	2.21	2.49	−3.5
2015	0.25	2.73	2.23	2.46	−3.3
2016	0.24	2.72	2.15	2.46	−2.9
2017	0.23	2.71	2.09	2.43	−2.6
2018	0.21	2.69	1.91	2.29	−2.4
2019	0.23	2.64	1.83	2.25	−2.4
2020	0.27	2.56	1.78	1.98	−3.5
2021	0.26	2.50	1.24	2.02	−4.0

因此，新时代解决社会主要矛盾对城镇化发展提出了新的要求，需要实现城市和乡村在经济、政治、空间、社会、生态环境、文化等方面的全面融合，促进城乡深度融合，最终实现共同富裕。城乡融合发展是党和国家在新时代着眼于构建新型城乡关系做出的顶层设计和重大战略部署。城乡融合发展不仅是破解新时代社会主要矛盾的关键抓手和重要路径，而且是城镇化高质量发展的应有之义。

1.1.3　绿色低碳发展是城镇化高质量发展的底线

虽然我国已经步入发展方式转变、经济结构优化、发展动力转换的高质量发展阶段，经济增长速度有所放缓，但中高速增长状态，以及工业化和城镇化对能源的客观需求，决定了我国经济发展对能源的依赖程度仍然难以在短期内有效降低。快速增长的能源消费不仅给我国的能源安全带来了巨大压力，也导致我国的碳排放总量不断攀升。2001 年以来，我国碳排放一直随着能源消费的增加持续走高。能源消费依然是我国碳排放增长的首要驱动因素，能源消费总量过高加大了能源转型压力，拉长了经济绿色低碳转型周期。

2001～2020 年中国碳排放与能源消费走势如图 1-1 所示。

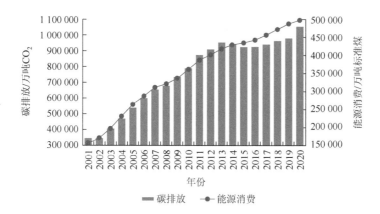

图 1-1 2001～2020 年中国碳排放与能源消费走势

资料来源：碳排放来自中国碳核算数据库；能源消费来自国家统计局

除了快速增长的能源消费以外，我国还面临着产业结构偏重及能源结构偏煤的结构性问题，这是碳排放居高不下的深层次原因。传统高投入、高能耗、高排放及低效率的"三高一低"产业在国民经济中仍然比例较高，从而为碳排放提供了"经济土壤"。煤炭占我国一次能源消费比例大部分年份保持在 60%以上，这无疑对碳排放产生了推波助澜的作用。我国经济的绿色低碳转型之路较发达国家面临着更为突出的结构性矛盾，从而使得这一转型过程的实现变得更为紧迫，因此，新时代城镇化发展必须坚持绿色低碳发展理念，促进产业结构转型升级，建设城镇生态文明，为居民提供舒适宜居的生活环境，提高居民的社会福利水平，实现以人为核心的新型城镇化。

1.1.4 技术、数据等新型要素为城镇化发展注入新动力

以大数据、云计算、区块链、人工智能为核心的新一轮科技革命，使人类生产生活方式发生了巨大变化，全面的数字化、网络化和智能化将推动城市产业发展以及治理手段、模式、理念不断创新。数据等新型要素为城镇化高质量发展提供了技术支撑，一方面可以推动城市产业发展向高端化、智能化和绿色化发展，促进产业升级，建设创新型城市；另一方面，城镇化需要通过运用数据赋能，建

设智慧城市，以缓解"大城市病"，提升城市治理水平，降低交易成本，改善市民生活质量。截至 2023 年 1 月，全国仅住房和城乡建设部公布的智慧城市试点数量就已达到了 290 个。数字化将不断推动智慧城市和创新城市的发展，提升城镇化质量。

1.2　城镇化高质量发展的研究意义

1.2.1　理论意义

（1）为城镇化高质量发展提供理论依据。新发展阶段对城镇化提出了新要求，本书基于新发展理念构建城镇化高质量发展的理论机制。要突破传统城镇化的发展困境，在新发展阶段必须推动城镇化高质量发展。本书丰富了城镇化高质量发展的理论研究。

（2）确定了城镇化高质量发展的评判标准。基于城镇化高质量发展的内涵界定，将新发展理念作为城镇化高质量发展的评判标准，围绕创新发展、协调发展、绿色发展、开放发展、共享发展五个维度，科学设置细化的三级评价指标，构建城镇化高质量发展的评价指标体系。建立的评价指标体系力求在供给侧符合"质量变革、效率变革和动力变革"的要求，在需求侧能满足人民日益增长的美好生活需要。

（3）扩展了城镇化质量的研究尺度和范围。目前对不同尺度空间区域城镇化高质量发展的研究较少，而城镇化发展具有空间异质性，不同空间城镇化发展阶段存在的问题不同，因此发展路径也应是有差异的，本书研究了中心城区、新城区、小城镇三种不同类型空间区域城镇化高质量发展存在的典型问题和具体路径，是对现有研究尺度和范围的扩展。

1.2.2　现实意义

（1）对我国城镇化的演进特征与存在问题进行了深度刻画和透彻分析，明确了我国城镇化演进的历史逻辑和现实逻辑，为后续研究和政府部门制定城镇化相关政策提供现实判断依据。

将城镇化的历史演进划分为城镇化缓慢发展阶段、城镇化恢复推进阶段、城镇化快速发展阶段、城镇化高质量发展阶段，概括了每个阶段城镇化的特征。在此基础上，从农业剩余劳动力迁移、工业化驱动、制度变迁、城乡关系、空间载体等角度总结了城镇化演进的总体特征。从人口城镇化、产城融合、城乡差距、资源环境约束、不同规模城市发展问题、城市治理水平等方面全面剖析了传统城镇化发展中存在的问题。基于不同空间层级、不同区位特征以及不同结构属性的视角，分析了中心城区、新城区和小城镇三种不同类型空间区域发展中存在的关键问题，为后续城镇化高质量发展理论分析提供经验证据，也为城镇化高质量发展路径设计聚焦问题、找准症结、辨明方向。

（2）对城镇化高质量发展水平的总体评价以及分维度指数的评价，明确了我国城镇化高质量发展的现状，以及城镇化高质量发展的优势与短板，为城镇化高质量发展路径和政策的提出提供了一定的分析依据。

以城镇化高质量发展理论机制为依据，以新发展理念为评判标准，建立了城镇化高质量发展评价指标体系，测度了我国城镇化高质量发展水平，分析了城镇化高质量发展水平的时空特征。科学评价我国城镇化高质量发展水平，有利于发现城镇化高质量发展存在的短板和问题，有利于提出解决问题的路径，进而实现城镇化高质量发展。

（3）基于新发展理念和建设以人为核心的新型城镇化，提出了新时代中国城镇化高质量发展的总体路径以及中心城区、新城区、小城镇三种不同类型空间区域高质量发展的具体路径，并提出路径实施的政策保障，为政府部门制定城镇化高质量发展的政策提供了决策依据。

新时代的城镇化应坚持以人为本的原则，在新发展理念的战略引领下，以创新发展为动力，以提高农业转移人口市民化待遇为核心，以产城融合与城乡融合发展为两翼，以绿色发展为底线，以城市群为主要空间载体，以开放发展为必由之路，在持续的改革和创新之中实现以人为核心的高质量城镇化。提出的总体路径有利于解决传统城镇化存在的问题，实现以人为核心的新型城镇化，有利于实现城乡融合发展和乡村振兴。

中心城区、新城区、小城镇三种不同类型空间区域的高质量发展基于各自发展中的典型问题和发展基础，坚持因地制宜的原则，提出差别化的路径，本书提出的三种空间区域分类施策路径更有针对性和现实可操作性。同时，本书结合党的二十大报告对新型城镇化的最新发展要求，研究了中心城区的城市更新，包括对老旧小区和城中村的改造、对老旧厂区的改造再利用、智慧城市和韧性城市建设。

在此基础上，本书从制度层面提出中国城镇化高质量发展路径实施的政策保障建议，为政府部门制定城镇化高质量发展的政策提供了决策依据。

1.3 研 究 内 容

本书基于新发展理念的视角，从我国城镇化的历史逻辑和实践逻辑出发，总结了中国城镇化的演进阶段与特征，剖析了传统城镇化的困境及中心城区、新城区、小城镇三种不同类型空间区域存在的问题；阐释了新发展理念下城镇化高质量发展的理论机制；构建了城镇化高质量发展的评价指标体系，并对中国城镇化高质量发展水平进行测度评价；实证分析了城镇化高质量发展的影响因素；设计了城镇化高质量发展的总体路径以及中心城区、新城区、小城镇三种不同类型空间区域高质量发展的具体路径，并提出了城镇化高质量发展路径实施的政策保障建议。具体研究内容设置如下。

第 1 章为绪论，介绍了本书的研究背景、研究意义、研究内容、研究方法、创新与不足之处。

第 2 章为城镇化高质量发展的研究现状。对城镇化高质量发展的内涵、存在问题、评价体系与路径等相关研究及理论进行了梳理，在此基础上，确定了本书的研究视角和研究重点。

第 3 章为中国城镇化的演进特征与现实困境。在阐释城镇化一般规律的基础上，从中国城镇化的历史逻辑和实践逻辑出发，总结了中国城镇化的演进特征，指出传统城镇化的现实困境，剖析了中心城区、新城区、小城镇三种不同类型空间区域存在的具体问题，为城镇化高质量发展理论分析提供现实依据，也为城镇化高质量发展路径设计聚焦问题、找准症结、辨明方向。

第 4 章为新发展理念下城镇化高质量发展的理论机制。这一章分析了城镇化高质量发展和传统的城镇化发展的不同，在此基础上界定了城镇化高质量发展的内涵，分析了新发展理念与城镇化高质量发展的内在逻辑关联，阐释了新时代城镇化高质量发展的动力机制，为后续研究提供理论框架和研究基础。

第 5 章为中国城镇化高质量发展水平的测度评价。以城镇化高质量发展理论机制为依据，建立城镇化高质量发展评价指标体系，测度全国及各省区市城镇化高质量发展水平以及五大分维度指数，并从时间、截面和空间角度进行比较与评价，明确城镇化高质量发展水平的动态演进与空间分异。运用 Dagum 基尼系数及其分解方法，对我国城镇化高质量发展水平的区域差距进行分解分析，明确了中国城镇化高质量发展现状以及优势与短板。

第 6 章为新发展理念下中国城镇化高质量发展的实现路径。在总结国内外典型地区城镇化发展经验的基础上，基于新发展理念，从农业转移人口市民化、创新驱动、城乡融合、产城融合、绿色发展、不同规模城市协调发展、开放发展等多方面提出中国城镇化高质量发展的总体路径，并基于中心城区、新城区、小城镇三种不同类型空间区域存在的典型问题，提出了三种类型空间区域高质量发展的具体路径。

第 7 章为中国城镇化高质量发展路径实施的政策保障。从城镇化推进方式、户籍制度改革、公共服务均等化体制、城乡要素自由流动的体制机制、环境保护机制、治理机制、空间管理机制、地方政府考核评价机制等方面提出中国城镇化高质量发展路径实施的政策保障建议，为政府部门制定城镇化高质量发展的政策提供了决策依据。

具体研究框架如图 1-2 所示。

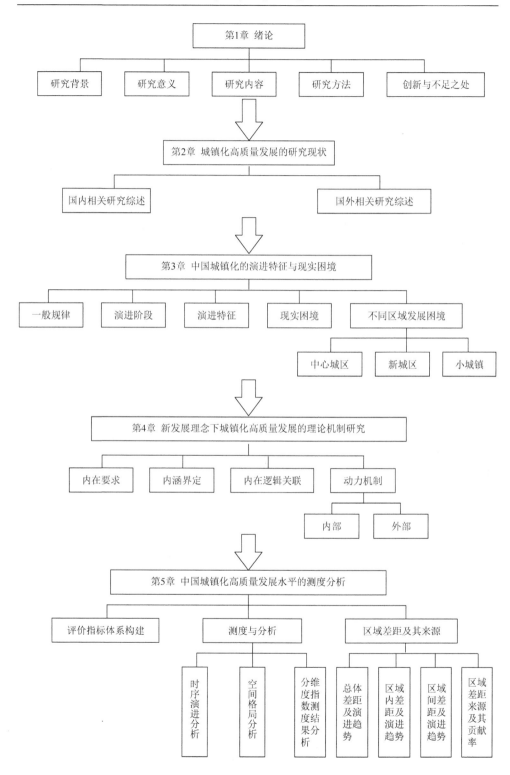

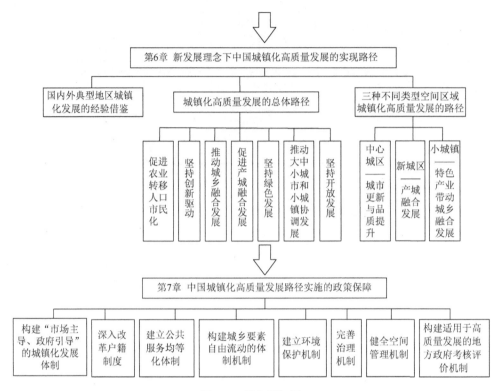

图 1-2 研究框架图

1.4 研 究 方 法

（1）文献研究方法。通过对国内外城镇化质量相关文献的梳理，归纳和总结城镇化质量研究的理论演化，以及关于其内涵、评价测度、发展策略等方面的研究现状，在此基础上，确定本书的切入点、创新点和研究重点。

（2）定量与实证分析方法。运用熵值法对我国 30 个省区市（不包括港澳台和西藏）2011~2020 年的城镇化高质量发展水平进行测度，结合探索性空间数据方法，从静态、动态和空间等多角度对测度结果进行综合评价；根据 Dagum 基尼系数及其分解方法，对城镇化高质量发展水平的区域差距进行分解分析。运用熵值法对我国 30 个省区市 2009~2020 年的城乡融合发展水平进行了测度，并建立空间杜宾模型分析了要素流动对城乡融合发展的空间溢出效应。运用耦合协调度模型，测度了我国 30 个省区市的产城融合发展水平。

（3）实地调研与深度访谈方法。科学设计调查（访谈）问卷，选择陕西西安、陕西汉中、陕西咸阳、四川成都、浙江杭州、广东深圳等地典型城市具有代表性的中心城区、新城区和小城镇进行实地调研，对政府有关部门、企业、城市居民、进城农民工等主体进行问卷调查或深度访谈。

（4）比较与案例分析方法。在对城镇化高质量发展水平测度时，进行纵向和横向比较，纵向比较我国 30 个省区市 2011~2020 年城镇化高质量发展水平的时序演进特征，横向对各地区 2011 年、2014 年、2020 年三个时间节点的城镇化高质量发展综合指数进行比较。在进行城镇化高质量发展路径研究时，借鉴英国、法国、德国、美国、日本等国家的城镇化发展经验，并对国内的浙江特色小镇、苏州工业园区、珠三角地区的城镇化发展状况进行总结，这些案例覆盖了城市中心城区、新城区和小城镇。总结国内外典型地区城镇化质量提升的经验启示，为我国城镇化高质量发展路径的提出提供经验借鉴和支持。在城乡融合发展路径部分介绍了陕西礼泉县袁家村"三产融合"模式、海南的"共享农庄"模式、浙江德清的"三融合"发展模式、陕西洋县纸坊街道办事处草坝村"农业合作社+绿色有机产业"模式，总结了这些地区城乡融合发展的成功经验，为其他地方城乡融合发展提供经验借鉴。在研究中心城区更新改造路径时，介绍了西安灞桥区纺织城和广州老城区的永庆坊等城区改造的成功经验。

1.5　创新与不足之处

1.5.1　创新之处

1. 研究视角的创新

第一，将新发展理念作为城镇化高质量发展的基本内涵和评判标准。虽然也有关于以新发展理念为引领推进城镇化的研究，但是缺乏系统地从新发展理念的视角探索城镇化高质量发展的内涵与理论机制、评价测度以及实现路径的研究。本书基于新发展理念构建城镇化高质量发展的理论机制，分析新发展理念与城镇化高质量发展的内在逻辑关联，界定城镇化高质量发展的内涵，重构城镇化高质量发展的动力机制，建立城镇化高质量发展的评价指标体系，提出城镇化高质量发展的总体路径，系统研究了新发展理念下城镇化的高质量发展。

第二，扩展了现有研究范围和研究尺度。现有研究大多只研究全国或者省域城镇化质量提升路径，缺乏从空间异质性出发的相关研究。城镇化高质量发展应该坚持因地制宜的原则，基于不同空间层级、不同区位特征以及不同结构属性的视角进行细化研究。本书遵循区域经济和城镇化发展的内在规律，基于从核心到外围的空间视角，将城镇化区域划分为中心城区、新城区、小城镇，研究三种不同类型空间区域城镇化高质量发展存在的问题和发展路径，是对现有研究的扩展。

第三，从多学科角度进行分析。①本书除了运用经济学的基本方法和理论之外,也采用了经济地理学的方法进行研究,具体体现在如下几个方面。一是采用探索性空间数据分析法对中国城镇化高质量发展阶段的空间依赖性与异质性进行分析,分别分析城镇化高质量发展指数的全局空间自相关和局部自相关,从而揭示中国城镇化高质量发展的空间结构。二是建立基于时间固定效应的空间杜宾模型,实证分析了劳动力、资本、技术和信息要素流动对城乡融合发展的空间效应。②社会学理论的运用。在研究农民工的社会融合时,运用"社会资本"理论分析了城市社会治理机制与乡村治理机制的区别,认为农民工要从乡村社会制度和规则过渡到城市社会生活中,是一次"再社会化"的过程。运用"社会资本"理论研究了乡村治理中自治机制的内在逻辑,认为乡村自治属于社会资本关系网络,可以实现人与人之间低成本的管理,也是一种依靠自我执行内生力量的非正式约束,成本低于政府等第三方治理。③管理学理论的应用。城镇化高质量发展是一项系统工程,高质量的城镇化要求治理理念从以管制为中心转向以服务为核心,治理主体转向多元化,治理方式转向精细化,治理工具转向智慧化。从城市治理机制、乡村治理机制以及市域治理机制三个方面提出了促进城镇化高质量发展的治理机制改进措施。

2. 研究内容的创新

第一,构建了城镇化高质量发展的动力机制。目前鲜有关于城镇化高质量发展动力机制的研究,新发展阶段需要重构城镇化高质量发展的动力机制。本书从内部动力和外部动力两个方面分析了城镇化高质量发展的动力机制。

第二,从静态、动态、空间多个角度对城镇化高质量发展水平进行了测度评价。在城镇化高质量发展评价测度研究方面,不仅总结了城镇化高质量发展的时序演进特征,还进一步研究了中国城镇化高质量发展水平的空间非均衡。除了采用探索性空间数据分析法对中国城镇化高质量发展阶段的空间依赖性与异质性进行分析之外,还运用了 Dagum 基尼系数及其分解方法,测算了 2011~2020 年中国城镇化高质量发展水平的总体差距、区域内差距和区域间差距,对城镇化高质量发展的区域差距进行了分解,明确了城镇化高质量发展区域差距的主要来源,对现有研究进行了扩展。

第三,对城市向乡村要素流动情况进行了定量测度,并且建立空间计量模型实证分析了要素流动对城乡融合发展的总体效应和空间溢出效应。现有关于要素流动的测度研究主要基于省域或者市域之间的流动,缺少准确地定量测度城乡之间的要素流动的相关研究。本书测度了城市向乡村的要素流动,认为推动乡村振兴的关键是促进城市向乡村的要素流动。在对城市向乡村要素流动定量测度的基础上,建立空间计量模型实证分析了要素流动对城乡融合发展的总体效应和空间溢出效应。

　　第四，基于空间异质性视角，坚持因地制宜的原则，做到了将一般分析和具体分析相结合，既研究了城镇化高质量发展的总体问题和路径，又研究了中心城区、新城区和小城镇三种不同类型空间区域高质量发展的具体问题和路径，提出中心城区要走城市更新与能级提升的路径，新城区要建设产城融合、宜居宜业的高质量新城区，小城镇要以特色产业带动城乡融合发展，扩展了现有一般性的研究。

　　第五，分析了城镇化高质量发展中多元主体的行为及需求，关注了城镇化发展涉及的政府、企业、城市居民、城中村居民、农民工、乡村农民等多元主体。①本书认为政府是城镇化高质量发展的重要驱动主体，在高质量发展阶段，城镇化推进方式由"政府主导"转变为"市场主导、政府引导"，发挥"有效市场"和"有为政府"两手合力的作用，政府的角色应由"主导型"向"赋能型"转变，由"管家"向"店小二"转变。②在城镇化的绿色发展中，绿色发展需要政府、企业、个人多元主体共同推动，政府作为绿色发展的监督者和政策制定者，通过制度设计引导和激励企业与居民自觉践行绿色生产和绿色消费，企业生产和消费者消费行为的信息反馈进一步促进政策优化，最终形成"政府—企业—个人"互动共促的闭环路径。③本书关注了城镇化过程中不同群体的发展需求，不仅提出了提高进城农民工市民化待遇的路径，还提出了老旧小区和城市城中村的改造路径，解决了老旧小区居民以及城中村居民居住环境改善的问题，也分析了乡村振兴过程中如何通过产业发展带动农民就地就业，提高其收益，以及如何通过城乡公共服务均等化，提高农民的社会福利水平。通过以上研究，实现不同主体均等地享受城镇化带来的公共服务和社会福利。

　　第六，紧密结合党的二十大报告提出的新型城镇化发展要求和战略。在城镇化高质量发展总体路径部分，提出了以创新发展为动力，以提高农业转移人口市民化待遇为核心，以产城融合与城乡融合发展为两翼，以绿色发展为底线，以城市群为主要空间载体，以开放发展为必由之路，建设高效率、高度协调、高度共享、高品质、可持续发展的以人为核心的新型城镇化。在研究不同类型空间区域城镇化高质量发展路径时，研究了老城区的城市更新、城中村改造、建设智慧城市和韧性城市。在提高农民工市民化待遇部分，研究了如何发挥县城在新型城镇化中的重要载体作用，促进农民工就地就近城镇化和市民化。这些都是对党的二十大精神的贯彻和践行，在研究上做到了与时俱进，在实践上解决了现实问题。

1.5.2　不足之处

　　（1）基于数据的可得性，未能对中心城区、新城区、小城镇三种不同类型区域城镇化高质量发展水平进行评价测度。本书大部分定量数据都采用了全国的宏观数据以及省域的中观数据，在以后的研究中，需要缩小研究尺度，研究市域以及县域城镇化高质量发展水平的测度。

（2）在构建我国城乡融合发展指标体系时，由于乡村数据的可获得性较低，诸如城乡信息化水平（互联网普及率）、城乡社会保障（社会基本养老保险覆盖率、居民失业险参保人数）等指标尚未实现城市与乡村数据的分离对比，同时对某些指标的缺失数据采用了线性插值法处理，研究结果可能存在一定的误差。

第2章 城镇化高质量发展的研究现状

城镇化的发展是涉及多学科（经济学、地理学、管理学、社会学）、多主体（政府、企业、城市居民、农民工、乡村农民）、多空间（经济空间、纯地理空间）的复杂经济现象。国内外研究城镇化发展的侧重点虽有差异，但也都涵盖了经济、社会、资源与环境、公共服务与居民生活等多个方面。

2.1 国内相关研究综述

新中国成立 70 多年以来，我国城镇化经历了计划经济时代的城镇化停滞期、解放发展生产力时代的城镇化快速发展期、现代化经济体系时代的城镇化高质量发展期三大阶段[①]。随着新型城镇化战略的提出以及中国经济进入新时代高质量发展阶段，城镇化由规模扩张型阶段转型到质量提升型阶段。国内学者对城镇化质量的研究经历了从关注城市的发展转变到关注城乡融合发展，从关注物的城镇化转变到关注人的城镇化的演进过程。对城镇化质量的研究逐渐从单一视角转变为多维视角，城镇化质量包括了经济、社会、资源与环境、公共服务与居民生活及城乡融合等多个方面。城镇化质量的相关研究主要集中在以下五个方面。

2.1.1 对城镇化内涵及其高质量发展的研究

对我国城镇化发展内涵的深刻认识，是研究城镇化高质量发展问题的起点。城镇化发展过程是指一个社会的生产力不断发展、技术不断进步以及产业结构不断优化调整的过程[②]，在人口上表现为人口迁移、人口流动等，在城市外观上表现为城市扩张、景观变动等，在经济上表现为产业结构优化以及人们生活方式的转变等[③]。从经济效应和福利效应来看，其发展过程必然是集聚与失衡的矛盾体[④]。

---

① 刘秉镰，朱俊丰. 新中国 70 年城镇化发展：历程、问题与展望[J]. 经济与管理研究，2019，40（11）：3-14.

② 丁江辉. 中日城市化高质量发展比较研究：基于两国 1985—2014 年的实证分析[J]. 江西社会科学，2018，38（5）：44-53，254.

③ 周正柱. 长江经济带城镇化质量时空格局演变及未来趋势[J]. 深圳大学学报（人文社会科学版），2018，35（4）：62-71.

④ 李华. 二元城镇化：在集聚中兼顾平衡的高质量城镇化发展道路[J]. 宏观质量研究，2014，2（3）：39-46.

城镇化发展与生态环境、城乡融合和人的发展息息相关，与传统的城镇化发展相比，生态环境是城镇化高质量发展的基础，城乡融合是其发展的重要环节，人的发展是城镇化高质量发展的出发点和落脚点[①]。城镇化作为自然历史的必然进程，其发展涉及众多主体，如不同领域的专家、不同诉求的政府、不同的群体等，从空间正义理念出发，城镇化应协调各种主体的权利和利益，实现法律制度下合法、公平的城镇化[②]。

城镇化质量反映了城镇化中各要素与生态环境发展的关联性和协调性[③]。高质量的城镇化支撑着中国经济高质量的发展，也是实现现代化的必经之路。城镇化高质量发展可以概括为高效、包容、绿色，其本质就是以人为本[④]，发展呈现出集约高效、包容共享、绿色低碳、特色鲜明、治理现代化等特征[⑤]。集约高效一方面表现为在城镇化发展的过程中提高资源配置效率，充分发挥城镇化在经济增长中的带动作用；另一方面表现为以城市群为依托，发挥中心城市的辐射带动作用，促进区域间协调发展[④]。包容共享的城镇化体现着高质量城镇化的普惠性，能够满足多元化主体的差异化需求，也是以人为核心理念的重要体现[⑤]。绿色低碳包含资源节约、环境友好和生态宜居三方面内容，是以保护生态环境为前提，促进城镇发展、经济发展与资源环境相协调[⑥]。特色鲜明是指城镇化在发展的过程中注重历史文化传承，培育各种特色鲜明的乡土文化，凸显当地独有的文化特点。治理现代化是政府、公司、公民等治理主体共同参与，满足高质量发展对城镇化包容性的要求，并通过制度创新和法治建设不断推动治理现代化[⑦]。

综上，目前学者对城镇化高质量发展形成的共识是，城镇化高质量发展区别于以往的城镇化发展，其本质是以人为核心的发展。

2.1.2 城镇化发展阶段的研究

我国的城镇化发展在改革开放后的 40 余年里得到了快速提升，城镇化率由1978 年的 17.9%提高到 2022 年的 65.22%。改革开放作为重要节点，改革开放前的城镇化是政府主导下的自上而下的强制性模式，而改革开放后的城镇化发展以

① 陈明星，叶超. 健康城市：新的发展理念及其政策含义[J]. 人文地理，2011，26（2）：56-61.

② 叶超. 空间正义与新型城镇化研究的方法论[J]. 地理研究，2019，38（1）：146-154.

③ 周正柱. 长江经济带城镇化质量时空格局演变及未来趋势[J]. 深圳大学学报（人文社会科学版），2018，35（4）：62-71.

④ 王颂吉，黎思灏. 改革开放以来中国城镇化的规模扩张到质量提升[J]. 江西社会科学，2018，38（8）：55-65.

⑤ 王耀，何泽军，安琪. 县域城镇化高质量发展的制约与突破[J]. 中州学刊，2018，（8）：31-36.

⑥ 杨角. 中国绿色城镇化发展水平评价及实现路径研究[D]. 西安：西北大学，2020.

⑦ 李琨. 新型城镇化建设中的制度创新与法治建设：以国家治理现代化为视角[J]. 理论月刊，2015，（8）：154-158.

民间自发的"自下而上"的诱致性模式为主[①]。我国城镇化可依据发展速度和发展质量分为两个不同的阶段，第一个阶段为 1978 年改革开放到 2011 年，为城镇化高速增长阶段，在这一阶段我国的城镇化率大幅上涨，但城乡基本公共服务的改革脚步缓慢，户籍制度改革艰难，导致城镇化发展速度快但质量低。第二个阶段为 2012 年至今的城镇化高质量发展阶段，在这一阶段最为核心的是人的城镇化，同时发挥城市群的辐射带动作用，将生态文明和创新驱动的理念融入城镇化高质量发展的全过程[②]。从农业剩余劳动力转移特征的视角，可以将城镇化分为三个阶段，即农村发展小城镇农民离土不离乡的城镇化 1.0 阶段，农业转移人口市民化的城镇化 2.0 阶段，农民在当地实现市民化的城镇化 3.0 阶段[③]。19 世纪中期，马克思、恩格斯提出了马克思主义城乡关系理论，新中国成立后，马克思主义城乡关系理论在中国得到进一步发展，中国城乡发展的思想经历了城乡兼顾—城乡互动—城乡均衡—城乡统筹—城乡融合的阶段。有学者认为，我国城乡关系演变分为四个阶段，第一个阶段是 1949～1977 年形成的城乡二元体制阶段，第二个阶段是 1978～2002 年的城乡分割阶段，第三个阶段是 2003～2012 年的城乡自治发展阶段，第四个阶段是 2013 年至今城乡关系一体化阶段。[④]

2.1.3　城镇化高质量发展中存在问题研究

近年来，我国城镇化取得了显著成就，同时也产生了一些发展困境[⑤]。改革开放之后到党的十八大前是我国传统城镇化的发展阶段，以规模快速扩张为主要特征，与此同时，也产生了许多问题。其中典型的问题是土地城镇化速度快于人口城镇化，大量进城农民工无法完全获取城镇公共服务，一方面迅速扩张的新城建设导致城镇基础设施重复建设和资源浪费，过急的新城开发导致了城镇化建设的低速度与低效率[⑥]；另一方面过度投资引发边际收益递减，中国绝大多数城市的增量资本产出率已达到 4 以上，增量资本产出率在 3 左右时资本利用是高效的，这说明我国城镇建设投资对经济增长的贡献已明显下降[⑦]。城镇化建设带来了土地财

① 涂正革，叶航，谌仁俊. 中国城镇化的动力机制及其发展模式[J]. 华中师范大学学报（人文社会科学版），2016，55（5）：44-54.

② 贾若祥. 中国城镇化发展 40 年：从高速度到高质量[J]. 中国发展观察，2018，(24)：17-21.

③ 洪银兴，杨玉珍，王荣. 城镇化新阶段：农业转移人口和农民市民化[J]. 经济理论与经济管理，2021，41（1）：4-16.

④ 刘合光，潘启龙. 中国城乡融合发展进程与新时代推进路径[J]. 石河子大学学报（哲学社会科学版），2021，35（3）：1-6.

⑤ 王树春，王俊. 论新常态下提高城镇化质量的动力机制[J]. 贵州社会科学，2016，（1）：117-121.

⑥ 刘国斌，朱先声. 新型城镇化背景下大中小城市和小城镇协调发展研究[J]. 黑龙江社会科学，2018，(4)：46-51.

⑦ 王颂吉，黎思灏. 改革开放以来中国城镇化的规模扩张到质量提升[J]. 江西社会科学，2018，38（8）：55-65.

政快速扩张，在此过程中必定存在土地寻租、征地冲突等问题。更为明显的问题是，地方政府在为城镇化建设融资时，土地与金融结合产生的一系列问题使得地方政府面临的各种财政风险与金融风险日益积聚，这一行为最终可能演变成危及我国经济长期平稳发展的巨大隐患[1]。

我国城镇化建设初期发展迅速，在消耗大量稀缺自然资源的同时，又将修建房屋和道路作为主要目的，虽然此种模式快速促进了城镇化的进程，但也造成了环境污染。传统城镇化模式已经造成土地资源的粗放使用和城镇化的污染问题，并直接影响到我国农村农业的健康、可持续发展，土地资源的短缺对我国的粮食安全形成了威胁[1]。

2.1.4　城镇化高质量发展的评价体系研究

传统城镇化的评价指标主要是城镇化率，城镇化高质量发展的内涵日益丰富，其评价指标体系也不断完善，众多研究者从多角度构建了不同的评价体系。早期城镇化评价指标主要包括城市经济现代化、基础设施现代化、人的现代化等城市现代化指标和反映城乡间经济联系、生活水平、城乡差异的城乡一体化[1]。随着城镇化内涵的不断丰富，城镇化的评价指标构成也不断完善，构建的指标体系扩展到城镇要素流动、文明发展、生活服务质量、环境建设质量、城乡统筹能力等维度，较为全面地反映了城镇化发展水平[2]。新型城镇化发展评价体系应该具有中国特色和新型两个特征，因此需要将经济发展质量、社会发展质量和居民生活质量引入以凸显中国特色，需要采用经济发展效率、生态环境效率、城乡社会经济和城乡公共服务等指标以反映新型的特征[3]。

2015年10月，习近平总书记在党的十八届五中全会上提出创新、协调、绿色、开放、共享的发展理念[4]。目前从新发展理念视角对城镇化高质量发展进行系统研究的文献还不多见。有少部分学者基于新发展理念视角构建评价指标体系，对我国省域城镇化高质量发展水平进行了测度，结果显示我国城镇化质量平稳提升，但区域发展不平衡[5][6]。为了更加客观全面地评价城镇化发展质量，一些学者从经济、社会、生态、人居和城乡五个方面构建评价体系，突出时代

① 叶裕民. 中国城市化质量研究[J]. 中国软科学, 2001, (7): 28-32.

② 李永洁, 任宝. 城镇化发展评估方法及其实践: 以广东省为例[J]. 小城镇建设, 2008, (2): 19-23.

③ 王怡睿, 黄煌, 石培基. 中国城镇化质量时空演变研究[J]. 经济地理, 2017, 37 (1): 90-97.

④ 授权发布:中国共产党第十八届中央委员会第五次全体会议公报[EB/OL]. [2023-09-18]. http://www.xinhuanet.com/politics/2015-10/29/c_1116983078.htm.

⑤ 胡志强, 苗长虹. 中国省域五大系统的协调发展评价[J]. 统计与决策, 2019, 35 (1): 96-100.

⑥ 王滨. 城镇化高质量发展测度及其时空差异研究[J]. 统计与决策, 2019, 35 (22): 46-50.

发展特性，对 2001~2013 年我国城镇发展水平进行了测量，得出的结论是我国的可持续发展已经受到资源消耗和环境污染的影响[①]。在经济、社会、生态、人居、城乡的基础上，城镇化高质量发展指标体系又纳入了土地城镇化，但其对城镇化质量影响偏小[②]。从包容性视角探究我国城镇化发展，过去的评价体系往往都忽视了居民认知评价，在以人为本的背景下，居民参与、居民认知评价等主观指标应该逐渐被纳入到城镇化高质量发展评价体系中[③]。有学者探究中国局部地区城镇化高质量发展水平，选取城市发展质量、城市社会发展质量以及生态环境保护质量三个维度构建评价体系，对长江中游城市群城镇化发展质量进行评价，并得出生态环境保护质量维度下的环境治理对城镇化质量影响最大的结论[④]。

从传统的单一指标到现在的多元指标，大多指标是依据城镇化高质量发展的内涵设定的，主要围绕经济发展、生态文明、城乡一体化、以人为本等方面。随着城镇化高质量发展的不断深入研究，其评价指标体系也将继续完善。

2.1.5　城镇化高质量发展的路径研究

城镇化发展模式应转变为资源节约型和环境友好型、内需拉动型和知识密集型、民生改善型和社会和谐型的城镇化[⑤]。

（1）关于我国城镇化实践路径的研究。从苏州城镇化发展来看，昆山与张家港的发展模式是通过推动农村人口向城镇流动，从而提高公共服务、社会保障和社会治理水平；太仓模式是通过创新驱动现代农业的发展，从而提高农民收入，促进新农村发展；常熟模式是通过优化城乡土地资源配置，促进工业用地集约化，从而提高公共服务水平；高新区模式是基于高新技术产业的不断发展，实现高新区与自然生态环境的和谐相处，从而推动乡村生态旅游、休闲产业等第三产业的发展[⑥]。从重庆市城镇化高质量发展来看，应形成以知识经济为核心和导向的经济发展模式，大力发展文化产业，加快培养知识型人才和布局战略性新兴产业；在

① 王宾，杨琛，李群. 基于熵权扰动属性模型的新型城镇化质量研究[J]. 系统工程理论与实践，2017，37（12）：3137-3145.

② 袁晓玲，贺斌，卢晓璐，等. 中国新型城镇化质量评估及空间异质性分析[J]. 城市发展研究，2017，24（6）：125-132.

③ 于伟，赵林. 包容性视角下城镇化质量与资源利用的协调性：以中国 288 个地级以上城市为例[J]. 应用生态学报，2018，29（12）：4119-4127.

④ 林丛. 长江中游城市群城镇化质量评估与影响因素研究[J]. 统计与管理，2020，35（6）：45-51.

⑤ 王树春，王俊. 论新常态下提高城镇化质量的动力机制[J]. 贵州社会科学，2016，（1）：117-121.

⑥ 陈晨，赵民，徐素. 我国先发地区统筹城乡发展的政策选择与实施路径：对苏州城乡发展一体化实践（2008-2016）的研究[J]. 现代城市研究，2018，（12）：96-102.

国家促进东北老工业基地振兴的背景下，新时代新征程推动东北全面振兴，要坚持目标导向和问题导向相结合，坚持锻长板、补短板相结合，坚持加大支持力度和激发内生动力相结合，推动东北走出一条高质量发展、可持续振兴的新路①，东北的城镇化发展可以依托哈尔滨、长春、沈阳、大连四市带动区域发展，通过快速交通网络带动周边地区的城镇化发展②。

（2）借鉴国外发展经验提出的路径。英国的城镇化开始于 18 世纪中叶，是世界上最早完成城镇化的国家。在城镇化的过程中，英国最先把绿带政策纳入城市规划理论中，英国城市周边的绿带、绿楔、缓冲带是隔离城市无序扩张的工具，把绿带建成公园、湿地等增加了公众的可达性和参与性。英国的绿带政策为处理我国城市建设用地与农用地之间的矛盾提供了很好的参考思路③。日本在短时间内实现了高度的城镇化，且其发展过程是渐进的、全面的、精细的，结合日本发展过程对我国的启示，我国应选择以政府领导为主的、城乡一体化的发展道路④。在美国城镇化发展的中后期，美国人口不断从东北部迁移到南部，导致美国东北部各个城市的人口不断缩减，最终使得美国城镇化规模和区域经济得到平衡；在美国城镇化后期，超大城市不断发挥带动周边地区发展的辐射效应，并且人口与产业快速向郊区转移，最终实现多中心扩散⑤。

（3）构建城市群视角的路径研究。我国应加强构成城市群的核心单元都市区的建设，发挥中心城市的突出作用，提升中小城市的发展动力，突出县域经济的亚核心作用⑥；对于距离中心城市距离较远但自身条件较好的县城和县级市，应加大扶持力度，使其成长为中小城市并与周边城市形成小都市区；对于距中心城市较远、小城镇聚集多的地区，可以进行乡镇合并⑦。对于长江中游城市群城镇化发展来说，最重要的是建立起区域间合理、公平的共享、补偿和协同分工机制，保障区域间发展利益相协调⑧；对于沿黄地区城市群来说，要坚持政府引导，积极参与"一带一路"建设，更加深度地与国内大循环相融合，打造自己的竞争优势⑨；

---

① 肖金成. 优化营商环境激发东北振兴内生动力[N]. 经济日报, 2024-01-05（11）.

② 宋艳, 李勇. 老工业基地振兴背景下东北地区城镇化动力机制及策略[J]. 经济地理, 2014, 34（1）: 47-53.

③ 张兴. 英国绿带政策对我国新型城镇化建设的启示与借鉴[J]. 国土资源情报, 2021,（3）: 3-8.

④ 丁江辉. 中日城市化高质量发展比较研究: 基于两国 1985—2014 年的实证分析[J]. 江西社会科学, 2018, 38（5）: 44-53, 254.

⑤ 李毅震. 国外城镇化中城市规模结构演化经验及借鉴: 基于德、美、日、巴西的历史考察[J]. 商业经济研究, 2016,（21）: 139-141.

⑥ 刘国斌, 朱先声. 新型城镇化背景下大中小城市和小城镇协调发展研究[J]. 黑龙江社会科学, 2018,（4）: 46-51.

⑦ 汪增洋, 张学良. 后工业化时期中国小城镇高质量发展的路径选择[J]. 中国工业经济, 2019,（1）: 62-80.

⑧ 林丛. 长江中游城市群城镇化质量评估与影响因素研究[J]. 统计与管理, 2020, 35（6）: 45-51.

⑨ 王家明, 余志林. 沿黄地区中心城市及城市群高质量发展的测度及影响因素[J]. 中国人口·资源与环境, 2021, 31（10）: 47-58.

对于长三角城市群城镇化建设来说，各城市应结合自己的发展优势推动城镇化高质量发展，如上海、南京、合肥等城市在巩固自身发展优势的基础上，朝着绿色、生态的方向继续发展；芜湖、绍兴、常州等城市应继续坚持走绿色城镇化的道路，避免在发展过程中盲目扩张而引发问题①。从目前城市群城镇化发展水平来看，长三角城市群、珠三角城市群、京津冀城市群、长江中游城市群和成渝城市群五大城市群常住人口为我国总人口规模的 46%，各城市群重点城市在推进城镇化中已取得明显成效，城镇化率较高，但城市群内部城市之间城镇化发展不均衡、不协调的问题仍然突出。

（4）产城融合视角的路径研究。我国应推进产业和城市的空间交流，从而实现产业与城镇的良好互动，同时带动产业和城镇的发展。一方面，推动产业梯次升级，促进经济服务化和虚拟经济的发展，引导虚拟经济在夯实实体经济的基础上继续发展，推动产业合理布局；另一方面，确保产业升级促进城镇扩张，通过城镇基础设施的互联互通和城镇环境的进一步提升，有效提高城镇和产业融合的协调联动②。产城融合既要强调产兴城聚，也要强调以人为本，其重点是要处理好人与产业的良好互动③。在产城融合的发展过程中，应从满足居民的需求出发，提供相应的生产生活配套基础设施和便利的公共交通设施。提供优质的就业环境是以人为本的重要体现。通过完善就业制度，提高对高端人才的吸引力；通过与高校对口专业合作，保障充足的人才供给；通过提供保障住房、完善配套设施，推进人才在区域内实现职住平衡。学者以蚌埠市为研究对象提出了产城融合发展的相关研究建议：首先，要明确城市功能定位，并不断在此基础上优化产业布局；其次，优化城市发展的区域环境、制度环境和文化环境，以提高产城融合的发展承载力；最后，可以将城市高新区打造为产城融合先行区，推动产业升级并打造宜居新城④。

（5）城乡融合视角的路径研究。一是促进城乡社会融合，政府应制定引进人才激励机制，实现城乡公共服务均等化，解决人才入乡的忧虑⑤。同时，要培养农民学习新技术，乡村自治的主体是农民，只有农民学习新技术、适应新发

① 张悦倩，刘全龙，李新春. 长三角城市群城市韧性与新型城镇化的耦合协调研究[J]. 城市问题，2022，（5）：17-27.

② 王晓红，冯严超. 中国产城融合的影响因素识别与空间效应分析[J]. 南京财经大学学报，2018，（5）：30-39.

③ 赵虎，张悦，尚铭宇，等. 体现产城融合导向的高新区空间规划对策体系研究：以枣庄高新区东区为例[J]. 城市发展研究，2022，29（6）：15-21.

④ 姜辉. 长三角一体化背景下皖北地区产城融合发展的域观分析：以蚌埠市为例[J]. 天津中德应用技术大学学报，2021，（1）：17-21.

⑤ 邹小玲，李世玉. 乡村振兴视角下城乡融合水平测度及分析：以郑州大都市区为例[J]. 中国集体经济，2022，（22）：4-7.

展才能更好地融入到乡村治理体系中[①]。二是促进城乡经济融合，发挥市场在生产要素配置中的决定作用，促进要素在城乡之间双向自由流动。只有鼓励推动城市的劳动力、资本、技术等要素下乡与农村的土地等资源有效结合，才能解决城乡现有要素配置问题[②]。我国"三农"问题的核心关注点一直是农民的收入问题。政府主导的重大工程建设可以优先吸纳周边农民，通过让农民实现在家门口就业和增收，吸引更多农民返乡就业，为乡村建设奠定劳动力保障[③]。进一步完善现代化农业市场体系，利用技术创新推进三产融合，促使城市生产要素，特别是技术、管理等能够更快地流入乡村，从而提高农业产业质量和竞争力[①]。三是促进城乡文化融合。只有在保护的基础上传承好乡村特色文化，城乡融合才能得到进一步实施。在进行乡村建设统筹规划时，政府应该保护好当地历史遗址和特色建筑，充分利用乡村自身特色文化优势修建特色博物馆、文化广场等。

2.2　国外相关研究综述

城镇化实践中出现的环境污染、大城市病、城市贫困人口等问题，引起了国外学者对城镇化的反思。国外学者虽然没有直接提出"城镇化质量"问题，但与之相关的研究比较丰富，具体表现为以下四个方面。

2.2.1　城镇化发展阶段的梳理

国外对于城镇化概念的研究可以追溯到 1867 年西班牙工程师塞尔达（Serda）在其著作《城镇化基本理论》中首次提到"城镇化"的概念，并被广泛认同。

国外城镇化发展大致经历了三个阶段，分别为萌芽时期、发育时期和成熟时期。从 14 世纪到 18 世纪末，国外的城镇化发展从空想逐步变成了现实。威廉·配第（William Petty）在 1690 年出版的《政治算术》中比较了农业、制造业和商业三种产业，得出制造业可以更快地使人们获得高收入，导致人们收入逐渐拉开差距，使得劳动力流入收入更高的产业，从而推动城镇发展不断向前的结论。1776 年，亚当·斯密（Adam Smith）在《国富论》中研究了城镇的起源、城镇的分工等，运用绝对优势理论为城市分工理念奠定了基础[③]。从 19 世

① 廉子玉. 马克思主义城乡融合发展理论视域下乡村数字治理体系发展路径研究[J]. 农村经济与科技, 2022, 33（15）: 200-202, 227.

② 张晓山. 构建新型工农城乡关系促进乡村振兴[J]. 中国乡村发现, 2021,（1）: 17-22.

③ Smith A. The Wealth of Nations [M]. New York: Random House, 2003.

纪中期至第二次世界大战结束，城镇化迎来了发展的第二阶段，18 世纪下半叶欧洲迎来第一次工业革命，随着工业革命的不断深入，大批新型工厂建立，农村人口大量流入城市[1]。埃比尼泽·霍华德（Ebenezer Howard）在 1898 年出版的《明日：一条通往真正改革和平道路》中提出田园城市理论，针对英国大城市所面临的问题，提出建立城乡一体化。第二次世界大战结束至今是城镇化发展的成熟时期，1979 年美国地理学家诺瑟姆（Northam）通过归纳将城镇化发展阶段总结为"S"形状的曲线，并提出了特定区域城镇化发展的三段论，将城镇化的发展分别对应于工业化早期、工业化中期和工业化后期[2]。美国地理学家弗里德曼（Friedmann）于 2006 年提出城镇化发展可以划分为两个阶段。第一个阶段是实体不断转换的过程，是人口及产业在不同规模城市内部集中的过程；第二阶段更注重精神文明的发展，是城市价值观、生活方式、文化等精神文明不断向农村传播的阶段[3]。

2.2.2　关于可持续发展城市的研究

可持续发展理念起源于 1972 年 6 月在瑞典通过的《联合国人类环境会议宣言》，可持续发展涉及城市的环境、经济、社会、文化、政治制度、社会公平等多个方面，具体是指在发展的过程中既能让当代人充分发展，也能考虑到后代的发展要求，是一种人与自然和谐发展的城市发展观。城市可持续发展的核心要义是城市发展应符合生态环境变化规律，使城市资源问题可以得到解决[4]。从经济可持续发展的角度看，城市应充分发挥自身的优势和所蕴含的潜能，不断优化城市产业结构，向着高质量的城市状态迈进，不断巩固自身的城市地位[5]。从社会可持续发展的角度看，一个城市的高等教育改革和其社会可持续发展息息相关[6]。"可持续发展城市"的显著特征是对城市居民具有较强吸引力，数字化和智能化管理是促进城市可持续发展的重要途径。但同样，城市可持续发展是一个巨大且复杂的

① 叶青. 现代产业革命与城市发展[C]//城市和郊区的现代化——第十二期中国现代化研究论坛.北京：中国科学院中国现代化研究中心，2014：84-88.

② Northam R M. Urban Geography[M]. 2nd ed. New York：John Whiley&Sons，1979：5-66.

③ Friedmann J. Four theses in the study of China's urbanization[J]. International Journal of Urban and Regional Research，2006，30（2）：440-451.

④ Tjallingii S P. Ecopolis：Strategies for Ecologically Sound Urban Development[M]. Leiden：Backhuys Publishers，1995：23-27.

⑤ Nijkamp P，Perrels A. Sustainable Cities in Europe[M]. London：Routledge，2014.

⑥ Tojaliev A A. Higher education system—a guarantee of sustainable development of society[J]. ACADEMICIA：An International Multidisciplinary Research Journal，2021，11（9）：1021-1025.

系统，它需要推进空间、土地、交通等要素的可持续发展[①]。

2.2.3　关于生态城市的研究

生态城市的概念是由联合国教育、科学及文化组织于 1971 年首次提出的。生态城市要求经济、社会和自然协调发展，物质、能源和信息有效利用，技术、文化和景观完全融合[②]，生态城市是一种理想的城市模式，考虑到了城市发展的社会生态、自然生态和经济生态[③]。生态城市是技术与自然充分融合的体现，其数百英里外的地方仍应是碳循环所能触及的范围[④]。生态城市坚持以人为本，具有强调人与自然的和谐性，资源利用的高效性，城市发展的持续性，社会、经济与生态的整体性，全球生态的平衡性等特点。

在生态城市评价体系的研究方面，美国波士顿在 1995 年建立起一个包含湿地面积、人均收入、公共安全等要素的生态城市评价体系[⑤]；联合国可持续发展委员会前期的评价体系从社会、经济、环境和制度四个方面出发，后期则更突出指标间的关联、可持续发展的目标以及社会发展的基本需求[⑥]；范德格特（Vandergert）等构造的评价体系将服务保障、生态设计和清洁功能等因素包含在内，区分出三种不同模式的城市，并用评价体系对其分别进行探讨[⑦]。

2.2.4　关于城乡融合的研究

城镇化高质量发展不仅是城市的发展，也包括了乡村的发展，需要通过城乡深度融合发展最终实现城乡一体化发展。国外对城乡融合的研究主要集中于城乡关系理论、城乡融合发展的原因研究与城乡融合的路径分析方面。

① Kenworthy J R. The eco-city: ten key transport and planning dimensions for sustainable city development[J]. Environment and Urbanization，2006，18（1）：67-85.

② Wang Y，Ding Q，Zhuang D F.An eco-city evaluation method based on spatial analysis technology: a case study of Jiangsu Province，China[J]. Ecological Indicators，2015，58：37-46.

③ Liao Y T，Chern S G. Strategic ecocity development in urban‐rural fringes: analyzing Wulai district[J]. Sustainable Cities and Society，2015，19：98-108.

④ Carl F. Social–ecological systems and adaptive governance of the commons[J]. Ecological Research，2007，22（1）：14-15.

⑤ Kline E. Planning and creating eco-cities: indicators as a tool for shaping development and measuring progress[J].Local Environment，2000，5（3）：343-350.

⑥ United Nations. Indicators of sustainable development: framework and methodologies[C]. New York: United Nations，1996.

⑦ Vandergert P，Sandland S，Newport D，et al. Harnessing advances in eco-innovation to achieve resource efficient cities[M]//Green Design, Materials and Manufacturing Processes. London: CRC Press, 2013: 755-760.

1. 城乡关系理论

1）城市偏向论

城乡关系的早期研究大多以城乡对立为主要内容，工业化大生产及早期生产力发展不足加速了城乡的分离与对立。以刘易斯（Lewis）城乡二元结构理论为代表的城市偏向论，认为一个国家同时存在传统工业与农业两个部门，两部门间的收入差距、生产效率差异导致生产要素无限流向工业部门，主张乡村优质要素不断补给城市以推动国家经济转型升级[①]。默达尔（Myrdal）提出用"回流—扩散效应"解释城乡发展差距较大的问题，他认为在经济发展初期，城市依靠回流效应吸引乡村资源在城市聚集，在形成规模效应的同时加剧了城乡发展的差距，在经济发展相对成熟的阶段，通过政府政策措施促进扩散效应的发挥，实现以城带乡[②]。赫希曼（Hirschman）提出了空间极化理论，认为城市利用极化效应得到优先发展，最终通过涓滴效应回馈农村发展[③]。弗里德曼（Friedmann）提出中心-外围理论来解释城乡不均衡发展问题，认为制度完善、经济发展水平高、创新能力更强的城市应在空间系统中处于核心地位，而农村作为边缘地区则依附于城市外围受城市支配发展[④]。利普顿（Lipton）提出政府政策导向的城市偏向论，指出城乡关系不应该是以城市为中心的发展模式，而是应该发挥城市优先发展的带动作用促进城乡整体发展[⑤]。

2）乡村偏向论

与城市偏向论相对的理论是乡村偏向论，由于农村人民生活水平、基础设施建设、生态环境发展与城市相差甚远，该理论主导"以农村为中心"，乡村资源要素应该以优先满足自身发展需要为首要目标。选择性空间封闭理论认为要缩小城乡发展差距，乡村地区应适当地与外部地区减少交流，形成乡村地区的选择性空间封闭，以防止极化效应对农村发展产生影响[⑥]。乡村偏向的发展模式意识到了城市对乡村资源掠夺的弊端，但也忽视了城市对乡村发展的辐射带动作用，同样不利于城乡持续均衡协调发展。

---

① Lewis W A. Economic development with unlimited supplies of labour[J]. The Manchester School，1954，22（2）：139-191.

② 瑟尔沃.增长与发展[M].郭熙保，译.北京：中国财政经济出版社，2001：185-187.

③ Hirschman A O. The Strategy of Economic Development[M]. New Haven：Yale University Press，1958.

④ Friedmann J. Regional Development Policy：A Case Study of Venezuela[M]. Cambridge：The MIT Press，1966.

⑤ Lipton M. Why Poor People Stay Poor：Urban Bias in World Development[M]. Cambridge：Harvard University Press，1977.

⑥Stöhr W, Tödtling F. Spatial equity：some anti-theses to current regional development doctrine[J]Papers in Regional Science，1977，38（1）：33-53.

3）城乡融合发展理论

（1）西方早期城乡一体化理论。随着城乡要素的频繁交流互动突破了原有城乡区域的限制，传统的二元性结构萌生出融合互动发展的内生性诉求。在资本主义快速发展阶段，城乡关系发展的矛盾日益加剧，西方学者在研究城乡问题的过程中形成了早期城乡一体化理论。霍华德和赖特（Wright）针对城市过度拥挤、环境恶化等困境，提出构建"田园城市"和"广亩城市"[1][2]。芒福德从保护生态环境的角度出发论述了乡村应与城市处于同等发展地位，强调理想城市不仅要体现城市的便捷利民功能，还要发扬农村的生态文明优势[3]。早期的城乡一体化理论没有提出城乡融合发展的概念，但都表明城市和乡村发展应当有机地结合起来，本质内涵就是城乡融合发展。

（2）马克思主义城乡关系理论。马克思、恩格斯通过对资本主义生产方式下的城乡矛盾进行深入剖析，认为城乡二元结构随着生产力的不断发展最终会走向城乡一体化，城乡对立走向城乡融合是人类经济社会持续发展进步的必然结果。为实现城乡融合，还应具备以下三个条件：一是需要生产力的高度发展与生产资料公有制的建立，为城乡融合发展提供物质先决条件；二是充分发挥人的自由流动，满足促进城乡融合发展的主体条件；三是充分发挥以城带乡的作用，推动城乡良性互动。

（3）城乡互动关联理论。20 世纪 70 年代以来，国外学者开始从城乡联结和互动的视角研究城乡融合发展。普雷斯顿（Preston）从城乡互动发展的角度将城乡之间的相互作用划分为"人、商品、资本"的互动、城乡社会交易及城乡行政服务供应等[4]。斯捷潘年科认为城乡融合是城乡间经济社会活动、人口格局、生活方式和文化环境的互动融合[5]。昂温（Unwin）提出"城乡间相互作用、相互联系、相互交流"的理论框架来研究城乡互动机制[6]。道格拉斯（Douglass）提出了区域网络发展模型，强调通过完善城乡基础设施网络建设来充分发挥人、生产、商品、资金和信息流对城乡空间结构功能关联的促进作用，以形成良性循环的城乡发展

---

① 霍华德. 明日的田园城市[M]. 金经元，译.北京：商务印书馆，2000：78.

② Wright F L. When Democracy Builds[M]. Chicago：University of Chicago Press，1945：389-390.

③ 芒福德. 城市发展史：起源、演变和前景[M].倪文彦，宋俊岭，译. 北京：中国建筑工业出版社，1989：306-416.

④ Preston D. Rural-urban and inter-settlement interaction：theory and analytical structure[J]. Area，1975，7：171-174.

⑤ 斯捷潘年科. 发达社会主义条件下的城市[M]. 姜典文，陈国峰，刘重，等译. 上海：上海社会科学院出版社，1988.

⑥ Unwin T. Urban-rural interaction in developing countries：a theoretical perspective[M]//Potter B，Unwin T .The Geography of Urban-Rural Interaction in Developing Countries：Essays for Alan B. Mountjoy. London and New York：Routledge，2017：11-32.

关系①。出于对城市偏向论或乡村偏向论片面性的反思，关于城乡紧密联系的战略和理论相继被提出，如朗迪勒里（Rondinelli）提出的"次级城市发展战略"②、麦吉（McGee）的"城乡一体化"模型③、塔科利（Tacoli）的"城乡连续体"④和爱泼斯坦（Epstein）等的"城乡伙伴关系"理论⑤，体现了学者对融合发展的城乡关系的认可。

21 世纪以来，随着全球化、信息化的迅速发展，出现了新的流动时空观和流动区位观，不同要素的强联系及其交互作用不断改变并塑造着城乡关系。"流空间"及"新流动范式"也成为分析信息时代城市与区域相互作用及空间变化的重要框架⑥⑦⑧。由此，城乡融合发展理论摒弃了以往城乡分离和割裂的偏向研究，更加关注城乡互动交流的影响，强调通过城乡之间要素的流动实现城乡均衡发展，从城乡要素流动的视角丰富了城乡发展理论，也为推进城乡融合发展提供了理论支撑与借鉴。对于城乡融合范式，西方学者结合城镇化进程和实践进行了有益的探索。城乡连续体范式将城市和乡村纳入统一的分析框架，在关注城市、乡村内部差异性的同时，更加强调城乡之间的联系和融合。

2. 城乡融合发展的原因研究

有学者指出日益凸显的城乡土地资源配置矛盾和二元分割严重的城乡产业发展及人口流动，加剧了城乡二元结构⑨。史密斯（Smith）研究发现要素资源在各个区域的非均衡化使用造成了区域的"发达-不发达"⑩。苏贾（Soja）也认为城

① Douglass M. A regional network strategy for reciprocal rural-urban linkages: an agenda for policy research with reference to Indonesia[J]. Third World Planning Review，1998，20：1-34.

② Rondinelli D A. Applied Methods of Regional Analysis: The Spatial Dimensions of Development Policy[M]. Boulder and London: Westview Press，1985.

③ McGee T G. Urbanisasi or kotadesasi? Evolving patterns of urbanization in Asia[M]//Costa F J，Dutt A K，Ma L J C. Urbanization in Asia: Spatial Dimensions and Policy Issues. Honolulu: University of Hawaii Press，1989：93-108.

④ Tacoli C. Rural-urban interactions: a guide to the literature[J].Environment and Urbanization, 1998, 10(1): 147-166.

⑤ Epstein T S，Jezeph D. Development—there is another way: a rural-urban partnership development paradigm[J]. World Development，2001，29（8）：1443-1454.

⑥ Castells M. The Informational City: Information Technology，Economic Restructuring and the Urban-regional Process[M]. Oxford: Blackwell，1989.

⑦ Castells M. The Rise of the Network Society[M]. Cambridge: Blackwell Publishers，1996.

⑧ Sheller M，Urry J. The new mobilities paradigm[J]. Environment and Planning A: Economy and Space，2006，38（2）：207-226.

⑨ Long H L，Li Y R，Liu Y S，et al. Accelerated restructuring in rural China fueled by 'increasing vs. decreasing balance' land-use policy for dealing with hollowed villages[J]. Land Use Policy，2012，29（1）：11-22.

⑩ Smith D M. Geography and Social Justice[M]. Oxford: Wiley-Blackwell，1994：1.

乡多方面的空间重构均受到了资源要素在城乡间不均衡配置的影响①。布里顿（Britton）等指出人才、资本、产业等在地理空间上的非均衡布局，会导致城乡非等值化发展的问题②③。

3. 城乡融合的路径分析

有学者指出城乡要素要在承认城乡发展差异的前提下，促进资源要素的回报率在城市与乡村间趋同，追求城乡等值化发展④。有学者提出建立城乡融合发展的体制机制可以考虑从资源要素的途径入手，通过市场作用形成的"区位熵"促进城乡要素资源自由择优流动，通过人口集聚、资本返乡、文化外溢等途径作用于城乡融合⑤。国内外相关理论研究及实际发展经验都表明，劳动力自由流动是发挥城乡间比较优势、实现区域协调发展的关键部分。卢卡斯（Lucas）指出低收入国家城乡劳动力流动均是从资源密集型产业流向劳动密集型产业，转移的人口为流入地带来了丰富的劳动力供给⑥。部分学者提出通过劳动力、土地、资本等要素构建城乡融合发展的体制机制。在市场效应的作用下，通过人口空间集聚、资本回流农村、社会文化外溢等效应促进城乡融合⑤。

综上所述，学术界对城镇化质量进行了一定的研究，为本书奠定了良好的研究基础。然而，新发展阶段我国城镇化质量的提升被赋予了新的理念和要求，需要研究新时代背景下如何实现城镇化高质量发展。现有研究还存在以下不足。一是对新时代背景下城镇化高质量发展的评判标准研究较为薄弱，尚未形成能科学反映新时代背景下城镇化高质量发展的评价体系。二是对新时代背景下和新发展理念视角下城镇化高质量发展的内涵、动力机制等方面的研究不够深入，缺乏对新发展理念和城镇化高质量发展的内在逻辑关联的分析。三是对城镇化质量静态评价较多，从动态、空间等多维度综合评价城镇化质量研究较少。四是已有研究主要按照行政级别或城市规模对城镇化区域进行分类，而缺乏从区域经济与城镇化发展内在规律的角度出发，基于空间差异，研究中心城区、新城区、小城镇三

① Soja E W. Seeking Spatial Justice[M]. Minneapolis：University of Minnesota Press，2010：26.

② Britton S. Tourism，capital and place：towards a critical geography of tourism[J]. Environment and Planning D: Society and Space，1991，9（4）：451-478.

③ Sokol M.Financialisation，financial chains and uneven geographical development：towards a research agenda[J]. Research in International Business and Finance，2017，39：678-685.

④ Liu Y S，Schen C，Li Y R. Differentiation regularity of urban-rural equalized development at prefecture-level city in China[J]. Journal of Geographical Sciences，2015，25（9）：1075-1088.

⑤ Nguyen C V，van den Berg M，Lensink R. The impact of work and non-work migration on houschold welfare，poverty and inequality[J]. Economics of Transition，2011，19（4）：771-799.

⑥ Lucas R E，Jr. Life earnings and rural-urban migration[J]. Journal of Political Economy，2004，112（S1）：S29-S59.

种不同类型空间区域因地制宜的城镇化高质量发展路径。

　　基于此，本书在我国经济社会进入新时代高质量发展阶段的背景下，基于新发展理念的视角，从我国城镇化的历史逻辑和实践逻辑出发，总结中国城镇化的演进阶段与特征，剖析传统城镇化的困境及中心城区、新城区、小城镇三种不同类型空间区域存在的问题；建立新发展理念下城镇化高质量发展的理论框架；构建城镇化高质量发展的评价指标体系，并对中国城镇化高质量发展水平进行测度评价；设计城镇化高质量发展的总体路径以及中心城区、新城区、小城镇三种不同类型空间区域高质量发展的具体路径，提出城镇化高质量发展路径实施的政策保障建议。本书丰富了现有城镇化高质量发展的研究，为实现以人为核心的高质量城镇化提供了新的思路和新的视角。

第3章　中国城镇化的演进特征与现实困境

本章在阐释城镇化发展一般规律的基础上，从我国城镇化的历史逻辑和实践逻辑出发，总结我国城镇化的演进阶段与特征，剖析传统城镇化的现实困境，以及中心城区、新城区和小城镇三种不同类型空间区域存在的具体问题，为城镇化高质量发展理论分析提供现实依据，也为城镇化高质量发展路径设计聚焦问题、找准症结、辨明方向。

3.1　城镇化发展的一般规律

城镇化既包括了人口从乡村向城市的空间转移过程，也包括了人口从生产率低的农业向生产率高的工业和服务业的产业转移过程。虽然不同国家或地区城镇化的起步时间、发展环境、发展动力与发展速度存在一定差异，但总体上还是存在一定的规律可循。

如图 3-1 所示，城镇化进程呈现出初期起步发展阶段、中期加速发展阶段和后期稳定发展阶段，其中，初期起步发展阶段的城镇化率在30%以下；中期加速发展阶段城镇化率在 30%~70%，这一阶段又可以细分为两个阶段，一是城镇化率在 30%~50%的城镇化快速增长阶段，二是城镇化率到了 50%以后的增速放缓阶段；当城镇化率超过 70%以后，为后期稳定发展阶段。三个阶段演变的特征如下所述。

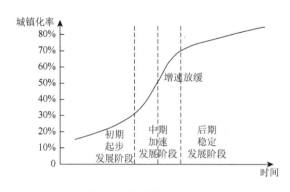

图 3-1　城镇化发展阶段

（1）从产业结构演进来看，工业规模经历了不断扩大到缩小的过程，在初期起步发展阶段，工业规模较小，在中期加速发展阶段，工业规模和发展速度都快速增长，到后期稳定发展阶段，服务业取代工业成为城市主导产业。

（2）从人口迁移过程来看，农业剩余劳动力转移进程经历了快速到放缓的过程。产业结构决定就业结构，工业发展水平决定了城市对农业剩余劳动力的吸纳能力。在初期起步发展阶段，城市工业发展规模较小，对农业剩余劳动力的吸纳能力也有限；到了中期加速发展阶段，随着工业规模的扩大，提供就业的能力增强，大量农业剩余劳动力流向城市，人口迁移速度加快；在后期稳定发展阶段，城镇人口的占比达到70%以上，城乡差距缩小，农村人口向城市转移速度相对放缓，城乡人口达到一种动态平衡。

（3）从空间维度来看，产业和要素的集聚是城镇化的内在动力。根据经济地理学的相关理论可知，城市的发展受到使经济活动聚集在一起的"向心力"和打破这种集聚或限制集聚规模的"离心力"的影响。在城镇化的初期起步发展阶段和中期加速发展阶段的初期，在生活成本效应和市场接近效应的共同作用下，人口等要素和产业向城市集聚，集聚力使得城镇化速度加快，城市规模不断扩大，这个阶段的各类要素被虹吸到城市，城乡发展差距较大。在中期加速发展阶段的后期，市场拥挤效应导致市场竞争加剧和生产成本上升，产业开始向城市外围地区转移或者由核心城市向周边中小城市转移，由此带动人口向城市外围迁移，城市核心区开始发挥扩散效应，带动城市外围地区的发展，城市郊区或者中心城市外围的小城市开始快速发展，城市群开始形成，城市群不同城市形成产业的分工合作，城市群成为城镇化新的空间载体。在后期稳定发展阶段，城镇化率很高，城市人口增速放缓甚至停滞，城市中心区由于产业的外迁出现衰落，由于城乡发展已高度一体化，逆城市化现象在发达国家比较常见。

3.2　中国城镇化的演进阶段

中国城镇化的演进遵循了城镇化演化的一般规律，但在推进的过程中仍需要根据国情，认识并利用自身弥足珍贵的中国特色。新中国成立70多年以来，中国城镇化率从1949年的10.64%上升到2022年的65.22%，城镇人口由0.58亿人上升到9.2亿人，无论是速度还是规模都创造了人类历史发展的奇迹。我国城镇化发展经历了如图3-2所示的城镇化缓慢发展阶段、城镇化恢复推进阶段、城镇化快速发展阶段、城镇化高质量发展阶段。

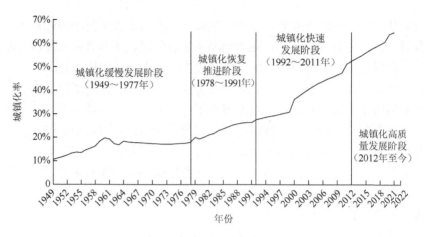

图 3-2　我国城镇化的演进阶段

3.2.1　城镇化缓慢发展阶段：1949～1977 年

这段时间城镇化发展非常缓慢，近 30 年时间城镇化率仅提高了大约 7 个百分点，1977 年城镇化率还不到 18%。政府在全力推动重工业发展的同时实施了严格的户籍政策，以此控制城市人口的扩张。

新中国成立初期，面对严峻的国际环境，不得不完全依靠自有资源和工业基础来保证新中国的发展，我国与国际市场基本处于割裂状态。国家采取计划经济体制来配置资源，构建了以国防安全为先导的重工业体系、城乡剪刀差和严格的户籍管理制度等。随着 1958 年《中华人民共和国户口登记条例》的颁布，农村人口迁入城市被严格控制，自此，在制度层面农村人口很难获得城市的"进入权"。这个阶段由于资源高度计划配置、工业和农业产品价格扭曲，阻碍了生产要素在城乡的自由流动，这些政策在当时的宏观背景下具有其合理性，但是在客观上也造成了城乡二元结构发展格局的形成。

3.2.2　城镇化恢复推进阶段：1978～1991 年

这一阶段我国开始实施改革开放和以经济建设为中心的发展战略，经济发展速度加快，也促进了城镇化的进程。1978～1991 年城镇化率实现了由 17.92%到 26.94%的飞跃，增长了 9.02 个百分点。

一是家庭联产承包责任制启动了农村经济体制改革，也按下了城镇化的启动键。家庭联产承包责任制的实施提高了农业劳动生产率，释放出了一部分农业剩余劳动力，为劳动力向非农产业和城市转移创造了必要条件，劳动力的转移不仅是突破束缚的表现，也是消化农业剩余劳动力的重要途径，是资源重新配置的过程①。

二是国家对相关政策的调整，使得城镇化开始快速地恢复增长。1977 年高考的全面恢复，意味着农村学生获得了一条由农业人口转向城镇人口的重要通道，这一政策既促进了城镇化进程，也促进了人力资本的优化配置。

三是大力发展小城镇。国家对农村管制的逐步放松，包括个体经济、乡镇经济等不同所有制的经济开始逐渐发展，显著地促进了中国小城镇的发展，尤其是江苏南部地区、温州和珠三角地区等凭借着各自的比较优势，发展了各具特色的乡镇企业。这一期间我国城市发展的政策是"控制大城市规模，合理发展中等城市，积极发展小城市"。由此加速了小城镇的发展，"离土不离乡""进厂不进城"的就地城镇化模式也随之产生，这在当时也是适合我国国情的一种城镇化模式，当时的城市规模无法吸纳众多的农业剩余劳动力，发展小城镇是更现实的选择，既可以低成本地让农民进入小城镇工作生活，又可以缓解大中城市的就业压力。

前一个阶段的城镇化主要是自上而下驱动的，这一阶段城镇化的动力则是自下而上驱动的。但是，区域要素流动不充分等制约了乡镇企业的可持续发展，乡镇企业从 20 世纪 90 年代开始出现衰退，就业吸纳能力也逐渐降低，改变了以乡镇企业为主的农村劳动力转移模式。这一时期以乡镇企业发展为核心的乡村工业化道路虽然为农业剩余劳动力创造了就地城镇化模式，但依旧不能破除城乡二元结构。

3.2.3　城镇化快速发展阶段：1992～2011 年

1992～2011 年是中国城镇化快速发展阶段。这一阶段城镇化发展得益于两个原因，一是社会主义市场经济体制改革的推动，二是对外开放的推动，开放成为这一阶段城镇化发展的重要驱动力，由此也催生了"外需拉动下工业快速发展，工业发展推动城镇化"的城镇化路径②。

1. 社会主义市场经济体制改革的推动

这一阶段我国逐步建立社会主义市场经济体制，由探索性的农村改革到开启城市改革，极大地释放了经济活力，城乡关系由城乡分割向城乡统筹转变。与此同时，我国城镇化发展由鼓励中小城市和小城镇发展转变为经济高速增长中的城

---

① 蔡昉. 中国特色城市化道路及其新内涵[N]. 光明日报，2018-08-14（11）.
② 李兰冰. 中国区域协调发展的逻辑框架与理论解释[J]. 经济学动态，2020，（1）：69-82.

市全面扩张。经济体制改革促使城乡劳动力大规模地向城市自由流动，快速推动了城镇化进程[①]。

对劳动力流动政策的改革促进了劳动力大规模地跨区域流动。《中华人民共和国国民经济和社会发展第十个五年计划纲要》提出，"取消对农村劳动力进入城镇就业的不合理限制，引导农村富余劳动力在城乡、地区间的有序流动"和"改革城镇户籍制度"。这一政策打破了之前限制劳动力跨区域流动的制度束缚，开启了农业剩余劳动力"离乡又离土"的城镇化模式，从此以后，农业剩余劳动力开始逐步在区域间、城乡间大规模迁移，也开启了异地城镇化的模式。我国外出务工人口规模快速增加，从 2001 年的 8399 万人快速提高到 2011 年的 1.6 亿人。

财税、土地和住房制度改革推动了城市空间规模的扩张。1994 年分税制改革改变了地方政府与企业之间的关系和地方财政收入结构，促成了土地财政的出现，推动了土地城镇化的发展。地方政府为了更好地吸引外部投资，通过举债融资来加强城市建设，极大地提升了城市的要素资源集聚能力，城市得以快速发展[②]。在 20 世纪 90 年代后期，我国还加强了土地有偿使用、住房、教育、医疗、财税等方面的一系列改革，尤其是土地与住房改革，催生了地方政府和企业实行"以地养地""以地融资"的模式，推动了土地城镇化的发展[③]。

2. 对外开放的推动

面对 20 世纪 90 年代全球化时代到来的重要机遇，中国主动扩大对外开放，逐步形成了从南至北、由东到西，"特区—沿海—沿江—沿边"的对外开放区域增长极空间格局。对外开放推动工业化快速发展的同时，也在不断地吸引着劳动力流向沿海等对外开放地区，显著地推动了城镇化进程。

在加入世界贸易组织后，中国凭借友好的政策环境、丰富的劳动力、大规模的市场和良好的产业配套，抓住了承接第四次国际产业转移的机遇，吸引众多外资企业到中国投资建厂，将产业链的生产加工环节转入中国，中国也逐步成为全球制造大国，尤其是东部沿海城市成为许多跨国企业的投资热土。由于中国承接的主要是价值链的生产加工环节，因此大部分外资企业都是劳动密集型的，它们对劳动力需求较大，进而吸引了大量农业剩余劳动力流向东南沿海地区，掀起了农业剩余劳动力的"打工潮"，不仅解决了农业剩余劳动力的就业问题，也驱动了中国城镇化的快速发展。

① Song H S, Thisse J F, Zhu X W. Urbanization and/or rural industrialization in China[J]. Regional Science and Urban Economics, 2012, 42（1/2）：126-134.

② 周一星. 关于中国城镇化速度的思考[J]. 城市规划, 2006,（S1）：32-35, 40.

③ 周飞舟, 吴柳财, 左雯敏, 等. 从工业城镇化、土地城镇化到人口城镇化：中国特色城镇化道路的社会学考察[J]. 社会发展研究, 2018, 5（1）：42-64, 243.

　　这一阶段城镇化速度增长最快，城镇化率从 2000 年的 36.22%提高到 2011 年的 51.27%，也带动了城市面积和人口的快速增长。比如，广东东莞通过构建"台湾接单、东莞生产、香港出货"的配套加工业产业链，实现了农村工业化转型，不仅吸纳了本地农业剩余劳动力，而且吸引了其他省份的劳动力迁移至东莞务工，推动了东莞的城镇化进程。大量农业剩余劳动力的迁移供给，也推动了我国将劳动力资源优势转变为产业优势和经济优势，常住人口城镇化率快速提升，因此劳动力的跨地区迁移，成为这个时期城镇化的重要推动力。

　　这一阶段城市规模发展战略导向依然定位为严格控制大城市规模、合理发展中等城市和小城市。但事实上 2000 年到 2010 年的十年间，国家逐渐放宽了限制大城市发展的政策，这段时间大中城市得到了快速发展，农业剩余劳动力也流向了大城市。大城市有更好的规模经济效应和集聚经济效应，也能带动辐射中小城市的发展。

　　这一阶段城镇化在快速推进过程中并没有改变城乡二元结构问题，一方面表现为城市经济水平的迅速提升和基本公共服务内容和标准的日益优化，另一方面是乡村在经历了改革开放初期的农民赋权和要素流动自由化的繁荣发展之后，又面临公共服务供给不足、生产要素单向流入城市、"空心化"等困境，因此国家提出了统筹城乡发展和城乡一体化发展。

3.2.4　城镇化高质量发展阶段：2012 年至今

　　党的十八大以来，我国进入全面深化改革新阶段和中国特色社会主义新时代，我国经济已由高速增长阶段转向高质量发展阶段，也推动着城镇化进入新型城镇化和高质量发展阶段。

　　城镇化相关政策改革逐步全面深化。我国城镇化政策的演进过程经历了从"严格控制大城市规模、合理发展中等城市和小城市"，到"大中小城市和小城镇协调发展"，再到"推进以城市群为主体形态的城镇化发展"，城镇化路径选择一直是我国城镇化进程中的重要课题。《中共中央关于全面深化改革若干重大问题的决定》明确提出"坚持走中国特色新型城镇化道路"。《中华人民共和国国民经济和社会发展第十四个五年规划和 2035 年远景目标纲要》提出，推进以人为核心的新型城镇化战略，以城市群、都市圈为依托促进大中小城市和小城镇协调联动、特色化发展。在城市群和都市圈理念的推动下，我国珠三角、长三角以及京津冀地区以世界级的成熟城市群为目标快速发展，并成为我国经济发展的重要增长极。因此，高质量的城镇化就是要建设以人为核心的新型城镇化，提高人民的福祉。

　　为了缩小城乡差距与解决城乡二元结构问题，党中央相继提出了城乡一体化和城乡融合发展。城乡融合是城乡关系的最高阶段，是城乡统筹和城乡一体化战略的深化和拓展。

在中国特色社会主义进入新时代、在实现中国式现代化的目标下，新型城镇化任重而道远，是实现高质量发展的重要引擎和共同富裕的重要抓手。

3.3　中国城镇化的演进特征

中国城镇化具有社会主义国家的制度特征、转型期的时代特征、空间和规模上的大国特征，使用了以人为本推进、渐进式推进、多元化推进等方式[①]，取得了举世瞩目的成就。中国城镇化不同演进阶段的特征如表 3-1 所示。

表 3-1　中国城镇化演进阶段及特征

维度	1949~1977 年	1978~1991 年	1992~2011 年	2012 年至今
城镇化阶段	缓慢发展阶段	恢复推进阶段	快速发展阶段	高质量发展阶段
改革阶段	计划经济	改革开放的启动和目标探索阶段	社会主义市场经济体制框架初步建立和完善阶段	全面深化改革的新阶段
人口迁移特征	无法流动	"离土不离乡"的就近城镇化为主	"离乡又离土"的异地城镇化为主	就近城镇化与异地城镇化并存
城镇化模式	重工业带动城镇化	农村乡镇企业带动城镇化	土地扩张的城镇化	人的城镇化
城市规模导向	发展中小城市为主	控制大城市规模，合理发展中等城市，积极发展小城市	大中小城市和小城镇协调发展、实际中呈现大城市偏向	大中小城市和小城镇协调发展，以城市群为主要空间载体，开始强调县城发展和乡村振兴
城乡关系	城乡割裂	城市扩张城乡二元结构	城乡二元结构强调城乡统筹	城乡一体化城乡融合
驱动方式	自上而下	自下而上为主	自上而下为主	自上而下与自下而上相结合

3.3.1　高速大规模的人口空间迁移与快速城镇化相伴生

放开人口城乡流动是中国城镇化的逻辑起点，农业剩余劳动力向城市的转移也推动了工业化和城镇化快速发展。中国城镇化探索了在农业人口占绝大多数的

---

① 苏红键，魏后凯. 改革开放 40 年中国城镇化历程、启示与展望[J]. 改革，2018，（11）：49-59.

发展中大国实现低成本的城乡协调发展的城镇化道路[①]。中国城镇化是人类历史上规模最大的城乡人口流动与迁移过程,从速度和规模上来说都是人类历史发展的奇迹。人口迁移的演进经历了三个阶段:20 世纪 80 年代农业剩余劳动力到小城镇务工的"就近城镇化",20 世纪 90 年代农民工跨省流动的"异地城镇化",21 世纪大规模的农业剩余劳动力外出务工。农业转移人口为城市发展提供了充足的劳动力供给,促进了城镇化的快速发展。

人口大规模空间迁移的深层原因是改革开放以来中国体制改革和政策调整取消了一系列制度壁垒,随着不断放松束缚的制度变革,大规模的农业转移人口开始跨越城乡边界,推动农业转移人口的空间再分布和身份再定位,促进农业剩余劳动力退出农业低生产率部门和农村,即获得"退出权",进而在城乡、地区和产业间流动,即获得"流动权",进入高生产率部门和城市就业,即获得"进入权",由此形成了中国特色城镇化道路。改革使农业剩余劳动力(以及农村新成长劳动力)可以追寻非农就业机会和相对收入的市场信号,经历了由获得"退出权"到"流动权"再到"进入权"的过程[②]。这三种权利的获得是中国城镇化中农业剩余劳动力向城市迁移的内在制度逻辑推动使然,家庭联产承包责任制是对农村劳动力微观激励的改善,促进了农民生产积极性和效率的提高,使得农村劳动力剩余迅速显性化,农业和农村无法为剩余劳动力寻找出路,催生了劳动力向城镇转移的需求,进而又促进了户籍管理等体制性束缚的逐步松绑,20 世纪 90 年代我国逐步取消了统购统销政策、粮票等票证制度,破除了农业剩余劳动力到各级城镇居住和就业的制度壁垒[③]。农业劳动力的剩余状况产生的无限供给和非农产业创造的劳动力需求,决定了劳动力流动的动力和方向,农业劳动力可以根据自己的意愿在城乡间和区域间流动。

中国大规模的劳动力流动及与之相伴的资源重新配置,使中国经济高速增长,城镇化进程快速推进,劳动生产率的显著提高,当然也改善了农业剩余劳动力的就业方式和生活水平。

如图 3-3 所示,1980 年以来的农业劳动力转移过程可以划分为以下三个阶段。

第一,1980~1989 年的快速增长阶段,这一期间农村经济体制改革的推动以及乡镇企业的快速发展,促进了农业剩余劳动力的快速转移。1980~1986 年转移规模增速最快,其中 1985 年劳动力转移增速高达 56.76%,1982~1989 年的年均劳动力转移量达到 5358.55 万人,1980~1985 年农业劳动力累计转移总量由 2028 万人增长到 6713.6 万人。1987~1989 年增速有所下降。

① 洪银兴. 城镇化道路的中国创造[J]. 经济研究, 2019,(10):16-19.

② 蔡昉,都阳,杨开忠,等. 新中国城镇化发展 70 年[M]. 北京:人民出版社,2019:83.

③ 蔡昉. 中国特色城市化道路及其新内涵[N]. 光明日报,2018-08-14(11).

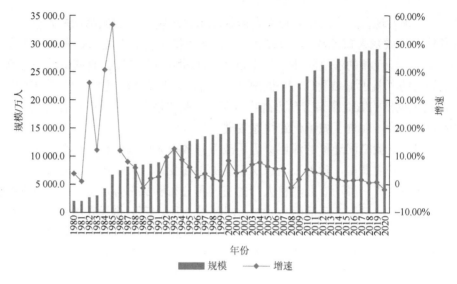

图 3-3　1980～2020 年农业劳动力转移规模及增速

资料来源：各年《中国统计年鉴》和 2008～2020 年《农民工监测调查报告》

　　第二，1990～2010 年的稳定增长阶段，这一期间由于对外开放和体制改革的推动，东南沿海地区承接国际产业转移，出现了大量劳动密集型的外资企业，产生了大量的劳动力需求，带动了农业剩余劳动力开始大规模跨省转移。1993 年农业转移劳动力超过 1 亿人，增速达到 12.63%，农业劳动力转移达到这一阶段的顶峰。这一阶段增速虽然没有第一阶段高，但转移规模远高于第一阶段，1993 年之后农业劳动力转移一直都是上亿的规模，2010 年转移规模达到 24 223 万人。其间由于受美国次贷危机影响，2008 年农业劳动力转移出现了负增长，这反映出农业劳动力转移和国际经济形势变化密切相关。

　　第三，2011 年至今的增速减缓阶段，2011 年以来劳动力转移增速开始下降，2018 年劳动力转移增速降到 1% 以下，2020 年劳动力转移甚至出现负增长。可能的原因包括：首先，劳动力工资上升促使东部地区的劳动密集型产业开始向资本密集型和技术密集型转型升级；其次，城乡一体化、城乡融合发展、乡村振兴战略实施以来，城乡差距开始逐步缩小，部分农民工返乡创业，外出劳动力增速开始放缓，这一现象的出现也表明我国农业劳动力转移出现了新的特征，随着我国城乡融合发展和乡村振兴战略的不断深入实施，劳动力的流动将从流向城市的单向流动逐步转换到城乡双向流动，农业剩余劳动力就地城镇化趋势日渐明显。

　　从流动方式来看，在改革初期，尤其是在乡镇企业快速发展期间，农民工是以本地务工为主的。20 世纪 90 年代以后农业剩余劳动力主要采取跨省外出务工的方式。从表 3-2 可以看出，2008～2020 年，农民工依然以外出务工为主，但所占份额呈现出下降趋势。具体来看，家庭成员外出农民工数量由 11 182 万人提高到 13 101 万人，虽然总量增加了 1919 万人，但占农民工总数的份额由 49.6%降至 45.9%；举家外出农民工由 2859 万人提高到 3858 万人，增加了 999 万人，占农民工总数的份额由 12.7%增加至 13.5%；本地农民工由 8501 万人提高到 11 601 万人，增加了 3100 万人，占农民工总数的份额由 37.7%提高到 40.6%。

表 3-2　农民工流动方式的变化

年份	家庭成员外出		举家外出		本地	
	数量/万人	份额	数量/万人	份额	数量/万人	份额
2008	11 182	49.6%	2 859	12.7%	8501	37.7%
2009	11 567	50.3%	2 966	12.9%	8445	36.8%
2010	12 264	50.6%	3 071	12.7%	8888	36.7%
2011	12 584	49.8%	3 279	13.0%	9415	37.2%
2012	12 961	49.4%	3 375	12.9%	9925	37.8%
2013	13 085	48.7%	3 525	13.1%	10 284	38.2%
2014	13 243	48.3%	3 578	13.1%	10 574	38.6%
2015	13 421	48.4%	3 463	12.5%	10 863	39.2%
2016	13 585	48.2%	3 349	11.9%	11 237	39.9%
2017	13 710	47.9%	3 475	12.1%	11 467	40.0%
2018	13 506	46.9%	3 760	13.0%	11 570	40.1%
2019	13 500	46.4%	3 925	13.5%	11 652	40.1%
2020	13 101	45.9%	3 858	13.5%	11 601	40.6%

资料来源：各年《中国统计年鉴》和 2008～2020 年《农民工监测调查报告》

　　根据以上统计数据可以看出，就地城镇化未来可能会成为农民工城镇化的主要途径。本地农民工占农民工总量的份额的提升，说明我国城镇覆盖面不断扩大、开始走向全域发展[①]。

3.3.2　快速工业化是城镇化进程的主要驱动力

1. 工业化促进城镇化的一般特征

　　根据钱纳里的世界发展模型，初始城镇化由工业化推动。在工业化过程中，

---

① 李周. 农民流动：70 年历史变迁与未来 30 年展望[J]. 中国农村观察，2019，（5）：2-16.

工业企业在城市的集中可以获得"聚集的经济效益"，根据克鲁格曼的中心-外围模型，为了降低运输成本和获得规模经济收益，制造业会向城市集中。工业向城市的集聚带动了城市第二产业就业比例的相应提高，第二产业就业人口向城市的转移也引起了城市人口比例的提高。因此，工业化是城镇化进程的主要驱动力。

工业化发展改变了产业结构，通过产业结构转变带动城镇化进程。农业人口向城市集聚可以直接提高城镇化率，更深层次的是体现了就业结构由农业就业向非农业就业的转变，因此产出结构变化会带动就业结构的变化，就业结构的变化推动着城镇化的进程。一般来说，工业化和城镇化是同步发展的，城镇化要以工业化为支撑，但现实中也出现了城镇化与工业化的不同步，一些拉美国家如阿根廷、巴西，虽然城镇化率很高，城镇化快于工业化的发展，但缺乏充分的产业支撑和发展动力，这些地区陷入中等收入陷阱，因此是一种畸形的城镇化。伴随工业化效率的提高，以及服务业规模的扩张，全社会的生产效率、流通效率和消费效率都将进一步提升和扩张。

如表 3-3 所示，城镇化初期，伴随着工业化水平的提高，人口城镇化率快速提高，城镇化的中后期，城镇化将促进和刺激服务业增长扩张，在人口城镇化率大于或等于 60%的工业化后期，一国的服务业水平伴随人口城镇化率的提高而明显提高。在这一过程中，产业结构的变化带动了就业结构由农业主导转变为非农业主导。

表 3-3　工业化进程判断表

基本指标	前工业化（1）	工业化实现阶段			后工业化阶段
		工业化初期（2）	工业化中期（3）	工业化后期（4）	后工业化（5）
工业化率（全部工业增加值占 GDP 的比例）	20%～<40%	40%～<60%			≥60%
三次产业产值结构（产业结构）	A>I	A>20%，且 A<I	A<20%，I>S	A<10%，I<S	A<10%，I<S
人口城镇化率	<30%	30%～<50%	50%～<60%	60%～<75%	≥75%
第一产业就业占比（就业结构）	≥60%	45%～<60%	30%～<45%	10%～<30%	<10%

注：GDP 为 gross domestic product，国内生产总值；A 代表第一产业产值占比；I 代表第二产业产值占比；S 代表第三产业产值占比

发达国家城镇化起步早而且时间长，工业化与城镇化水平都较高，工业化与城镇化能够协调发展，而发展中国家的工业化和城镇化起步较晚，追赶式的发展

导致工业化和城镇化发展速度较快，城乡差距增大，农村人口大量向城市流动，造成城镇化水平高于工业化水平。

如图 3-4 所示，我国常住人口城镇化率一直都呈现逐年上升的状态，由 2010 年 49.95%上升到 2021 年的 64.72%，而工业化率由 2010 年 40.07%下降到 2021 年的 32.60%。我国经济发展进入新常态后，在产业结构的调整下工业化率开始下降，与钱纳里世界发展模型相符合，经济和城市发展到一定阶段后，会出现城镇化率高于工业化率的情况，我国工业化主导的城镇化进程在 2012 年出现了拐点，2012 年以后工业化率开始出现下滑趋势，2013 年我国第三产业占 GDP 比例开始超过第二产业，成为经济发展和城镇化的主要推动力。服务业尤其是生产性服务业的发展也将进一步推动工业的转型升级。

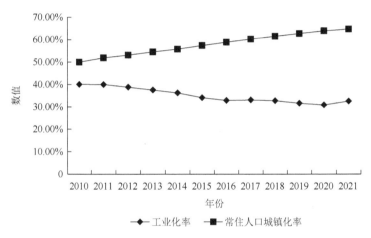

图 3-4　我国 2010 年至 2021 年工业化率与常住人口城镇化率

资料来源：各年《中国统计年鉴》

2. 我国工业化促进城镇化进程的演进特征

从新中国成立到 1978 年的 30 年中，严格的户籍管理制度限制了农村人口向城市转移，因此这一阶段的工业化发展并没有产生明显的城镇化效应。我国工业化对城镇化的带动是从 1978 年改革开放开始的。当时江苏南部地区和浙江温州作为典型代表开始发展乡镇企业，推动了农村工业化的发展，也带动了农村小城镇的建设。农业剩余劳动力进入当地城镇的工厂就业，也开启了"离土不离乡"的城镇化模式。这种就地城镇化方式是一种低成本快速度的城镇化道路。尤其是 1984 年至 1988 年，随着农业剩余劳动力向乡镇企业快速转移，农村非农业劳动力所占比例由 1984 年的 8.8%快速提高到 1988 年的 21.5%，全国建制镇也迅速增多，数量从 6211 个增加到 10 609 个。

20 世纪 90 年代以来，伴随经济体制改革重心向城市转移以及对外开放的深入，城市的工业化进程快速发展。尤其是东南沿海地区的开放水平加大，这些地区成为第四次国际产业转移的主要承接地，大量劳动密集型产业的发展扩大了对劳动力的需求。与此同时，限制劳动力流动体制束缚也逐步被打破，促进了农业剩余劳动力跨地区转移，也催生了农业剩余劳动力"离乡又离土"的异地城镇化模式。基于上述原因，工业化对城镇化产生了显著的带动效应，这一阶段也是我国城镇化的快速发展阶段。我国是制造业大国，产业最齐全，产业配套能力最强，这方面农民工做出了巨大贡献，2020 年从事制造业的农民工比例为 27.3%，近 8000 万人，占整个制造业从业人员的 80%。

随着经济结构调整和城市中心城区"退二进三"政策的实施，城市工业主要转移到了新城区和开发区。2006 年至 2021 年 8 月国家级和省级开发区总量由 1568 家增加到 2713 家。虽然大规模的开发区建设也带来了盲目扩张及土地资源低效等问题，但总体上各类经济功能区在促进工业化和吸纳农业转移劳动力方面发挥了重要作用，快速工业化依然是推动我国城镇化进程的重要驱动力量。

目前在推进乡村振兴和城乡融合发展过程中，用城市的工业延长农业的产业链，促进农业和第二产业的融合，促进农村工业的发展和农村小城镇的发展，有利于为农业剩余劳动力提供就业岗位，实现就地城镇化和就业富民。因此，工业化依然在推动城镇化的进程中发挥着作用，只不过发挥的区域和形式发生了一定的变化。

因此，对于中国工业化促进城镇化的作用，除了考察总量指标之外，还应从结构上进行微观具体分析，纵观我国工业化对城镇化发展作用的演进过程，随着城市产业结构的调整和城乡融合发展的提出，工业化对城镇化的推动经历了从中心城区的发展到新城区的发展再到乡村的发展，虽然工业化对城镇化发挥作用的区域结构发生了变化，但工业化始终是推动城镇化的重要动力。

3.3.3　户籍制度、土地制度与住房制度改革是城镇化发展的制度动力

我国城镇化除了享受了工业化红利外，还享受了人口红利、土地资产化红利和房地产红利。制度改革有"破"有"立"。

1. 户籍制度改革是一个不断松动和"破"的过程

中国户籍制度的改革是推动城镇化进程的重要驱动力，同时，城镇化也持续推动和倒逼户籍制度的松动和改革，户籍制度改革是一个不断"破"的过程，也就是限制人口自由流动壁垒不断破除的过程。我国户籍制度改革阶段、制度内容及影响如表 3-4 所示。

表 3-4　我国户籍制度改革阶段、制度内容及影响

阶段	制度内容	影响
逐步松动阶段	1984 年，允许务工、经商、办服务业的农民自理口粮到集镇落户。1985 年实施《深圳经济特区暂住人员户口管理暂行规定》	破除了农村居民流向城市的制度壁垒，我国已经基本实现了人口的城乡自由迁徙
有限突破阶段	2010 年实施居住证制度，2015 年发布了《居住证暂行条例》，赋予在城市稳定生活的农民工基本的权利和便利	居住证制度是中国城镇化进入"以人为核心"的新阶段后的一个重要探索和创新；积分入户政策为农业转移人口落户城市和享受城市基本公共服务提供了制度保障
改革深化阶段	《2022 年新型城镇化和城乡融合发展重点任务》中提出"持续深化户籍制度改革"	城区常住人口 300 万以下的城市落实全面取消落户限制政策，长三角城市群一些城市和地方已率先实行了户籍准入同城化累计互认；户籍制度改革到了深化和攻坚阶段

总体来看，随着我国二元户籍制度由严格管制到逐步松动、有限突破再到改革深化阶段，限制人口流动制度障碍逐渐被破除，呈现出渐进式、分类化的特点，客观上促进了农村人口向城市的流动，推动了城镇化进程。

2. 我国土地制度改革是一个逐渐完善和"立"的过程

改革开放初期，我国城市土地实行的是单一行政的划拨制。1987 年实施了我国第一部土地管理法，同年 4 月提出"土地使用权可以有偿转让"。1990 年颁布了《中华人民共和国城镇国有土地使用权出让和转让暂行条例》，规定"国家按照所有权与使用权分离的原则，实行城镇国有土地使用权出让、转让制度"。

这些土地制度的确立和改革解决了如何给非国有、非集体企业提供用地的现实问题。2004 年，我国出台了关于经营性用地必须采取招拍挂出让的有关规定，政府成为土地供应的唯一主体。经过近 20 年的不断调整和完善，包括土地类型划分、供应方式、供应价格、供应期限、征地制度等在内的城市土地制度初步建立。从此以后，以市场配置土地资源取代了之前的划拨制，城市土地制度的市场化改革不断深入[①]。城市土地有偿使用制度为地方政府提供了源源不断的"第二财政"，进而为地方政府推动城镇化建设提供了财政支撑，促进了中国的城镇化进程。

农村土地制度则经历了"集体所有、统一经营"到"集体所有、家庭经营"再到"三权分置、流转集中"的过程，农村土地制度改革对农业生产组织形式、农村财税制度演进的方向、农村劳动力的流动与乡村治理方式产生了深远的影响。

---

① 国家发展改革委宏观经济研究院国土开发与地区经济研究所. 新型城镇化：中国经济增长和社会变革的动力[M]. 北京：人民出版社，2018.

3. 住房制度改革催生了城市发展的房地产红利

在住房制度不断深化改革的推动下，中国房地产市场得到了快速发展，成为城镇化快速增长的重要动力。我国住房制度改革历程如表 3-5 所示。

表 3-5　我国住房制度改革历程

时间	文件	内容
1994 年	《国务院关于深化城镇住房制度改革的决定》	从住房实物福利分配改变为货币工资分配
1998 年	《国务院关于进一步深化城镇住房制度改革加快住房建设的通知》	停止住房实物分配，逐步实行住房分配货币化
2001 年	《关于金融企业住房制度改革若干财务问题的规定》《中国人民银行关于规范住房金融业务的通知》	"一次房改"基本完成，住房实现了商品化
2003 年	《国务院关于促进房地产市场持续健康发展的通知》	将房地产业定为"国民经济的支柱产业"

1994 年之前，中国实施的是"统一管理，统一分配，以租养房"的公有住房实物分配制度，公有住房是单位给职工提供的一种福利。住房制度的多次改革和房地产市场的快速发展，客观上推动了城市建设和城镇化的进程。

中国在城镇化过程中逐步形成了以土地资产价值实现为核心的一整套制度设计。

第一，形成了"以地生财"模式，土地出让收入举足轻重。土地出让收入成为地方政府推动城市建设和完善基础设施的重要财政来源。第二，采取了"以地融资"模式。地方政府通过征用农村土地以增加城市建设用地的供给，经由招拍挂等程序之后将其使用权出让以获得土地收入，接着再将这些土地收入用于建设地方融资平台，而地方融资平台则通过土地抵押贷款再投入到城市基础设施建设、征地补偿、往期贷款还息中，形成了土地、金融和财政紧密结合的"三位一体"的城镇化[①]。截至 2021 年 4 月，全国共有 11 477 家融资平台。第三，工业用地和居住用地价格存在结构性差异，压低了城市工业用地价格，并增加了工业用地供给，使得居住用地供给减少进而导致居住用地价格提高，从而为土地收入增加了保障，同时较低的工业用地成本也提高了招商引资的竞争力，有利于城市产业的发展，推动了中国的城镇化进程。

总之，户籍制度的不断松动为城镇化提供了人力支撑，土地制度改革为城镇化建设提供了资金保障，住房制度改革催生了城市房地产市场的繁荣，作为国民经济支柱产业的房地产业促进了城镇化的发展。需要注意的是，户籍制度的不断放松，为城镇化的快速发展提供了刘易斯提出的"无限劳动供给"，但是 2010 年以后，我国已处在刘易斯拐点，应该由人口流动数量的城镇化转向人口发展质量

---

① 周飞舟，吴柳财，左雯敏，等. 从工业城镇化、土地城镇化到人口城镇化：中国特色城镇化道路的社会学考察[J]. 社会发展研究，2018，5（1）：42-64，243.

的城镇化。因此，在城镇化高质量发展阶段，应通过户籍制度改革实现人的城镇化，加快推进农业转移人口的市民化待遇。

3.3.4　城乡关系经历了"由对立到融合"的过程

城乡关系是社会发展的基本关系形态，也是城镇化的重要内容。新中国成立70多年来，我国在探索城乡关系发展的道路上，结合马克思主义城乡关系理论和中国当时的城乡经济发展状况，着重关注要素资源的流动问题，逐步实现了计划经济下的农村资源向城市单向流动，到改革开放后的资源仍以单向流向城市为主，再到新时代强调城乡要素资源自由流动的转变。我国城乡关系随着国家城乡政策的变迁，经历了"城乡割裂—城乡互助过渡—城乡统筹、城乡一体化—城乡融合发展"的演进过程，由最初的城乡完全分割，城市快速扩张，演变为城乡融合发展与乡村振兴。

我国城乡关系的演进阶段和特征如表 3-6 所示。

表 3-6　我国城乡关系的演进阶段与特征

时段	城乡关系	政策	特征
1949~1978 年	城乡割裂阶段	宏观上"城乡两策，分而治之"；微观上人民公社制度、户籍管理制度、城镇居民生活必需品的计划供应制度、统包统配的劳动就业制度	严格控制农村人口向城市流动，城市剪刀差支持了城市的工业化发展，工农业发展失衡、城乡割裂，形成了城乡二元结构
1979~2001 年	城乡互助过渡阶段	取消了农产品统购派购，逐步放开农产品价格管制，推动城乡商品市场接轨。建立家庭联产承包责任制，释放农村活力；乡镇企业异军突起，促进了农业剩余劳动力转移；以国有企业、非公有制企业为主的城市市场经济体制改革增加了劳动力的需求，农村人口大量涌入城市，城乡联系显著加强；1996 年，《中华人民共和国国民经济和社会发展"九五"计划和2010 年远景目标纲要》提出"统筹规划城乡建设"	城乡联系增强，要素单向从农村流向城市，城乡差距扩大
2002~2016 年	城乡统筹、城乡一体化发展阶段	党的十六大报告首次提出"统筹城乡经济社会发展"[①]，之后提出统筹城乡发展和社会主义新农村建设，取消农业税，城乡关系重新调整等政策；党的十七大报告提出"建立以工促农、以城带乡长效机制，形成城乡经济社会发展一体化新格局"，"推进社会主义新农村建设"[②]。党的十八大报告提出"推动城乡发展一体化""深入推进新农村建设和扶贫开发"[③]	通过城市的发展带动乡村实现一体化发展，要素单向流动并未实质改变，城乡二元结构依然存在

---

① 江泽民. 全面建设小康社会，开创中国特色社会主义事业新局面——在中国共产党第十六次全国代表大会上的报告[EB/OL].[2023-07-19]. https://www.safea.gov.cn/zxgz/jgdj/xxyd/zlzx/200905/t20090518_69741.html.

② 胡锦涛. 高举中国特色社会主义伟大旗帜　为夺取全面建设小康社会新胜利而奋斗——在中国共产党第十七次全国代表大会上的报告[EB/OL].[2023-07-19]. http://www.npc.gov.cn/zgrdw/npc/xinwen/szyw/zywj/2007-10/25/content_373528.htm.

③ 胡锦涛. 胡锦涛在中国共产党第十八次全国代表大会上的报告[EB/OL].[2023-07-19]. http://cpc.people.com.cn/n/2012/1118/c64094-19612151-4.html.

续表

时段	城乡关系	政策	特征
2017年至今	城乡融合发展阶段	党的十九大报告提出实施乡村振兴战略[①]，2019年发布《中共中央 国务院关于建立健全城乡融合发展体制机制和政策体系的意见》，全面推进城乡融合发展；党的二十大报告提出"坚持农业农村优先发展，坚持城乡融合发展，畅通城乡要素流动"[②]	使以往的"城市偏向"发展转向乡村振兴，要素由乡村单向流入城市转变为要素在城乡双向自由流动。将农村作为与城市同等重要的经济体，打造城乡命运共同体

城乡融合发展理念是对"城乡统筹发展""城乡一体化发展"理念的继承、发展和深化，指明了构建新时代中国新型城乡关系的基本要求，是未来我国城乡关系调整与重塑的行动指南，更是破解新时代社会主要矛盾的关键抓手。城乡融合发展不仅是拓展新型城镇化"向下"纵深发展的重要举措，而且是推进乡村振兴"向上"延伸衔接城镇空间的有力抓手。

3.3.5 城市群成为城镇化的主要空间载体

作为城镇化发展的主要空间载体，城市群回答了"在哪里生产"的问题，解决了资源如何在城市群空间得到优化配置的问题，突破了传统地方化经济与城镇化经济只关注单个城市要素和产业集聚对城市发展影响的研究。因为城市群内不同城市彼此空间邻近，具有空间相关性，城市群扩展了生产要素的集聚范围，城市群内部不同城市之间形成的分工协作会带来集聚收益，这是一种空间正外部性效应。随着城市群内城市之间集聚程度的加深，在经济、社会、生态发展方面的联系程度也将会越来越紧密，城市群内部城市会逐步形成利益共同体、责任共同体的理想状态，城市群有利于缩小区域城镇化差距和城乡差距，有利于实现区域协调发展和城乡融合发展。同时，城市群的发展还可以在一定程度上消除一些大城市内部聚集不经济所带来的负外部性，如当核心城市要素集聚度过高，出现"拥挤效应"，导致生产成本上升以及城市承载力不足，需要将核心城市的边际产业和部分城市功能疏解到周边外围城市，以缓解核心城市的城市病。

我国城镇化政策经历了"严控大城市，积极发展大中小城市"到"以大城市建设为主"再到"大中小城市和小城镇协调发展"以及"以人的城镇化为核心、

---

① 习近平.习近平：决胜全面建成小康社会 夺取新时代中国特色社会主义伟大胜利——在中国共产党第十九次全国代表大会上的报告[EB/OL].[2023-07-19]. https://www.gov.cn/zhuanti/2017-10/27/content_5234876.htm.

② 习近平.习近平：高举中国特色社会主义伟大旗帜 为全面建设社会主义现代化国家而团结奋斗——在中国共产党第二十次全国代表大会上的报告[EB/OL].[2023-07-19]. https://www.gov.cn/xinwen/2022-10/25/content_5721685.htm.

以城市群为主构建大中小城市和小城镇协调发展的城镇格局"的不同阶段。2012 年党的十八大以来，习近平总书记和中共中央就中心城市和城市群发展做出了一系列重大部署，中心城市和国家级城市群的布局体系初步形成，中心城市和城市群的辐射带动能力明显增强，中心城市、城市群在构建国内国际双循环新发展格局中的支撑与引领作用日益显现。2017 年党的十九大报告指出，以城市群为主体构建大中小城市和小城镇协调发展的城镇格局①。2021 年《中华人民共和国国民经济和社会发展第十四个五年规划和 2035 年远景目标纲要》提出，以促进市群发展为抓手，全面形成"两横三纵"城镇化战略格局。2022 年党的二十大报告指出，以城市群、都市圈为依托构建大中小城市协调发展格局②。

　　近年来，以城市群为主要空间载体的城镇化格局不断优化，京津冀、长三角和粤港澳大湾区三大城市群建设成效显著，跨省城市群规划全部出台，省域内城市群规划全部编制完成，"19+2"的城市群格局基本形成并稳步发展。随着城市群交通和信息网络的互联互通，中心城市对外围城市的扩散带动效应不断增强，城市群内核心城市与外围城市分工合作不断加深，要素流动加快，同城化趋势日益明显，城市群一体化发展程度不断提高。随着国家《粤港澳大湾区发展规划纲要》以及《长江三角洲区域一体化发展规划纲要》等顶层发展战略的实施，粤港澳大湾区已成为全球知名的先进制造业和现代服务业基地，长三角城市群已成为中国最具活力和最先进的区域，也是世界第六大城市群。城市群已成为城镇化高质量发展的主要空间载体，成为新时代构建新发展格局、促进区域经济高质量发展的重要引擎。

3.4　中国城镇化的现实困境

　　中国城镇化在快速发展过程中，也出现了一些问题，影响了城镇化质量的提升和以人为核心的新型城镇化发展。主要困境表现在以下几个方面。

3.4.1　人口城镇化滞后于土地城镇化，进城农民工市民化待遇不高

1. 人口城镇化滞后于土地城镇化

我国在快速城镇化过程中，一直存在着人口城镇化滞后于土地城镇化，城市

---

① 习近平.习近平：决胜全面建成小康社会 夺取新时代中国特色社会主义伟大胜利——在中国共产党第十九次全国代表大会上的报告[EB/OL].[2023-07-19]. https://www.gov.cn/zhuanti/2017-10/27/content_5234876.htm.

② 习近平.习近平：高举中国特色社会主义伟大旗帜 为全面建设社会主义现代化国家而团结奋斗——在中国共产党第二十次全国代表大会上的报告[EB/OL].[2023-07-19]. https://www.gov.cn/xinwen/2022-10/25/content_5721685.htm.

空间规模扩展过快，影响了以人为核心的新型城镇化建设。其背后深层原因是，受现有财税体制影响，土地财政在地方财政中发挥着举足轻重的作用，而土地财政主要是指城镇土地财政。为了获得农用地转为城镇用地产生的溢价收益①，地方政府积极推进农业用地转为城镇用地，是土地城镇化的速度快于人口城镇化的重要原因。如表 3-7 所示，我国 1998 年地方土地出让收入为 507.70 亿元，而 2021 年这一收入规模已高达 87 051.00 亿元，增长了 170 倍。尽管土地出让收入有明显波动，尤其是 2012 年和 2015 年均出现下滑，但总体来看，土地出让收入保持增长势头，尤其是 2015 年以来稳步增长，2020 年土地出让收入占GDP 比例提高至 8.3%。2012 年经济进入新常态后，中央政府采取了一系列政策调整经济结构，抑制土地财政的过快增长，对城镇建设用地的审批量进行了控制，强化了对土地财政的监督力度，但是由于短期内地方政府还无法找到土地财政收入的替代方式，因此土地财政收入依然是地方财政收入的重要来源。2018～2021 年，土地财政收入呈现增长态势，从 65 096.00 亿元增加到 87 051.00 亿元，年均增长率 10.17%②。

表 3-7　1998～2021 年土地出让收入、地方一般公共预算本级收入基本情况

年份	土地出让收入/亿元	地方一般公共预算本级收入/亿元	占比
1998	507.70	4 983.95	10.19%
1999	514.33	5 594.87	9.19%
2000	595.58	6 406.06	9.30%
2001	1 295.89	7 803.30	16.61%
2002	2 416.79	8 515.00	28.38%
2003	5 421.31	9 849.98	55.04%
2004	5 894.00	11 893.37	49.56%
2005	5 883.82	15 100.76	38.96%
2006	8 077.64	18 303.58	44.13%
2007	12 216.72	23 572.62	51.83%
2008	10 259.80	28 649.79	35.81%
2009	17 179.53	32 602.59	52.69%
2010	27 464.48	40 613.04	67.62%
2011	32 126.08	52 547.11	61.14%
2012	28 042.28	61 078.29	45.91%

① 贾若祥. 中国城镇化发展 40 年：从高速度到高质量[J]. 中国发展观察，2018，（24）：17-21.

② 陈益刊. 土地财政告别高增长　多地调低土地出让收入预算[N]. 第一财经日报，2022-11-30（A06）.

续表

年份	土地出让收入/亿元	地方一般公共预算本级收入/亿元	占比
2013	43 745.30	69 011.16	63.39%
2014	34 377.37	75 876.58	45.31%
2015	31 220.65	83 002.04	37.61%
2016	37 457.00	87 239.35	42.94%
2017	52 059.00	91 469.41	56.91%
2018	65 096.00	97 905.00	66.49%
2019	77 914.00	101 077.00	77.08%
2020	84 142.00	100 124.00	84.04%
2021	87 051.00	111 077.00	78.37%

资料来源：根据财政部相关数据整理

　　这种依靠土地快速扩张的发展模式，如果缺乏产业的支撑、人口的聚集和就业结构的转变，很容易出现人口城镇化滞后和产业空心化的现象，会出现所谓"空城""鬼城"的极端结果。

　　如图 3-5 所示，在 2007 年至 2021 年间，除了 2008 年和 2020 年外，其他年份的土地城镇化增速一直高于人口城镇化增速，2021 年城镇建成区面积比 2007 年增长了 76%，而城镇常住人口增长了 50.8%，这说明通过城市边界扩张带来了快速的土地城镇化，而人口集聚速度与城市规模扩张速度不匹配。

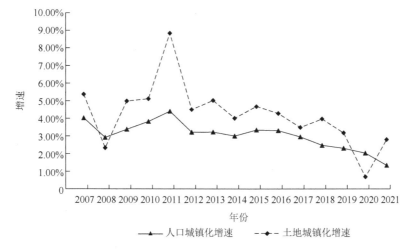

图 3-5　2007～2021 年中国土地城镇化增速与人口城镇化增速

资料来源：根据 2008～2022 年《中国统计年鉴》整理

2. 进城农民工市民化待遇不高

我国的城镇化长期以来主要是推进农业剩余劳动力转移到城市，但农业转移人口的市民化水平较低，前者推动了城镇化的速度，后者影响了城镇化的质量。传统的城镇化只是让农民工生活在城镇空间，却没有享受到城镇的公共服务，导致城镇化过程中户籍人口城镇化率始终低于常住人口城镇化率，如表3-8所示，2011年，我国户籍人口城镇化率低于常住人口城镇化率，两者相差16.59个百分点。2021年，常住人口城镇化率是64.72%，而户籍人口城镇化率仅为46.70%，两者相差18.02个百分点，对应着2.54亿人口还没有做到真正意义上的落户，没有实现市民化而处于"半城镇化"状态[①]。很多农民工处在就业和户籍分离、本人和家属分离、收入和消费分离、生活和根基分离的状态，降低了农民工及其家属的幸福感。两种城镇化率的差距表明既要加大力度推进进城的农业转移人口入城镇户籍，也要推动基本公共服务覆盖尚未入籍的常住人口，这是农业转移人口实现市民化的前提。2011～2021年我国常住人口城镇化率和户籍人口城镇化率如图3-6所示。

表3-8　2011～2021年我国常住人口城镇化率和户籍人口城镇化率

年份	常住人口城镇化率	户籍人口城镇化率	两者相差百分点	两者相差人口数/亿人
2011	51.30%	34.71%	16.59	2.24
2012	52.60%	35.00%	17.60	2.28
2013	53.70%	35.70%	18.00	2.45
2014	54.80%	37.10%	17.70	2.42
2015	56.10%	39.90%	16.20	2.30
2016	57.30%	41.20%	16.10	2.23
2017	60.24%	42.35%	17.89	2.50
2018	61.50%	43.37%	18.13	2.55
2019	62.71%	44.38%	18.33	2.58
2020	63.89%	45.40%	18.49	2.59
2021	64.72%	46.70%	18.02	2.54

资料来源：2011～2021年的《国民经济和社会发展统计公报》和2012～2022年的《中国统计年鉴》

---

① 辜胜阻，曹冬梅，韩龙艳. "十三五"中国城镇化六大转型与健康发展[J]. 中国人口·资源与环境，2017，27（4）：6-15.

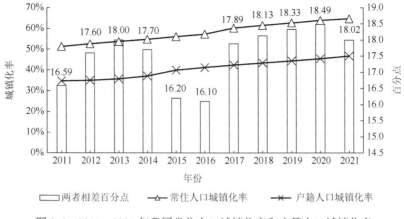

图 3-6　2011～2021 年我国常住人口城镇化率和户籍人口城镇化率

　　高质量的城镇化不能只是入户籍的居民化，还要市民化，享受平等的市民权利。长期以来形成的城市公共服务与户籍挂钩制度，导致农民工市民化程度低，农民工只是获得了职业和生活空间的转换，但他们没有获得在城市居住和生活的制度安排，主要表现在以下几个方面。

　　第一，农民工无法享受充分的公共服务和社会保障。截至 2019 年末，农民工参加城镇职工养老、医疗、工伤和失业四大保险的人数分别为 6155 万人、4815 万人、8616 万人和 4958 万人，参保率分别为 21.17%、16.56%、29.63% 和 17.05%，平均参保率为 20% 左右①，仍然处于较低水平，在城市内部形成了进城农民工与市民的"新二元结构"。

　　第二，农民工社会参与度和归属感较低。根据《2021 年农民工监测调查报告》，有 41.5% 的进城农民工认为自己是所居住城市的"本地人"，进城农民工对所在城市的归属感较之前有所提高。进城农民工参加过所在社区活动的比例只有 30.4%，其中经常参加的只有 4.0%，加入工会组织的比例仅为 14.5%。不少制造业农民工仍采取"宿舍—车间—食堂"三点一线生活模式，很少参与所在城市的社会生活。

　　第三，进城农民工存在后顾之忧。首先，农民工收入水平较低以及子女上学难等问题，举家迁移成本太高，导致农村出现了留守儿童、留守老人、留守妇女三类特殊群体，第一代农民工在年老之后也是选择返乡生活。其次，由于缺乏农村承包地、宅基地等相应的退出机制，这些资源长期闲置未能充分利用，一些地区出现了撂荒现象，降低了农村土地资源的配置效率，有些住宅也因多年失修而

　　① 程郁，赵俊超，殷浩栋，等. 分层次推进农民工市民化：破解"愿落不能落、能落不愿落"的两难困境[J]. 管理世界，2022，38（4）：57-64，81，65.

无法入住，部分农民工陷入了"留不住的城市，回不去的农村"的两难困境。

农民工的半城镇化现象带来了一系列的负面问题，农民工作为我国城乡二元结构转换过程中的过渡性群体，数量庞大、矛盾突出，他们在经济收入、消费水平、政治权利和社会融入上的美好生活需要更加迫切①。因此，在城镇化高质量发展阶段，提高进城农民工市民化待遇是急需解决的问题，只有实现农民工市民化，让农民工享受到和城市居民同等的公共服务，才能真正实现以人为核心的新型城镇化，破解传统城镇化中物的城镇化快于人的城镇化的困境。

3.4.2　产业对城市发展支撑不足，产城融合水平较低

1. 产业对城市发展支撑不足

产业是城市发展的内生动力，产业的发展通过改变地区的产业结构、就业结构和消费结构，进而对城市功能水平和城市质量产生影响。我国城镇化过程中出现了产城不协调发展现象，产城融合水平依然有待提高，表现为一些城市新区虽然先行建设了基础设施，但没有主导产业支撑导致"有城无产"，无法吸引劳动力集聚，出现"鬼城""空城"等畸形城市形态；同时，部分城市尤其是资源型城市产业升级缓慢，原有主导产业衰退之后而无新产业接续，导致城市失去竞争力和活力，出现城市衰退现象。

产业结构决定就业结构，产业为城市人口提供就业岗位，产业集聚促进了人口的空间流动和迁移，克拉克、库兹涅茨、钱纳里等的研究都说明了随着经济的发展，产业结构应该和就业结构相匹配。我国在城镇化过程中产业结构与就业结构存在较大偏差，2021 年非农产业产值占比为 92.7%，非农产业部门就业占比为 77.1%，两者相差 15.6 个百分点，就业结构滞后于产业结构，两者匹配度低，这与城乡二元结构、劳动力市场的分割、非农产业就业吸纳力不足有着密切关联。

2. 产城融合水平较低

产城融合的本质是以提高人的福利水平为核心，促进产业发展与城市功能的融合互动，促进产业、城市与人之间的和谐共生和可持续发展。

1）评价指标体系构建

为了测度我国产城融合发展水平，从以人为核心的视角出发，从产业发展水平、城市功能服务和人的发展程度三个维度构建产城融合评价指标体系。产城融合评价指标体系如表 3-9 所示。

①　姚宇，孔祥利，赵娜. 推进新时代农民工市民化研究的九重理念和三维框架[J]. 《资本论》研究，2019，15：215-224.

表 3-9　产城融合评价指标体系

目标层	准则层	指标层	要素层	单位	指标属性
产城融合	产业发展水平	产业规模	地区生产总值	亿元	正
			规模以上工业增加值	亿元	正
		产业结构	第二产业产值占比		正
			第三产业产值占比		正
			工业废气排放量	亿立方米	逆
			高技术产业产值占比		正
			第二产业贡献率		正
			第三产业贡献率		正
			专利申请量	件	正
	城市功能服务	配套设施	城市人均道路面积	平方米	正
			城市维护建设资金支出	亿元	正
			房地产投资占固定资产投资比例		正
		公共服务	公共财政支出占地区生产总值的比例		正
			国际互联网用户数量	万户	正
			万人拥有公共汽车数量	辆	正
			万人拥有的病床数	个	正
		城市环境	污水处理率		正
			建成区绿化覆盖率		正
			生活垃圾无害化处理率		正
	人的发展程度	收入水平	职工平均工资	元	正
			城镇居民人均可支配收入	元	正
		就业水平	城镇登记就业人口比率		正
			服务业就业占比		正
		生活水平	城镇居民恩格尔系数		逆
			人均社会消费品零售额	万元	正
		教育水平	普通高等学校在校人数	万人	正
			万人拥有的教师数量	个	正
		社会保障	失业保险参保率		正
			养老保险参保率		正
			医疗保险参保率		正

2）测度方法

在统计学中并没有直接测度产城融合的指标，本书运用熵值法和耦合协调度模型相结合的方法测算产城协调度，作为衡量产城融合水平的替代值。

（1）熵值法是根据指标熵值的权重来评价指标对整个系统的影响程度，熵表示系统中某项指标的差异化程度。整个赋权过程客观准确，计算结果能够反映真实情况，可在多元评价指标体系下有效实现对评价目标的综合测评。本书采用熵值法对产城融合水平进行测度，在对各指标数据标准化处理后，采用熵值法对各指标进行赋权。

首先，对数据进行归一化处理，消除量纲。由于所建立的指标体系里既包含正指标，也包含负指标，因此采用离差标准化法对数据进行标准化。

其次，使用熵值法确定各指标所占的权重。使用熵值法计算权重时，需要进行方法的改进，改进的熵值法的具体步骤如下所述。

第一，对数据进行标准化处理以消除量纲和数量级的影响，计算方法如下所示，正向指标选择式（3-1），逆向指标选择式（3-2）。

$$x'_{kij} = \frac{x_{kij} - x_{\min}}{x_{\max} - x_{\min}} \tag{3-1}$$

$$x'_{kij} = \frac{x_{\max} - x_{kij}}{x_{\max} - x_{\min}} \tag{3-2}$$

其中，k 为第 k 个省；i 为第 i 年；j 为第 j 项指标。

第二，计算 k 省第 i 年第 j 项指标值的比例：

$$y_{kij} = \frac{x'_{kij}}{\sum_{k=1}^{n} \sum_{i=1}^{m} x'_{kij}} \tag{3-3}$$

第三，计算各项指标的信息熵（反映的是信息源的平均信息量）。

$$e_j = -k \sum_{k=1}^{n} \sum_{i=1}^{m} (y_{kij} \times \ln y), \qquad k = \frac{1}{\ln(m \times n)} \tag{3-4}$$

第四，计算各评估指标的差异性系数（冗余度）：

$$d_j = 1 - e_j \tag{3-5}$$

第五，权重的计算：

$$w_j = \frac{d_j}{\sum_{j=1}^{r} d_j} \tag{3-6}$$

第六，各子系统的综合评价指数的计算公式为

$$U_j = \sum_{j=1}^{r} (w_j \times x'_{kij}) \tag{3-7}$$

（2）耦合协调度模型。基于物理学中耦合度计算原理，参考丛海彬等的做法[1]，

---

[1] 丛海彬，段巍，吴福象. 新型城镇化中的产城融合及其福利效应[J]. 中国工业经济，2017，（11）：62-80.

采用耦合协调度模型计算产城协调度，结合本书对产城融合内涵的界定，耦合度（C）的计算公式为

$$C = \left[\frac{\prod\limits_{i=1}^{3} U_i}{\prod i, j = 1, 2, 3, \ i \neq j} (U_i + U_j) \right]^{\frac{1}{3}} \quad (3\text{-}8)$$

其中，U_i 为产城融合评价体系中的子系统，即产业发展水平、城市功能服务和人的发展程度三个子系统。耦合度 $C \in [0,1]$，当 $C = 1$ 时，为最优耦合，此时产业发展水平、城市功能服务与人的发展程度三个子系统之间达到良性共振耦合状态；当 $C = 0$ 时，为无效耦合，说明产城融合三个子系统处于无序状态，相互之间不存在紧密关系。

在计算得到耦合度数值的基础上，通过计算可进一步得到产城协调度（D），用来反映三个子系统之间的协调程度与协调发展水平的阶段性。产城协调度可以解决子系统的综合序参量取值都较低时，耦合度计算结果可能较高的偏差问题。计算公式如下所示：

$$D = \sqrt{C \times T}, \quad T = aU_1 + bU_2 + cU_3 \quad (3\text{-}9)$$

$0 < D \leqslant 1$，能够反映出在综合评价结果中各系统对于总系统耦合协调的贡献程度。a、b、c 为待定系数，通过利用熵值法计算的子系统各指标权重加总得到。

（3）分类标准。耦合度和产城协调度的大小反映了各系统间不同的耦合协调发展程度，但学术界目前对两者尚无统一的划分标准。本书借鉴目前学术界对于产城融合划分标准[①]，结合本书研究对象的实际情况，将耦合度划分为 4 个阶段，产城协调度划分为 5 个阶段，具体划分标准见表 3-10。

表 3-10　耦合度与产城协调度类别划分标准

分类	取值范围	所处阶段
耦合度（C）	$0 < C \leqslant 0.3$	低水平耦合
	$0.3 < C \leqslant 0.5$	颉颃
	$0.5 < C \leqslant 0.8$	磨合
	$0.8 < C \leqslant 1$	高水平耦合

① 邹德玲，丛海彬. 中国产城融合时空格局及其影响因素[J]. 经济地理，2019，39（6）：66-74.

分类	取值范围	所处阶段
	$0 < D \leqslant 0.2$	严重失调
	$0.2 < D \leqslant 0.3$	轻度失调
产城协调度（D）	$0.3 < D \leqslant 0.5$	发展调和型
	$0.5 < D \leqslant 0.8$	初级融合协调型
	$0.8 < D \leqslant 1$	高级融合协调型

样本包含了全国 31 个省区市，选取的时间跨度为 2010 年至 2020 年。所有数据来源于《中国统计年鉴》和《中国城市统计年鉴》（2011～2021 年），对于个别省区市个别年份的缺失数据，采用插值法进行数据修补。

3）测度结果

依据耦合度函数和协调度模型对全国 31 个省区市产城融合水平进行测算，结果如表 3-11 和表 3-12 所示。

表 3-11　2010～2020 年中国 31 个省区市的耦合度

地区	2010 年	2011 年	2012 年	2013 年	2014 年	2015 年	2016 年	2017 年	2018 年	2019 年	2020 年
北京	0.22	0.23	0.25	0.26	0.27	0.29	0.28	0.30	0.33	0.35	0.40
天津	0.14	0.15	0.16	0.17	0.19	0.20	0.21	0.23	0.23	0.25	0.29
河北	0.09	0.10	0.12	0.14	0.15	0.17	0.18	0.19	0.20	0.22	0.23
山西	0.09	0.09	0.11	0.13	0.14	0.15	0.16	0.17	0.18	0.19	0.20
内蒙古	0.09	0.10	0.11	0.13	0.14	0.15	0.16	0.18	0.19	0.20	0.21
辽宁	0.13	0.14	0.16	0.18	0.19	0.21	0.22	0.24	0.24	0.25	0.26
吉林	0.10	0.11	0.12	0.14	0.14	0.15	0.16	0.17	0.18	0.18	0.20
黑龙江	0.10	0.11	0.11	0.13	0.14	0.16	0.17	0.18	0.19	0.20	0.21
上海	0.19	0.20	0.22	0.23	0.24	0.26	0.24	0.26	0.27	0.32	0.39
江苏	0.14	0.17	0.20	0.23	0.25	0.28	0.31	0.33	0.34	0.35	0.42
浙江	0.15	0.17	0.19	0.21	0.23	0.25	0.28	0.31	0.32	0.34	0.38
安徽	0.08	0.09	0.10	0.12	0.15	0.16	0.18	0.20	0.21	0.22	0.24
福建	0.10	0.11	0.13	0.15	0.16	0.18	0.19	0.21	0.22	0.24	0.26
江西	0.06	0.08	0.09	0.11	0.12	0.13	0.14	0.16	0.17	0.18	0.20
山东	0.12	0.14	0.16	0.19	0.21	0.23	0.25	0.27	0.28	0.30	0.32
河南	0.08	0.10	0.11	0.13	0.15	0.16	0.18	0.20	0.21	0.23	0.25

续表

地区	2010年	2011年	2012年	2013年	2014年	2015年	2016年	2017年	2018年	2019年	2020年
湖北	0.10	0.11	0.12	0.15	0.16	0.18	0.19	0.21	0.23	0.24	0.26
湖南	0.09	0.10	0.11	0.13	0.15	0.16	0.18	0.19	0.21	0.22	0.24
广东	0.15	0.18	0.20	0.23	0.25	0.28	0.29	0.31	0.33	0.35	0.38
广西	0.07	0.08	0.09	0.11	0.12	0.13	0.14	0.16	0.17	0.18	0.20
海南	0.08	0.09	0.10	0.13	0.14	0.15	0.16	0.18	0.19	0.19	0.20
重庆	0.09	0.10	0.11	0.12	0.14	0.16	0.19	0.20	0.22	0.23	0.24
四川	0.09	0.10	0.12	0.14	0.16	0.17	0.19	0.21	0.23	0.24	0.26
贵州	0.05	0.07	0.08	0.10	0.11	0.12	0.14	0.16	0.17	0.18	0.19
云南	0.07	0.08	0.09	0.11	0.12	0.13	0.14	0.16	0.17	0.18	0.20
西藏	0.10	0.12	0.12	0.12	0.12	0.12	0.13	0.14	0.16	0.16
陕西	0.08	0.10	0.11	0.13	0.14	0.16	0.18	0.20	0.21	0.22	0.23
甘肃	0.07	0.08	0.09	0.11	0.11	0.12	0.14	0.15	0.16	0.16	0.18
青海	0.08	0.09	0.09	0.10	0.11	0.11	0.12	0.13	0.14	0.15	0.17
宁夏	0.09	0.09	0.10	0.12	0.12	0.13	0.14	0.15	0.16	0.16	0.18
新疆	0.10	0.11	0.11	0.13	0.14	0.15	0.15	0.18	0.19	0.20	0.20

表 3-12　2010～2020 年中国 31 个省区市的产城协调度

地区	2010年	2011年	2012年	2013年	2014年	2015年	2016年	2017年	2018年	2019年	2020年
北京	0.16	0.17	0.18	0.19	0.20	0.22	0.22	0.23	0.24	0.26	0.27
天津	0.09	0.10	0.11	0.12	0.13	0.15	0.16	0.17	0.18	0.19	0.21
河北	0.05	0.06	0.07	0.09	0.10	0.11	0.12	0.13	0.14	0.15	0.16
山西	0.05	0.05	0.06	0.08	0.09	0.10	0.11	0.12	0.13	0.13	0.14
内蒙古	0.05	0.06	0.07	0.08	0.09	0.10	0.11	0.13	0.14	0.14	0.15
辽宁	0.08	0.09	0.10	0.12	0.13	0.15	0.16	0.17	0.18	0.18	0.19
吉林	0.06	0.06	0.07	0.09	0.10	0.10	0.11	0.12	0.13	0.13	0.14
黑龙江	0.05	0.06	0.07	0.09	0.09	0.10	0.11	0.12	0.13	0.14	0.15
上海	0.13	0.14	0.15	0.17	0.18	0.19	0.18	0.20	0.21	0.22	0.24
江苏	0.09	0.11	0.13	0.16	0.18	0.21	0.24	0.26	0.26	0.28	0.30
浙江	0.09	0.11	0.12	0.14	0.16	0.18	0.20	0.23	0.24	0.26	0.28
安徽	0.04	0.05	0.06	0.07	0.09	0.10	0.12	0.13	0.14	0.15	0.17
福建	0.06	0.07	0.08	0.09	0.10	0.12	0.13	0.15	0.16	0.17	0.19
江西	0.03	0.04	0.05	0.06	0.07	0.08	0.09	0.10	0.11	0.12	0.14
山东	0.07	0.09	0.10	0.12	0.14	0.16	0.17	0.19	0.21	0.22	0.24

续表

地区	2010 年	2011 年	2012 年	2013 年	2014 年	2015 年	2016 年	2017 年	2018 年	2019 年	2020 年
河南	0.04	0.06	0.07	0.08	0.09	0.10	0.12	0.13	0.15	0.16	0.17
湖北	0.05	0.07	0.07	0.09	0.10	0.12	0.13	0.14	0.16	0.17	0.18
湖南	0.05	0.06	0.07	0.08	0.09	0.10	0.12	0.13	0.14	0.15	0.17
广东	0.10	0.12	0.14	0.16	0.18	0.20	0.22	0.24	0.25	0.27	0.30
广西	0.04	0.04	0.05	0.06	0.07	0.08	0.09	0.10	0.11	0.12	0.13
海南	0.05	0.05	0.06	0.07	0.08	0.09	0.10	0.11	0.13	0.14	0.15	0.15
重庆	0.05	0.06	0.06	0.08	0.09	0.11	0.13	0.15	0.16	0.17	0.18
四川	0.05	0.06	0.06	0.07	0.09	0.10	0.12	0.13	0.16	0.17	0.19
贵州	0.02	0.03	0.04	0.05	0.06	0.07	0.09	0.10	0.11	0.12	0.13
云南	0.04	0.05	0.05	0.07	0.07	0.08	0.09	0.11	0.12	0.12	0.14
西藏	0.06	0.07	0.07	0.07	0.08	0.08	0.08	0.08	0.09	0.12	0.12
陕西	0.05	0.06	0.07	0.08	0.09	0.11	0.12	0.14	0.14	0.16	0.16
甘肃	0.04	0.04	0.05	0.06	0.07	0.07	0.09	0.10	0.10	0.11	0.12
青海	0.05	0.05	0.05	0.06	0.07	0.08	0.08	0.09	0.10	0.11	0.12
宁夏	0.05	0.05	0.06	0.07	0.08	0.09	0.10	0.11	0.12	0.12	0.13
新疆	0.06	0.06	0.07	0.08	0.09	0.10	0.10	0.12	0.13	0.14	0.14

整体来看，全国 31 个省区市耦合度和产城协调度呈现出上升的发展趋势，但耦合度和产城协调度总体水平比较低。

第一，从耦合度来看，大部分地区处于低水平耦合阶段。2010 年所研究省区市的耦合度均低于 0.3。到了 2020 年，虽然绝大多数省份的耦合度均有所提高，但还有 25 个省份的耦合度仍在 0.3 以下。其中北京、上海、山东、江苏、广东、浙江耦合度均超过了 0.3，达到颉颃阶段。在 2010~2020 年，贵州、江西、河南、江苏、安徽耦合度增幅较大。在各个时期，北京的产城融合水平一直较高，这是因为北京作为首都，城市公共服务和配套设施发展良好，教育和医疗资源比较集中，制造业大部分转移到周边地区，服务业发展较好。

第二，从产城协调度来看，大部分地区主要处于严重失调和轻度失调阶段。2010 年，产城协调度小于或等于 0.05 的省区市占到 61.29%，处于严重失调状态；到了 2020 年，31 个省区市的产城协调度均大于 0.10，产城协调度大于 0.20 的地区有 7 个，已进入产城融合轻度失调阶段，分别是北京、天津、上海、浙江、江苏、山东、广东，其中江苏和广东产城协调度已达到 0.3，即将进入发展调和型阶段。2010~2020 年，贵州、江西、安徽、河南和四川产城协调度增幅较大。

第三，从不同时间截面来看，各省区市产城融合水平虽有所上升，但产城协调度水平依然较低。选取 2010 年和 2020 年两个时间节点，对各省份耦合度和产城协调度等级进行比较，如表 3-13 所示。2010 年，全国 31 个省区市都处于低水平耦合阶段，但各省份产城融合的低水平耦合发展存在一定的差异。耦合度处于低水平耦合阶段相对较高水平的省市主要有北京、上海、浙江和广东，其他省份处于低水平耦合阶段较低水平。2020 年，耦合度从低水平耦合阶段向颉颃阶段实现阶段式跨越的地区有北京、上海、江苏、浙江、山东和广东，其他地区仍处于低水平耦合阶段。全国 31 个省区市的产城协调度仍然失调，但也有部分省份在 2010～2020 年 11 年间实现了从严重失调到轻度失调的转变。2010 年，31 个省区市产城协调度处于严重失调，但各省区市的协调发展存在着一定差异，其中严重失调中协调水平相对较高的地区主要有北京、上海以及广东，东南沿海城市的产城协调度明显高于中西部地区城市的产城协调度。2020 年所有省区市的产城协调度均有大幅度提升，北京、天津、上海、江苏、浙江、山东和广东 7 个省市产城协调发展为轻度失调，其他地区产城协调度虽有上升，但仍为严重失调。

表 3-13　2010 年和 2020 年产城融合测度结果等级划分结果

地区	耦合度				产城协调度			
	2010 年结果	2010 年所处阶段	2020 年结果	2020 年所处阶段	2010 年结果	2010 年所处阶段	2020 年结果	2020 年所处阶段
北京	0.22	低水平耦合	0.40	颉颃	0.16	严重失调	0.27	轻度失调
天津	0.14	低水平耦合	0.29	低水平耦合	0.09	严重失调	0.21	轻度失调
河北	0.09	低水平耦合	0.23	低水平耦合	0.05	严重失调	0.16	严重失调
山西	0.09	低水平耦合	0.20	低水平耦合	0.05	严重失调	0.14	严重失调
内蒙古	0.09	低水平耦合	0.21	低水平耦合	0.05	严重失调	0.15	严重失调
辽宁	0.13	低水平耦合	0.26	低水平耦合	0.08	严重失调	0.19	严重失调
吉林	0.10	低水平耦合	0.20	低水平耦合	0.06	严重失调	0.14	严重失调
黑龙江	0.10	低水平耦合	0.21	低水平耦合	0.05	严重失调	0.15	严重失调
上海	0.19	低水平耦合	0.39	颉颃	0.13	严重失调	0.24	轻度失调
江苏	0.14	低水平耦合	0.42	颉颃	0.09	严重失调	0.30	轻度失调
浙江	0.15	低水平耦合	0.38	颉颃	0.09	严重失调	0.28	轻度失调
安徽	0.08	低水平耦合	0.24	低水平耦合	0.04	严重失调	0.17	严重失调
福建	0.10	低水平耦合	0.26	低水平耦合	0.06	严重失调	0.19	严重失调
江西	0.06	低水平耦合	0.20	低水平耦合	0.03	严重失调	0.14	严重失调
山东	0.12	低水平耦合	0.32	颉颃	0.07	严重失调	0.24	轻度失调
河南	0.08	低水平耦合	0.25	低水平耦合	0.04	严重失调	0.17	严重失调
湖北	0.10	低水平耦合	0.26	低水平耦合	0.05	严重失调	0.18	严重失调

续表

地区	耦合度				产城协调度			
	2010年结果	2010年所处阶段	2020年结果	2020年所处阶段	2010年结果	2010年所处阶段	2020年结果	2020年所处阶段
湖南	0.09	低水平耦合	0.24	低水平耦合	0.05	严重失调	0.17	严重失调
广东	0.15	低水平耦合	0.38	颉颃	0.10	严重失调	0.30	轻度失调
广西	0.07	低水平耦合	0.20	低水平耦合	0.04	严重失调	0.13	严重失调
海南	0.08	低水平耦合	0.20	低水平耦合	0.05	严重失调	0.15	严重失调
重庆	0.09	低水平耦合	0.24	低水平耦合	0.05	严重失调	0.18	严重失调
四川	0.09	低水平耦合	0.26	低水平耦合	0.05	严重失调	0.19	严重失调
贵州	0.05	低水平耦合	0.19	低水平耦合	0.02	严重失调	0.13	严重失调
云南	0.07	低水平耦合	0.20	低水平耦合	0.04	严重失调	0.14	严重失调
西藏	0.10	低水平耦合	0.16	低水平耦合	0.06	严重失调	0.12	严重失调
陕西	0.08	低水平耦合	0.23	低水平耦合	0.05	严重失调	0.16	严重失调
甘肃	0.07	低水平耦合	0.18	低水平耦合	0.04	严重失调	0.12	严重失调
青海	0.08	低水平耦合	0.17	低水平耦合	0.05	严重失调	0.12	严重失调
宁夏	0.09	低水平耦合	0.18	低水平耦合	0.05	严重失调	0.13	严重失调
新疆	0.10	低水平耦合	0.20	低水平耦合	0.06	严重失调	0.14	严重失调

3.4.3　城乡发展差距较大，城乡融合发展水平较低

1. 城乡发展差距依然较大

尽管国家一直在推动城乡一体化发展，但目前城乡差距问题没有从根本上解决，城乡差距具体表现在以下几个方面。

第一，城乡居民生活水平差距还未从根本上消除。打破城乡二元结构限制是城乡融合发展的关键，有利于缩小城乡发展差距，构建协调的城乡发展格局。城乡人均可支配收入和消费支出是衡量城乡经济发展的重要因素。2021年，城镇和农村居民人均可支配收入分别为47 412元和18 931元，城乡人均可支配收入比值仍高达2.50，这说明城乡居民人均可支配收入仍然存在较大差距。从消费支出来看，2021年城镇居民人均消费支出30 307元，农村居民人均消费支出15 916元，城乡人均消费支出比为1.9，反映出城乡消费水平仍存在较大差距。

如图3-7所示，2005～2021年我国城乡恩格尔系数总体呈现为下降趋势，说明我国城乡居民生活水平明显改善。但城乡恩格尔系数依然存在差距，2021年，城镇居民恩格尔系数为28.6%，农村居民恩格尔系数为32.7%，有4.1个百分点的差值，说明农村居民生活水平依然低于城镇居民。

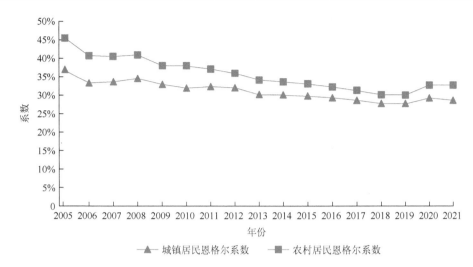

图 3-7　2005～2021 年城乡恩格尔系数变化趋势

资料来源：各年《中国统计年鉴》

从满足城乡居民精神文化生活层面来看，如图 3-8 所示，2005～2021 年我国城乡居民人均教育文化娱乐支出总体呈上升趋势，城乡居民人均教育文化娱乐支出之比虽然总体趋势是下降的，但 2021 年城镇居民人均教育文化娱乐支出是农村居民的 2 倍，城乡居民精神文化层面的消费差距依然存在，城乡融合任务依然任重道远。

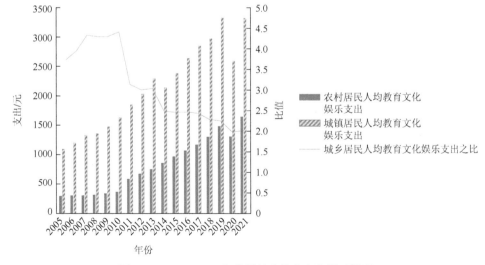

图 3-8　2005～2021 年我国城乡教育文化娱乐情况

资料来源：各年《中国统计年鉴》

    第二，城乡信息网络基础设施建设仍存在一定差距。2010 年，我国城市、乡村互联网宽带接入用户数分别为 9963.5 万户、2475.7 万户，比值高达 4.02，而 2020 年，城市、乡村互联网宽带接入用户数分别为 34 165.3 万户、14 189.7 万户，分别增长了 24 201.8 万户和 11 714.0 万户，增长幅度分别为 242.90% 和 473.16%，但城乡互联网宽带接入用户数比值仍高达 2.41（图 3-9）。这表明我国城乡信息网络基础设施建设水平近年来显著提高，但城市和乡村地区互联网普及程度仍存在较大差距，信息发展差距仍需要进一步缩小，为城乡融合发展提供更优质的信息联通环境。

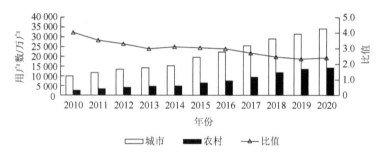

图 3-9   2010～2020 年城乡互联网宽带接入用户数及比值

资料来源：各年《中国统计年鉴》

    第三，城乡公共服务水平仍存在一定的差距。城乡居民福利保障水平的提高意味着城乡基本公共服务和基本民生权益的均等化发展程度的提高，为城乡融合发展提供了坚实的民生保障，体现了城乡社会融合发展水平的提高。医疗保障方面，2009 年我国城市和乡村每千人拥有医院卫生院床位数分别为 5.54 张和 2.41 张，比值达 2.30，2020 年，城市和乡村每千人拥有医院卫生院床位数分别为 8.81 张和 4.95 张，比值为 1.78，相比 2009 年下降幅度为 22.58%，我国城乡医疗发展水平差距呈现逐年波动缩小的趋势，但仍存在一定差距。教育文化娱乐方面，我国城乡人均教育文化娱乐支出比由 2009 年的 4.32 下降至 2020 年的 1.98，下降幅度为 54.17%，说明我国城乡教育文化娱乐方面城乡的差距有大幅度缩小，但城镇地区人均教育文化娱乐支出仍是农村的将近两倍之多，城乡教育文化娱乐方面的发展差距仍较大（图 3-10）。

    2. 城市向乡村要素流动规模较小

    产生城乡差距的深层原因是长期以来形成的城乡二元结构使劳动力、资本等要素主要流向城市，乡村发展落后。城市的虹吸效应使得各类生产要素主要从农村单向流向城市。首先，大量农业剩余劳动力迁移到城市，他们为城市的建设发

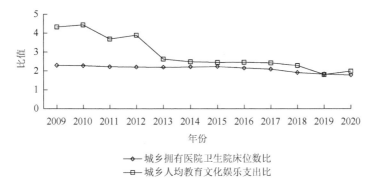

图 3-10　2009～2020 年城乡医疗、教育文化娱乐水平对比

资料来源：各年《中国统计年鉴》

展做出了巨大贡献，而城市的人才流向农村的很少。其次，在资本流动方面，农村金融机构积累的资金大多流入城市，主要因为农村缺少投资机会，这些资金只能流入城市，只有这样才能够找到一个更好的投资机会，才能有稳定的回报，这也符合市场经济规律。最后，土地流转方面，大量农用地低成本从农民手里征收转化为城市用地，经过招拍挂以后产生了巨大的溢价效应，土地财政为城市建设提供了资金支持。农村土地流转不仅为城市建设提供资金，也通过土地城镇化扩大了城市空间。由于虹吸效应的存在，城市要素向农村流动不足，加大了城乡发展差距。

由于信息要素流动所采用的指标是各省份每年的农业农村信息化示范基地数量，该指标数据自 2013 年开始发布，为了保持各要素流动测度的时间一致，故本书选择要素流动测度的时间维度为 2013 年至 2020 年。各要素从城市向农村流动现状分析如下。

第一，劳动力要素流动现状。改革开放以来，农村劳动力向非农部门和城市地区的转移留存使得农业农村丧失了大量具备竞争力的优质劳动力，根据王庆芳和郭金兴的测度[①]，我国存在农业生产劳动力紧张的困境，为此，农村地区引进高质量劳动力有利于提高农业劳动生产率。本书的劳动力要素流动采用当年各省份新增大学生到农村工作人数来衡量。城市流入农村的大学生劳动力具有较高的人力资本价值，有利于农村产业发展和治理水平的提高。

如图 3-11 所示，2013～2020 年的大学生到村工作人数呈现逐年动态增加的趋势，由 2013 年的 3.11 万人增长至 2020 年的 3.64 万人，增加了 0.53 万人，增幅为 17.04%，增长率在 2017 年之后开始持续稳定上升，说明劳动力要素流动的总体规模在不断增加，但增加幅度仍十分有限。

---

① 王庆芳，郭金兴. 中国农村剩余劳动力估计：2010—2018 年[J]. 经济理论与经济管理，2021，41（12）：93-110.

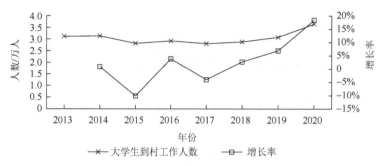

图 3-11   2013~2020 年城乡劳动力要素流动情况

资料来源：2013~2020 年各省份"三支一扶"计划招募公告

第二，资本要素流动现状。资本要素向农村流动填补了农村发展资金不足的短板，对农村地区的发展有着最直接的作用和影响，是带动农村社会快速发展的有效途径，加大资本要素的投入对农村地区产业升级优化、农村环境污染防治、公共基础设施建设等均有重要作用。资本的逐利性决定了城市社会资本下乡的不稳定性，容易出现投资项目经营失败撤资的现象，在城乡融合的前期，会严重破坏发展本就薄弱的乡村秩序。政府资本先行产生的示范和带动作用将更加有利于社会资本稳定高效地流向农村。本书的资本要素流动采用各省份财政涉农支出金额来衡量。

数据显示，全国财政涉农支出金额的绝对数值在不断增加，由 2013 年的 12 673.85 亿元增长至 2020 年的 23 029.70 亿元，增长幅度为 81.71%。但从相对数来看，财政涉农支出占财政支出的比例从 2013 年至 2020 年呈波动变化态势，2014 年比例为 10.55%，达到 2013~2020 年来最低，2017 年后比例开始逐年上升，但变化幅度仍不显著，说明我国财政涉农资金没有随着国家财政收支的增加而增加，现阶段我国资本要素向农村地区流动的规模仍较小，且增长速度较低（图 3-12）。

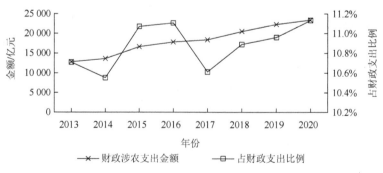

图 3-12   2013~2020 年城乡资本要素流动情况

资料来源：2014~2021 年《中国统计年鉴》

第三，技术要素流动现状。农业现代化离不开高水平的农业机械化，技术要素流动有利于改善农业农村机械化生产条件，推动农业生产技术的创新，促进农业向现代化转型升级。本书的技术要素流动采用主要农业机械总动力年底拥有量测度。

我国主要农业机械总动力年底拥有量由 2013 年的 103 389.70 万千瓦增加到 2020 年的 105 045.33 万千瓦，增加了 1655.63 万千瓦，增长幅度较小，仅增加了 1.60%。大中型拖拉机和小型拖拉机数量在 2013～2020 年均呈现小幅波动的趋势。现阶段城乡技术要素流动规模在小幅度扩大，流动速度仍有较大的提升空间（图 3-13）。

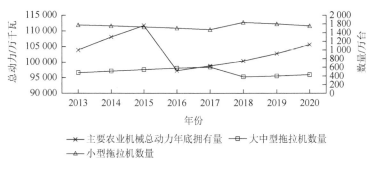

图 3-13　2013～2020 年城乡技术要素流动情况

资料来源：2014～2021 年《中国统计年鉴》

第四，信息要素流动现状。信息要素作为新型生产要素，是农村发展走向数字化、网络化、智能化的基础，信息要素快速融入农村农业生产经营和管理服务等环节将加速城乡生产、生活方式的融合。信息的充分流通是信息要素释放其价值的重要途径。全国农业农村信息化示范基地掌握了农业信息化的关键核心技术和设备创新研发主体，对数字化农村和智慧农业的建设有着引领和带动作用。全国农业农村信息化示范基地通过运用网络信息技术在保障粮食和重要农产品稳定供给、促进现代化耕地种植、提高农业全产业链现代化水平等方面均起到了明显的示范效应和带领效应。全国农业农村信息化示范基地体现了城市对农村信息化建设的支持，可以反映信息要素从城市向乡村的流动，故本书的信息要素流动采用各年份全国农业农村信息化示范基地数量来衡量。该指标数据农业农村部自 2013 年开始发布。

全国农业农村信息化示范基地数量由 2013 年的 40 个增加至 2020 年的 104 个，增长了约 1.6 倍，2013～2020 年的年均增长率为 14.63%，说明农业农村信息化在不断深入，现阶段我国信息要素通过全国农业农村信息化示范基地的建设流向农业农村，且流动规模呈波动增长趋势（图 3-14）。

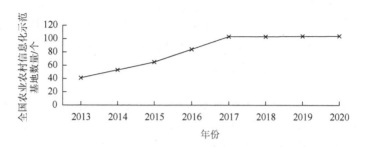

图 3-14　2013～2020 年城乡信息要素流动情况

资料来源：农业农村部公布的全国农业农村信息化示范基地评估考核结果

除了要素流动障碍之外，城乡公共资源配置仍不合理，农村基础设施和公共服务设施依然供给不足，短板依旧突出。

3. 城乡融合发展总体水平不高

城乡融合是在要素流动、产业发展等方面实现城乡互补、全面融合和共同繁荣的新型城乡关系。城乡融合发展是一个多领域、全方位的全面融合概念，需要城乡在经济、社会、生态环境等各方面实现共建共享共荣，其内涵包括经济融合、人口融合、空间融合、社会融合以及生态环境融合。

（1）经济融合。城乡经济融合是城乡融合发展的核心，城乡产业结构变迁过程反映了城乡关系的调整过程[1]，农民收入水平的提高有利于进一步缩小城乡居民收入差距，实现城乡融合发展。本书选取了 6 个具体指标来衡量城乡经济融合水平，分别是城乡固定资产投资额之比、城乡居民人均消费支出之比、非农产业产值比、第三产业产值比例、城乡居民人均收入比、城乡恩格尔系数比。

（2）人口融合。人口融合是重构城乡关系、促进城乡融合发展最为关键的要素[2]。人口融合表现为以人为本的城乡居住和就业结构趋同，人口就业、素质、流动迁移都侧面反映着城乡人口融合程度。选取城乡居民就业比例、非农与农业从业人员数比、城乡人口教育反差、城乡人口平均受教育年限比、城乡人口迁移率5 个具体指标衡量人口融合水平。

（3）空间融合。空间是城乡的共同载体，是城乡关系演变的地理表达，城乡人口和土地的城镇化率、交通便利程度以及信息化水平都能体现城乡在空间维度的融合水平。城乡空间融合发展选取了 5 个具体指标进行评价，分别是人口城镇化水平、土地城镇化水平、交通网密度、旅客周转量、互联网普及程度。

（4）社会融合。城乡二元结构的对立不断演化为社会结构的失衡，城乡基础

---

① 涂圣伟. 城乡融合发展的战略导向与实现路径[J]. 宏观经济研究，2020，（4）：103-116.

② 杜启平. 城乡融合发展中的农村人口流动[J]. 宏观经济管理，2020，（4）：64-70，77.

设施建设水平、公共服务供应能力、文化认同感等均能体现一个区域城乡社会融合发展水平[①]。社会融合强调在公共服务与社会福利等方面实现城乡居民共享,城乡社会融合发展选取了 6 个具体指标进行评价,分别是城乡教育支出比例、城乡拥有医院卫生院床位数比、城乡居民基本养老保险覆盖率、城乡居民失业险参保人数比、城乡居民人均住房面积比、城乡人均教育文化娱乐支出比。

(5) 生态环境融合。良好的生态环境有利于民生福祉的增进,城市相关产业的转移会导致乡村环境的恶化,重塑新型城乡关系应当更加注重人与自然的和谐共生,用建成区绿化覆盖率、环境污染治理完成度、城市生活垃圾无害化处理率、城乡节能减排 4 个具体指标对城乡生态环境融合水平进行衡量。

本书构建的城乡融合发展评价指标体系如表 3-14 所示,包括经济融合、人口融合、空间融合、社会融合以及生态环境融合 5 个维度共 26 个测度指标。

表 3-14　城乡融合发展的评价指标体系

一级指标	二级指标	三级指标	指标计算及说明	指标属性
经济融合	城乡经济水平	城乡固定资产投资额之比	城镇固定资产投资额/农村固定资产投资额	逆向
		城乡居民人均消费支出之比	城镇居民人均消费/农村居民人均消费	逆向
	城乡产业结构	非农产业产值比	第二、三产业产值/第一产业产值	正向
		第三产业产值比例	第三产业产值/总产值	正向
	城乡收入差距	城乡居民人均收入比	城镇居民家庭人均可支配收入/农村居民家庭人均可支配收入	逆向
		城乡恩格尔系数比	城镇居民恩格尔系数/农村居民恩格尔系数	正向
人口融合	城乡就业结构	城乡居民就业比例	城镇居民就业人数/农村居民就业人数	逆向
		非农与农业从业人员数比	第二、三产业从业人员数/第一产业从业人员数	正向
	城乡人口质量	城乡人口教育反差	城镇初中以上文化程度人员数/农村初中以上文化程度人员数	逆向
		城乡人口平均受教育年限比	城镇人口平均受教育年限/农村人口平均受教育年限	逆向
	城乡人口互动	城乡人口迁移率	农村人口迁入城镇常住的人口数/当年农村常住人口数	正向
空间融合	城乡空间集聚	人口城镇化水平	城镇人口数/总人口数	正向
		土地城镇化水平	建成区面积/土地总面积	正向
	城乡流通程度	交通网密度	公路与铁路运营总里程/土地总面积(单位为:万千米/万千米²)	正向
		旅客周转量	单位为:亿人公里	正向
	城乡信息化水平	互联网普及程度	城乡互联网接入端口数年增长率	正向

① 宁志中,张琦. 乡村优先发展背景下城乡要素流动与优化配置[J]. 地理研究,2020,39(10):2201-2213.

续表

一级指标	二级指标	三级指标	指标计算及说明	指标属性
社会融合	城乡教育	城乡教育支出比例	城镇普通初中生均教育经费支出/农村普通初中生均教育经费支出	逆向
	城乡医疗	城乡拥有医院卫生院床位数比	城镇每千人拥有医院卫生院床位数/农村每千人拥有医院卫生院床位数	逆向
	城乡社会保障	城乡居民基本养老保险覆盖率	城乡居民基本养老保险参保人数/总人数	正向
		城乡居民失业险参保人数比	城乡居民失业险参保人数/总人数	正向
	城乡社会生活	城乡居民人均住房面积比	城镇居民人均住房面积/农村居民人均住房面积	逆向
		城乡人均教育文化娱乐支出比	城镇人均教育文化娱乐支出/农村人均教育文化娱乐支出	逆向
生态环境融合	生态绿化	建成区绿化覆盖率	建成区绿化面积/土地总面积	正向
	环境保护	环境污染治理完成度	环境污染治理投资额/总产值	正向
		城市生活垃圾无害化处理率	经过处理的生活垃圾量/生活垃圾总量	正向
		城乡节能减排	能源消费总量/地区生产总值（单位为：吨标准煤/万元）	逆向

　　研究对象为我国 30 个省区市，未包含港澳台和西藏。考虑数据的可得性，样本区间确定为 2009～2020 年。采用熵值法对全国及 30 个省区市的城乡融合发展水平进行测度。测度结果如表 3-15 所示。

表 3-15　中国城乡融合发展水平

地区	2009年	2010年	2011年	2012年	2013年	2014年	2015年	2016年	2017年	2018年	2019年	2020年
全国	0.133	0.144	0.150	0.159	0.162	0.168	0.174	0.176	0.177	0.181	0.180	0.177
北京	0.451	0.464	0.485	0.503	0.499	0.537	0.547	0.582	0.624	0.638	0.699	0.733
天津	0.283	0.298	0.322	0.327	0.331	0.347	0.348	0.369	0.372	0.395	0.388	0.396
河北	0.143	0.151	0.169	0.170	0.165	0.169	0.173	0.262	0.185	0.181	0.185	0.190
山西	0.146	0.155	0.162	0.178	0.183	0.182	0.185	0.207	0.185	0.196	0.186	0.186
内蒙古	0.116	0.129	0.142	0.147	0.155	0.161	0.163	0.161	0.162	0.166	0.143	0.144
辽宁	0.168	0.167	0.180	0.197	0.184	0.185	0.190	0.189	0.192	0.190	0.190	0.190
吉林	0.130	0.140	0.143	0.144	0.137	0.149	0.155	0.161	0.157	0.159	0.164	0.162
黑龙江	0.132	0.135	0.135	0.143	0.148	0.145	0.142	0.148	0.141	0.148	0.149	0.148
上海	0.503	0.548	0.541	0.555	0.550	0.594	0.626	0.654	0.658	0.752	0.755	0.843

续表

地区	2009年	2010年	2011年	2012年	2013年	2014年	2015年	2016年	2017年	2018年	2019年	2020年
江苏	0.208	0.230	0.231	0.241	0.241	0.250	0.256	0.256	0.260	0.267	0.268	0.266
浙江	0.197	0.220	0.215	0.234	0.234	0.245	0.258	0.257	0.262	0.272	0.272	0.302
安徽	0.147	0.143	0.158	0.171	0.180	0.185	0.198	0.197	0.200	0.205	0.201	0.205
福建	0.148	0.160	0.168	0.182	0.185	0.185	0.193	0.190	0.198	0.197	0.200	0.205
江西	0.134	0.147	0.165	0.170	0.166	0.169	0.178	0.180	0.181	0.184	0.196	0.194
山东	0.179	0.182	0.194	0.205	0.206	0.218	0.220	0.224	0.230	0.232	0.231	0.229
河南	0.137	0.137	0.147	0.157	0.161	0.167	0.176	0.182	0.189	0.194	0.196	0.194
湖北	0.141	0.146	0.160	0.166	0.165	0.175	0.181	0.186	0.186	0.191	0.190	0.195
湖南	0.131	0.133	0.148	0.153	0.159	0.164	0.178	0.168	0.171	0.180	0.174	0.179
广东	0.175	0.214	0.195	0.203	0.217	0.233	0.236	0.245	0.246	0.255	0.253	0.261
广西	0.115	0.112	0.116	0.130	0.131	0.138	0.148	0.146	0.148	0.151	0.154	0.169
海南	0.143	0.151	0.151	0.168	0.167	0.173	0.183	0.185	0.192	0.194	0.191	0.192
重庆	0.154	0.174	0.187	0.190	0.194	0.204	0.210	0.210	0.219	0.222	0.228	0.230
四川	0.113	0.115	0.125	0.132	0.135	0.147	0.153	0.158	0.164	0.168	0.170	0.176
贵州	0.088	0.102	0.122	0.120	0.131	0.140	0.144	0.143	0.154	0.161	0.158	0.160
云南	0.101	0.111	0.115	0.123	0.124	0.128	0.135	0.137	0.136	0.142	0.146	0.141
陕西	0.131	0.149	0.155	0.157	0.155	0.163	0.166	0.174	0.169	0.178	0.174	0.173
甘肃	0.090	0.096	0.106	0.126	0.129	0.128	0.137	0.133	0.135	0.142	0.143	0.138
青海	0.095	0.105	0.115	0.120	0.115	0.120	0.131	0.143	0.140	0.146	0.136	0.135
宁夏	0.119	0.133	0.154	0.157	0.164	0.169	0.167	0.186	0.176	0.181	0.161	0.173
新疆	0.111	0.119	0.132	0.155	0.158	0.164	0.156	0.157	0.160	0.167	0.147	0.148

第一，城乡融合发展水平的时序演进分析。从全国层面来看，2009～2020 年全国城乡融合发展水平呈上升趋势，从 2009 年的 0.133 提高到 2020 年的 0.177，增速为 33.08%，年均增长率为 2.63%，但城乡融合总体水平依然较低，样本期内最高值仅为 0.181。尤其是 2009 年至 2015 年，这一期间的城乡融合指数年均增长率为 4.58%，是城乡融合的快速增长阶段，这主要是因为城乡统筹发展、城乡一体化提出后，政府实施了一系列相关措施，包括健全惠农政策、建设美丽乡村等，促进了城乡间要素的流动，增强了农村发展的活力。2015 年之后城乡融合发展的

增速明显减慢，年均增长率仅为 0.34%，这和我国经济进入新常态以及农业供给侧的结构性问题有关。

从分维度指数来看，经济融合指数从 2009 年的 0.025 增加到 2020 年的 0.040，增长幅度为 60%。人口融合指数从 2009 年的 0.023 增加到 2020 年的 0.028，增长幅度为 21.74%。空间融合指数从 2009 年的 0.031 增加到 2020 年的 0.032，增长幅度为 3.23%。社会融合指数从 2009 年的 0.023 增加到 2020 年的 0.046，增长幅度为 100%。生态环境融合指数从 2009 年的 0.0311 到 2020 年的 0.0310，增长幅度为 −0.32%。五个分维度指数中，2020 年社会融合指数值最高且发展最快，主要是因为近年来国家对农村居民基本养老、基本医疗等投入不断加大，城乡社会保障差距逐渐缩小；但城乡人口融合指数最低且发展相对较慢，说明城乡在人口的共融方面还需要加强。城乡融合结构表现为社会融合、经济融合、空间融合、生态环境融合、人口融合水平依次递减的特点，具体情况如图 3-15 所示。

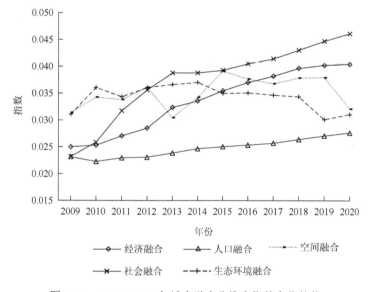

图 3-15   2009～2020 年城乡融合分维度指数变化趋势

第二，城乡融合发展水平的空间演进分析。从空间维度来看，中国城乡融合发展水平区域差异明显，呈现东部、中部、东北、西部地区的阶梯形递减的特点。由图 3-16 可知，东部地区城乡融合发展水平远高于全国平均发展水平，中部地区的城乡融合发展水平略高于全国平均发展水平，西部和东北地区城乡融合发展水平则低于全国平均发展水平。四大板块城乡融合发展水平均呈现逐步上升的趋势，东部、中部、西部和东北地区 2009～2020 年城乡融合发展平均值的增长幅度分别为 48.79%、38.14%、44.77%、16.40%。东部地区的整体经济以及县域经济发展水平高，带动了乡村各方面的发展，城乡差距较小，因此城乡融合发展水平高于其他区域。

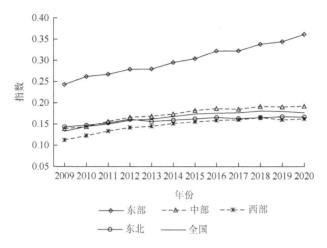

图 3-16　全国与四大区域城乡融合发展水平变化趋势

从省域维度来看，2020 年城乡融合发展指数排名前五位的地区分别是上海、北京、天津、浙江、江苏，其城乡融合发展指数均大于 0.26，排名在后五位的是黑龙江和新疆（并列）、内蒙古、云南、甘肃、青海，其城乡融合发展指数均小于 0.15。排名靠前的均为经济发展水平高、区位条件优越的省份，这些地区城市对乡村发展的辐射带动作用较大，县域经济发达，因此城乡融合发展维持了一种高水平稳定均衡的发展态势；排名靠后的则是经济发展水平相对落后，地理位置偏远的省份，农村与城市发展差距较大，城乡融合发展水平较低。

从空间布局来看，我国各省份城乡融合发展呈现"高高、低低"集聚的空间集聚特征。通过计算莫兰指数（Moran's I）进行空间相关性分析。计算莫兰指数首先需要计算空间权重矩阵，空间权重矩阵包括邻接权重矩阵、地理距离权重矩阵和经济距离权重矩阵，本书基于邻接权重矩阵计算空间权重矩阵 W_{ij}，当 i 省份与 j 省份相邻时，$W_{ij}=1$；当 i 省份与 j 省份不相邻时，$W_{ij}=0$。在此基础上计算全局莫兰指数，以分析全国 30 个省份城乡融合的空间集聚特征。全局莫兰指数公式为

$$\text{Moran's I} = \frac{\sum_{i=1}^{m}\sum_{j=1}^{m}W_{ij}(x_i-\overline{x})(x_j-\overline{x})}{S^2\sum_{i=1}^{m}\sum_{j=1}^{m}W_{ij}} \tag{3-10}$$

$$S^2 = \frac{\sum_{i=1}^{m}(x_i - \overline{x})^2}{m} \tag{3-11}$$

其中，S^2 为样本方差；W_{ij} 为空间邻接权重矩阵，而 $\sum_{i=1}^{m} \sum_{j=1}^{m} W_{ij}$ 为所有空间权重之和；x_i、x_j 为全国各省份对应的城乡融合发展水平测度值；$\overline{x}$ 为各省份测度值的均值。莫兰指数的取值范围为（$-1, 1$），如果其值大于 0，说明区域间经济变量之间具有空间正相关性，即存在空间集聚现象；如果其值小于 0，表明区域间经济变量之间具有空间负相关性，即存在空间排斥现象，莫兰指数绝对值越大，说明经济变量的空间相关程度也越大。

计算结果如表 3-16 所示，2009 年至 2020 年的莫兰指数均为正值，$Z > 1.96$ 且均在 1% 的水平下通过了显著性检验，说明全国 30 个省份的莫兰指数在空间分布上存在显著的正向空间集聚效应，即各省份城乡融合发展存在高高聚集或低低聚集的特点。样本期内的莫兰指数总体呈现减小的趋势，进一步说明我国城乡融合发展的整体集聚效应在降低，在政府积极推动区域协调发展战略下，各省份城乡融合发展差距也将逐渐缩小。

表 3-16　2009～2020 年中国城乡融合发展莫兰指数

年份	莫兰指数	$Z(I)$	p
2009	0.316	3.312	0.000
2010	0.313	3.288	0.001
2011	0.324	3.373	0.000
2012	0.321	3.346	0.000
2013	0.312	3.251	0.001
2014	0.295	3.107	0.001
2015	0.290	3.101	0.001
2016	0.340	3.542	0.000
2017	0.284	3.032	0.001
2018	0.257	2.835	0.002
2019	0.257	2.820	0.002
2020	0.245	2.744	0.003

注：$Z(I)$ 为城乡融合指数与均值的偏差率

由于全局莫兰指数无法反映地区之间的异质性，为了进一步分析地区之间城乡融合发展水平的空间异质性，采用局部莫兰指数绘制出莫兰散点图来分析各省份城乡融合的局部空间分布特征，如图 3-17 至图 3-19 所示。

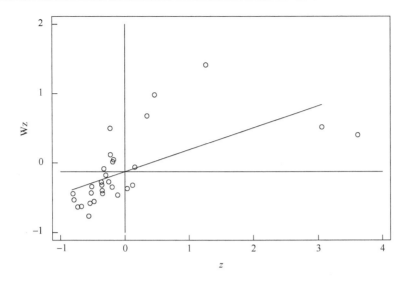

图 3-17　2009 年中国城乡融合发展水平莫兰散点图（莫兰指数 = 0.316）

z 代表研究对象的数值与均值的距离，因而越靠右侧的数据意味着其省份城乡融合发展水平相对越高，Wz 表示空间滞后值，该值越大代表研究对象的周边地区的城乡融合发展水平相对越高

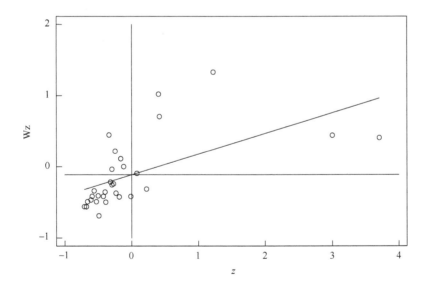

图 3-18　2015 年中国城乡融合发展水平莫兰散点图（莫兰指数 = 0.290）

z 代表研究对象的数值与均值的距离，因而越靠右侧的数据意味着其省份城乡融合发展水平相对越高，Wz 表示空间滞后值，该值越大代表研究对象的周边地区的城乡融合发展水平相对越高

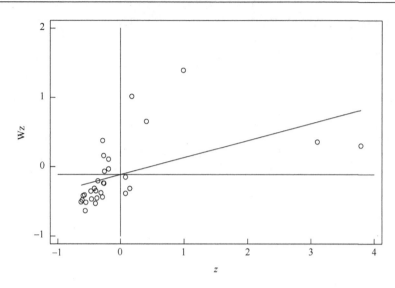

图 3-19　2020 年中国城乡融合发展水平莫兰散点图（莫兰指数 = 0.245）

z 代表研究对象的数值与均值的距离，因而越靠右侧的数据意味着其省份城乡融合发展水平相对越高，Wz 表示空间滞后值，该值越大代表研究对象的周边地区的城乡融合发展水平相对越高

从图 3-17 至图 3-19 和表 3-17 可以看出，2009 年、2015 年和 2020 年分布在一、三象限的省份占比分别为 73.33%、76.67%、76.67%，说明我国各省份城乡融合发展呈现"高高、低低"集聚的空间集聚特征，其中第三象限低低集聚省份最多，进一步说明我国城乡融合发展仍处在低水平阶段。综合三个时间断面来看，第一象限（HH 象限）主要是东部地区省份，即我国城乡融合发展水平较高的地区主要集中在东部；第三象限（LL 象限）主要是西部地区省份，我国城乡融合发展水平较低的地区主要集中在西部，这体现了我国城乡融合发展两极集聚的现状，在一定程度上反映了城乡融合发展水平的"马太效应"。从莫兰散点图的空间分布特征变化来看，一、三象限分布省份数量略有减少，二、四象限稍有增加。高低、低高聚集由中部省份向东、西部转移，表明我国区域间城乡融合开始出现协调发展的趋势。

表 3-17　城乡融合发展水平的莫兰散点图省份分布情况

所处象限	2009 年	2015 年	2020 年
第一象限	东部：上海、北京、江苏、浙江、天津、山东	东部：上海、北京、江苏、浙江、天津、山东	东部：上海、北京、江苏、浙江、天津
第二象限	东部：河北、福建、海南；中部：安徽、江西	东部：河北、福建、海南；中部：安徽、江西	东部：河北、福建、海南；中部：安徽、江西

所处象限	2009 年	2015 年	2020 年
第三象限	中部：山西、湖南、湖北、河南； 西部：重庆、四川、陕西、宁夏、新疆、内蒙古、青海、甘肃、云南、广西、贵州； 东北：吉林、黑龙江	中部：山西、河南、湖南、湖北； 西部：四川、陕西、宁夏、新疆、内蒙古、青海、甘肃、云南、广西、贵州； 东北：吉林、辽宁、黑龙江	中部：山西、河南、湖南、湖北； 西部：四川、陕西、宁夏、新疆、内蒙古、青海、甘肃、云南、广西、贵州； 东北：吉林、辽宁、黑龙江
第四象限	东部：广东；东北：辽宁	东部：广东；西部：重庆	东部：广东、山东；西部：重庆

4. 要素流动对城乡融合发展的作用机制

1）要素流动对城乡融合发展的直接作用机制

基于空间效应的视角，本书认为要素流动对城乡融合发展具有直接作用机制和间接作用机制。直接作用表示本地区要素流动对本地区城乡融合发展所产生的影响，间接作用表示本地区要素流动通过空间溢出效应对周边地区的城乡融合发展所发挥的影响作用。

（1）劳动力要素流动对城乡融合发展的直接作用机制。劳动力要素已经成为经济增长的内生驱动力，劳动力要素流动是推动城乡融合发展的核心，乡村振兴最稀缺的要素就是掌握现代农业科技和经营管理的劳动力，其对本地区城乡融合发展的影响机制可以具体分为以下两种形式。

第一，促进城乡间要素优化配置。城乡劳动力要素的自由流动具有连锁效应，能够带动与之相关的要素资源流动，有利于城乡要素的优化组合。资本、技术、信息等必须与劳动力要素进行恰当有效的结合才能更好地发挥作用。城乡劳动力的流动，使得人力资本水平不断地积累和提高，缩小了城乡间人力资本水平的发展差距。城乡间人力资本水平的均衡化发展，促进了城乡之间的要素分布选择，更加有利于各种要素在发挥协同效应的地区进行布局。城乡劳动力要素的分布情况会影响城市和乡村地区对生产要素流动的吸引能力，具有高水平劳动力的区域将吸引更多的产业布局，并形成产业集群，获得规模经济，要素优化的配置效率逐步提升，城乡之间的经济发展差距趋于缩小，促进城乡融合发展。

第二，提高知识技术在城乡间的传播速度。劳动力要素是知识和经验溢出与交流的主要载体，劳动力要素的流动可以带动知识尤其是隐性知识的溢出。劳动力在城乡间的流动加速了科学技术的传播，提升了技术知识经验的传播效率。随着农村劳动力要素流向城市，由传统农业部门投入到现代工业部门的过程中，农村进城务工者不断学习掌握适应现代城市工作生活所需的技能与知识，逐渐具备了从事现代工业部门生产的能力，随着技术的娴熟逐渐成为具有较高人力资本价值的劳动力资源。当这部分劳动力所面临的工资率在城乡间逐渐趋于均衡时，他们中的一部分开始选择返乡就业创业，将城市现代化的生产技能、技术经验等应用到农村农业的生产建设中，进而促进了知识信息在城乡之间的传播，从而提升了城乡间的知识传播效率。当掌握基本器械操作技能的返乡者在从事农业劳动中更加趋于使用农业机械进行农业生产，促进了相关知识和技能的普及，提高了农业劳动生产效率。

（2）资本要素流动对城乡融合发展的直接作用机制。资本要素流动相较其他要素流动更加灵活，且不同类型的资本主体进行投资决策会产生不同的投资效果。基于资本要素流动的特殊性，本书从政府投资、社会投资两个投资主体分析资本要素流动对城乡融合发展的直接影响机制。资本要素通过政府先行示范、企业和个人跟进、金融机构强化的路径推动城乡融合发展进程。

第一，政府投资对城乡融合发展的作用通过示范效应和洼地效应实现。首先，国家财政对农村农业领域的大量投入，体现着国家对农村的重点扶持，也说明相关利好政策及配套设施供应将向农村地区倾斜，这些都将通过示范效应刺激社会企业资本投向农村。其次，国家从缩小城乡收入差距、均衡城乡发展的角度出发进行宏观协调规划，通过特殊的财税、土地政策等制度安排制造农村地区要素集聚的洼地，通过政府出资加大对城乡公路及铁路等交通网络的建设来降低城乡间要素流动成本，吸引要素集聚，实现集聚效应，引领农村经济增长。

第二，社会投资主体分为企业、个人和金融机构。企业在城市的投资受困于劳动力和其他资源成本的日益增高，会积极寻找更适合资本获利的乡镇进行投资。企业资本流向农业农村的过程，伴随着周密的市场评估、风险考察等调研程序，使企业投资具有更高的社会认可度，往往会受到个人投资者的追随。同时也会带动产业的上下游企业进行投资调整，进而撬动更多资本流向农村农业，促进农村地区形成较为完整的规模化产业集群。随着国家金融财政对农业农村发展支持力度的加大，以及企业和个人投资的驱动，迫切需要金融机构进入农村，提供良好的金融服务，进而增加下乡资本流量。金融机构的资本流动受地区和行业的资本回报率影响较大，金融机构选择布局的地区和行业将影响一个地区的城乡融合发展进程和产业布局，大量资本的跟进会继续加强这种投资倾向，进而加强农村农业发展。

（3）技术要素流动对城乡融合发展的直接作用机制。技术要素日益成为驱动经济社会发展的关键要素，经济发展相对发达的地区已经逐步由劳动力和资本要素驱动的发展模式转变为技术和信息要素驱动的内在发展模式，技术要素对区域发展的作用愈加凸显。城乡技术要素流动通过企业扩张、技术引进和技术支援的方式助力农村地区优化产业结构、革新生产方式，进而促进农村农业经济发展，缩小城乡发展差距。

随着城市产业结构的升级优化，城市的产业重心会逐步由第二产业过渡到第三产业，此时部分第二产业会逐渐向农村地区尤其是城市近郊转移。农村利用现有资本引进技术设备，积极吸引外资和高技术人才，改善公共基础设施建设，提高承接工业转移的能力，结合长期积累的劳动力和资本要素，通过发展第二产业实现农村的产业结构调整优化，促进农村地区经济增长。农村地区在这一过程中要更加注重技术的引进和消化，城市要以技术支援的方式，帮助技术人才设备与农村自身的劳动力和资本优势结合，组织发展农村本土企业，将产业升级的收益有效留在农村，实现农村发展的良性循环，促进更多的资本、技术流向农村地区，实现真正的技术支农助农。

传统农村以家庭承包为主要生产方式，这种生产方式规模较小，对技术及设备的运用能力较低，难以适应瞬息万变的市场环境，也无法形成较为完整的产业链，只能以初级农产品的形式进行贸易，限制了农村经济的发展。传统农村生产方式革新的核心在于引入高水平的科学技术和管理技术，利用新设备、新技术极大地提高农村劳动生产效率，从而逐步实现农业生产的机械自动化。为实现经营利益最大化，企业会将产业生产的上下游业务向农村转移，进而助力农村延长产业链，提高经济水平。企业作为技术要素的主要载体和推行者，随着企业向乡村地区扩张，技术要素得以在城乡间流动。

（4）信息要素流动对城乡融合发展的直接作用机制。信息要素是新型生产要素，信息流动以互联网为载体，信息的流动性比其他要素的更强，信息在城乡间的传播流动不受时间和空间限制，相比较其他要素，这是信息流动的天然优势。信息能够有效地流向农业农村生产活动，破除城乡和区域间的信息不对称，促进城乡生产、消费结构一体化发展。同时信息流动所承载的科学技术、管理经验和价值理念等通过知识溢出促进农业现代化、工业化和信息化发展，进而推动城乡融合发展。

城乡间信息不对称使得生产决策主体在进行"理性决策"的过程中只能利用较为有限的信息，这往往会造成要素没有按照利益最大化原则进行配置，严重制约了区域的城乡融合发展。利用新一代信息技术与传统农业生产融合，促进更加公开透明的市场环境形成，有效地降低了城市和农村生产者获得生产组织、市场交易信息的成本，扩大了生产选择的权力和范围，从而有利于推动生产资源按照市场供求关系和城乡产业功能定位进行流动[1]，提高要素配置优化效率，同时有利

---

① 黄永春，宫尚俊，邹晨，等. 数字经济、要素配置效率与城乡融合发展[J]. 中国人口·资源与环境，2022，32（10）：77-87.

于提高社会中的闲置资源的利用率，创造更多的经济社会价值。信息要素流动也有助于形成城乡一体化消费市场。电子商务的开展主要依托互联网数字化平台，其独特的商品交易模式突破了传统线下消费市场的地域限制，电子商务作为重要的下沉渠道，随着农村地区网络基础设施的日益完善，不断释放农村的巨大消费潜力，有利于加速形成城乡一体化的消费市场。

城市产业向农村转移、城乡信息化平台的建设及高层次人才的进入，为农村居民提供了更多学习新技术、提高劳动技能的机会。在城乡间信息交流愈加频繁的过程中，通过学习利用信息流动所蕴含的技术、知识和经验提高农村生产效率，发挥新型生产要素的作用建设发展农村。要素流动对城乡融合发展的直接作用机制如图 3-20 所示。

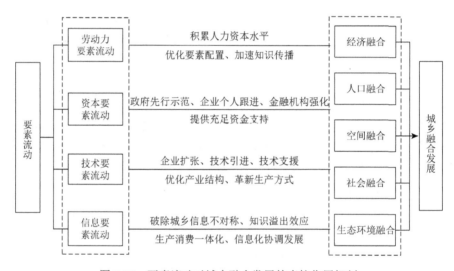

图 3-20　要素流动对城乡融合发展的直接作用机制

2）要素流动对城乡融合发展的空间作用机制

在一个开放的区域中，区域的城乡融合发展不仅仅取决于本区域内在影响因素的发展情况，还受到该区域周边其他相关区域或地区的发展状况影响，这种影响被称为空间溢出效应。地区城乡生产要素的流动与扩散，通过空间溢出效应影响邻近地区的城乡融合发展水平，城乡融合发展水平较高的地区通过要素流动的溢出效应形成区域"增长极"，城乡融合发展水平较低的地区作为"追随者"通过学习和模仿，增强外部学习吸收能力，进而提高本地区城乡融合发展水平。

（1）虹吸效应。城乡融合发展水平较高的地区，往往综合实力较强，经济发展水平较高，对要素资源产生的虹吸效应使本地区城乡拥有了较高的要素存量水平, 地区通过对城乡要素的合理优化配置及有效利用, 持续推动本地区城乡融合发展水平的提高, 保持本地区城乡发展的优先性和竞争力。但同时这种效应也会对周边城乡融合发展水平较低、要素吸引能力较弱地区的城乡要素形成挤占, 造成周边地区城乡要素不断流失, 进而导致这些地区由城市流向乡村的要素资源不断减少, 延缓周边地区农村经济社会发展的进程, 对周边地区城乡发展产生负面影响。

（2）扩散效应。随着城乡要素跨区域频繁流动的逐步实现, 资本、技术、信息等生产要素从集聚的核心向边缘的辐射过程中, 不仅推动了本地区城乡融合发展水平的提高, 还会通过扩散和溢出效应, 促进周边地区的城乡融合发展。欠发达地区城乡融合发展水平一般较低, 其经济发展水平相对较低, 劳动力、资本等要素的存量水平也较低, 要素资源向该地区的转移和投入, 会对地区城乡间原有的生产要素产生较大的刺激冲击作用, 对该地区原有的要素流动模式和方向也会产生作用效果, 刺激该地区城市要素流向乡村, 有效提高该地区农村生产效率, 进而提高地区城乡融合发展水平。

（3）竞争效应。因为区域间存在竞争效应, 现有地方官员晋升制度促使类似区域间普遍存在学习和竞争性模仿的行为动机, 邻近区域通过模仿学习和应用创新, 吸收外溢作用促进邻近区域农村地区的技术和产业升级, 进而提高农村地区发展水平, 缩小城乡发展差距。当本地区城乡要素流动发展到一定阶段时, 即当优势区域进入发展的成熟阶段时, 这些区域基于寻找新的利润增长点或者降低成本的考虑, 可能会选择把技术、产业及信息带到邻近区域, 这将推动邻近区域城乡创新发展, 产生了一定的涓滴效应。

（4）示范效应。一个地区城市各要素向农村流动的过程中所蕴含的相关制度政策及市场经验等均可通过示范效应作用于周边区域的城乡融合发展, 城乡要素的自由充分流动可以促进城乡融合发展水平高的地区对外溢出, 引致知识技术及相关经验的扩散, 降低邻近区域知识、技术等的获取成本, 进而激励城乡融合发展水平低的地区学习创新。畅通要素流动渠道, 实现要素自由流动, 所产生的空间溢出效应会增强各区域城乡经济社会活动的相互依赖性和协同性, 有利于缩小区域城乡融合的发展差异, 推动全国的城乡融合发展水平的提高。

要素流动对城乡融合发展的空间作用机制如图 3-21 所示。

5. 要素流动对城乡融合发展的影响效应

本书已经对我国要素流动现状和城乡融合发展状况进行了测度, 并通过计算全局和局部莫兰指数说明了城乡融合发展水平具有空间相关性。因此, 有必要建立空间计量模型分析要素流动对城乡融合发展的影响效应。

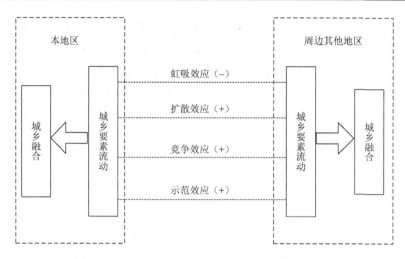

图 3-21　要素流动对城乡融合发展的空间作用机制

+表示该效应使得本地区城乡融合促进了周边其他地区的城乡融合；−表示该效应使得本地区城乡融合阻碍了周边其他地区的城乡融合

1）变量选取

（1）被解释变量。被解释变量为城乡融合发展水平，即本书测度的城乡融合发展指数。

（2）解释变量。解释变量为各要素当年的流动规模，需要强调的是现阶段要素流动的主要障碍是城市向乡村要素流动不畅，国家在政策上也鼓励各类要素向农村流动，主张城市资源向农村倾斜，激发农村发展的微观动力，逐步化解城乡之间的失衡。因此，本书重点关注城市向乡村的要素流动情况，主要测度分析城市要素向农村地区各年流动的规模。具体解释变量包括如下内容。

劳动力要素流动，采用各省份大学生到农村工作人数衡量，并取对数形式，记为 lnlab。现有研究大多采用农村非农业人口比例、农村人口增长量等指标对劳动力流动进行测度，农村劳动力人口的增加数据并不能准确地反映城市流向农村的劳动力情况，可能是农业合作社等农村新型集体经济的发展使得就业机会的增加，导致农村人口离土不离乡，本地就业人数增加，农村地区劳动力人口流出减少，所以农村就业人口增长率方面的数据不能真实地反映劳动力要素流入农村的规模。目前人才下乡包括大学生村官，干部、技术人员下乡等，这些劳动力要素的流动具有支援性，农村劳动力人口统计中没有包含这部分劳动力数据，因此采用农村劳动力人口的增加率无法准确反映本书所着重关注的具备竞争力的劳动力要素流动规模。城市流入农村的大学生劳动力具有较高的人力资本价值，有利于农村产业发展和治理水平的提高。

资本要素流动。资本要素向农村流动填补了农村发展资金不足的短板，其中国家财政支持是主要渠道，为城乡融合发展提供了稳定的资金支持。由于资本的逐利性，国家财政支持是城乡融合发展的重要资金来源，政府资本先行，所产生的示范和带动作用将更加有利于社会资本稳定高效地流向农村。故本书的资本要素流动采用各省份当年新增财政涉农支出金额来衡量，并取对数形式，记为 lncapi。

技术要素流动。技术的发展往往伴随着资本和人才的投入，现有研究大多采用的是区域科研经费投入、专利转让数量、技术合同成交量等指标衡量省际的技术要素流动规模[1][2]，但鉴于本书研究的是由城到乡的技术要素流动，上述指标没有细化到各省份农村维度的数据，无法应用到本书的测度研究。技术要素的产生和发展往往发生在经济发展相对发达的城市地区，农业农村的技术进步更多的是依靠城市技术要素的流入和转移，农业机械化程度的变动能够真实地反映城市向农村地区的技术要素流动情况，目前针对城乡技术要素流动的研究绝大多数采用的是主要农业机械年底拥有量[3]，因此本书的技术要素流动规模（tec）同样采用主要农业机械年底拥有量进行测度，取对数形式，记为 lntec，农村技术的发展进步离不开城市的支援，农业机械化程度的变化情况可以较好地反映城市向农村地区的技术要素流动情况。

信息要素流动，采用中国各省份农业农村信息化示范基地数量来衡量，取对数形式，记为 lninf。农业农村信息化示范基地数量反映了区域城市对农村信息化的投入水平，有利于提高农村信息化水平，推动农村产业融合和产业升级。

（3）控制变量。为了突出核心解释变量的作用，借鉴既有研究结果，增加如下控制变量。

地区开放度（lnopen）：地区开放有利于城乡吸引利用国外要素的流入，扩展城乡发展的空间，外商直接投资额越高，说明地区的开放程度越强，该地区与其他国家地区的交流程度也越强。采用各地区外商直接投资额的对数形式来表示。

地区经济发展水平（lngdp）：地区经济发展水平是该区域城乡融合发展的经济基础，良好的经济发展水平推动了城乡在社会保障、环境生态等方面的发展和融合，采用人均地区生产总值的对数形式表示。

地区产业结构水平（lnind）：产业是乡村振兴的内生动力，促进产业在城乡的合理布局以及产业结构升级是推动城乡融合发展的重要途径，采用各省份第三产业产值与第二产业产值比例表示。

---

① 吴佳，何树全. 中国生产要素流动对全要素生产率的空间影响[J]. 统计与决策，2020，36（23）：93-97.

② 王林辉，赵星. 要素空间流动、异质性产业集聚类型与区域经济增长：基于长三角和东北地区的分析[J]. 学习与探索，2020，（1）：116-122.

③ 赵康杰，景普秋. 要素流动对中国城乡经济一体化发展的非线性效应研究：基于省域面板数据的实证检验[J]. 经济问题探索，2019，（10）：1-12.

2）模型设定

典型的空间计量模型包括：空间滞后模型，研究各变量在一地区是否有扩散效应或溢出效应；空间误差模型，关注不包含在解释变量中的遗漏变量或随机扰动项对被解释变量的空间影响；空间杜宾模型，其总效应可以分解为直接效应和间接效应，直接效应反映各个解释变量变化对本地区被解释变量的影响，间接效应反映本地区的解释变量会对相邻地区的被解释变量产生影响，空间杜宾模型同时考虑了空间误差项之间的自相关关系和其他空间被解释变量的影响，是前两种模型的一般形式。

本书选取中国 30 个省份（数据未包含西藏）作为计量对象，数据区间确定为2013～2020 年，选取要素流动规模作为被解释变量，城乡融合发展水平作为解释变量，构建具体计量模型的表达式如下。

空间滞后模型：

$$y_{it} = c + \rho \sum_{j \neq i}^{n} W_{ij} y_{it} + \beta_1 \ln \text{lab}_{it} + \beta_2 \ln \text{capi}_{it} + \beta_3 \ln \text{tec}_{it} + \beta_4 \ln \text{inf}_{it}$$
$$+ \beta_5 \ln \text{open}_{it} + \beta_6 \ln \text{gdp}_{it} + \beta_7 \ln \text{ind}_{it} + \varepsilon_{it} \tag{3-12}$$

空间误差模型：

$$y_{it} = c + \beta_1 \ln \text{lab}_{it} + \beta_2 \ln \text{capi}_{it} + \beta_3 \ln \text{tec}_{it} + \beta_4 \ln \text{inf}_{it}$$
$$+ \beta_5 \ln \text{open}_{it} + \beta_6 \ln \text{gdp}_{it} + \beta_7 \ln \text{ind}_{it} + \delta \sum_{j \neq i}^{n} W_{ij} u_{it} + \varepsilon_{it} \tag{3-13}$$

空间杜宾模型：

$$y_{it} = \rho \sum_{j \neq i}^{n} W_{ij} y_{it} + \beta_1 \ln \text{lab}_{it} + \beta_2 \ln \text{capi}_{it} + \beta_3 \ln \text{tec}_{it} + \beta_4 \ln \text{inf}_{it} + \beta_5 \ln \text{open}_{it}$$
$$+ \beta_6 \ln \text{gdp}_{it} + \beta_7 \ln \text{ind}_{it} + \gamma_1 \sum_{j \neq i}^{n} W_{ij} \ln \text{lab}_{it} + \gamma_2 \sum_{j \neq i}^{n} W_{ij} \ln \text{capi}_{it}$$
$$+ \gamma_3 \sum_{j \neq i}^{n} W_{ij} \ln \text{tec}_{it} + \gamma_4 \sum_{j \neq i}^{n} W_{ij} \ln \text{inf}_{it} + \gamma_5 \sum_{j \neq i}^{n} W_{ij} \ln \text{open}_{it}$$
$$+ \gamma_6 \sum_{j \neq i}^{n} W_{ij} \ln \text{gdp}_{it} + \gamma_7 \sum_{j \neq i}^{n} W_{ij} \ln \text{ind}_{it} + \mu_i + u_{it}$$
$$\tag{3-14}$$

其中，y_{it} 为城乡融合度；i 和 j 分别为不同的空间单元，即 i 省份和 j 省份；t 为年份；W_{ij} 为空间权重矩阵；β_t 为解释变量的回归系数；ρ、δ、γ_t 为相应变量空间滞后项的回归系数，即相邻省份的变量变化对本地区城乡融合的影响；μ_i 为时间固定效应；u_{it} 和 ε_{it} 为随机误差项；c 为常数项。

3）空间计量模型检验及估计

为选择适合本书的空间计量模型，首先进行拉格朗日乘数检验，拉格朗日乘数检验—空间滞后模型、拉格朗日乘数检验—空间误差模型、拉格朗日乘数检验—空间误差模型的稳健性、拉格朗日乘数检验—空间滞后模型的稳健性均在 1%的水平下拒绝了原假设，故可以选择空间滞后模型和空间误差模型；其次，似然比检验和沃尔德检验也均通过了 1%的显著性检验,故空间杜宾模型不能退化为空间滞后模型和空间误差模型,其中似然比检验中时间固定效应对模型的拟合优度远大于空间固定效应和时间空间双固定效应模型的拟合优度,同时 Hausman 检验系数为 41.21,且在 1%的水平下拒绝了随机效应的原假设,所以固定效应模型为本书的最优模型。因此,采用时间固定效应的空间杜宾模型进行实证分析,各项检验结果如表 3-18 所示。

表 3-18　空间面板模型检验结果

检验方法	全国		东部		中部		西部	
	统计量	p 值	统计量	p 值	统计量	p 值	统计量	p 值
拉格朗日乘数检验—空间误差模型	116.341	0.000	48.665	0.000	24.280	0.000	2.449	0.018
拉格朗日乘数检验—空间误差模型的稳健性	39.031	0.000	28.865	0.000	1.523	0.217	1.074	0.300
拉格朗日乘数检验—空间滞后模型	95.868	0.000	20.089	0.000	23.291	0.000	1.661	0.098
拉格朗日乘数检验—空间滞后模型的稳健性	18.557	0.000	0.289	0.591	0.534	0.465	0.286	0.593
似然比检验—空间杜宾模型和空间滞后模型	97.18	0.010	130.70	0.000	67.32	0.000	83.77	0.000
似然比检验—空间杜宾模型和空间误差模型	86.82	0.000	118.19	0.000	77.88	0.000	86.55	0.000
沃尔德检验—空间杜宾模型和空间滞后模型	64.11	0.000	28.14	0.000	40.78	0.000	16.97	0.017
沃尔德检验—空间杜宾模型和空间误差模型	57.93	0.000	26.18	0.000	40.03	0.000	12.84	0.076

我国城乡融合发展现状存在明显的区域差异,东部地区城镇化发展进程快、县域经济发达,对要素资源有更强的吸引力。为了观察各地区要素流动对城乡融合发展影响的空间效应差异,基于时间固定效应的空间杜宾模型对东部、中部、西部三大区域进行回归分析。表 3-19 为各要素流动对于城乡融合发展的影响及空间异质性实证结果。

表 3-19　空间杜宾模型估计结果

系数	全国	东部	中部	西部
lnlab	0.010*** (2.58)	−0.006 (−0.83)	−0.003 (−1.00)	−0.009*** (−5.25)
lncapi	0.072*** (6.17)	0.149*** (7.65)	−0.027*** (−3.08)	−0.033*** (−5.59)

系数	全国	东部	中部	西部
lntec	−0.081*** (−13.42)	−0.101*** (−10.85)	0.014*** (4.06)	0.008** (2.13)
lninf	−0.002 (−0.98)	0.006 (1.25)	0.002*** (2.74)	0.002** (2.49)
lnopen	0.014*** (4.67)	−0.007 (−0.60)	0.011*** (3.49)	0.005*** (4.56)
lngdp	0.047*** (3.48)	0.061*** (2.65)	−0.029*** (−3.88)	0.061*** (10.36)
lnind	0.052*** (4.54)	0.094*** (5.63)	−0.022*** (−3.18)	0.055*** (6.58)
$W×$lnlab	−0.054*** (−5.17)	−0.093*** (−7.33)	−0.017*** (−2.85)	−0.031*** (−6.31)
$W×$lncapi	−0.021 (−0.92)	0.008 (0.22)	0.045*** (3.37)	0.023 (1.57)
$W×$lntec	0.091*** (7.06)	0.183*** (11.43)	−0.002 (−0.17)	−0.015 (−1.42)
$W×$lninf	−0.006 (−1.26)	0.022** (2.25)	0.004*** (2.72)	0.002 (1.04)
空间自相关系数	0.356*** (4.37)	0.097 (1.12)	0.049 (0.41)	−0.356*** (−1.99)
残差项的方差	0.002*** (10.68)	0.001*** (6.65)	0.000*** (5.65)	0.000*** (7.10)
R^2	0.667	0.578	0.056	0.527

注：括号里为对应的 p 值

***、**分别表示在 0.01、0.05 水平下显著

实证结果表明,全国层面的劳动力和资本要素流动项系数在 1% 水平下显著为正,说明城市劳动力和资本要素流向农村能够显著促进我国各区域城乡融合发展水平的提高。

资本要素流动对东部地区的城乡融合发展产生了显著的促进作用,但对中部及西部地区城乡融合发展影响显著为负,说明东部地区逐渐完善的产业结构和制度政策有利于资本要素在城乡之间发挥作用。

信息要素流动在东部、中部和西部地区作用的估计系数分别为 0.006、0.002、0.002,相比传统的生产要素,信息要素作为新型生产要素在城乡间流动对城乡融合发展产生的促进作用较小,在信息发展较薄弱的中西部地区发挥的作用更加有限。

技术要素流动对东部城乡融合发展产生了显著的负向抑制作用,东部地区技术要素流动项系数为−0.101,技术要素流动阻碍了东部地区城乡融合发展,但对中部和西部地区产生了显著的正向作用,系数分别为 0.014 和 0.008,这主要是因为本书

对技术流动测度采用的是农业机械化水平的变动，目前我国东部农村农业的发展已经实现了相对高水平的技术机械化，低水平的技术流动已经不足以刺激农村发展，甚至会对城乡融合发展水平较高的地区产生阻碍作用，但对技术水平相对落后的中部和西部地区，低水平的技术流动仍能促进中西部地区的城乡融合发展水平。

关于控制变量，地区开放度、地区经济发展水平和地区产业结构水平对地区城乡融合发展的影响作用均在 1%水平下显著为正，系数分别为 0.014、0.047和 0.052，说明地区开放度、地区经济发展水平和地区产业结构水平的提高均有利于城乡融合发展水平的提升。

4）空间效应分解

空间杜宾数据模型的估计系数并不能直接反映自变量要素流动对因变量城乡融合发展的作用效果，有必要将空间杜宾模型进行偏微分分解，得到自变量影响本地区因变量的直接效应、自变量影响相关地区因变量的空间溢出效应和自变量影响因变量的总效应。为进一步研究各要素流动对城乡融合发展的直接和间接影响，需要对空间效应进行分解。分别对全国层面和东部、中部、西部三个区域的要素流动对城乡融合发展的空间效应进行了分解，全国层面空间杜宾模型回归的效应分解如表 3-20 所示。

表 3-20 全国层面空间杜宾模型回归的效应分解

变量	直接效应	间接效应	总效应
lnlab	0.006 （1.13）	−0.075*** （−4.20）	−0.069*** （−3.32）
lncapi	0.072*** （6.16）	0.011 （0.31）	0.083*** （2.10）
lntec	−0.074*** （−12.79）	0.091*** （4.71）	0.017 （0.84）
lninf	−0.003 （−1.30）	−0.010 （−1.44）	−0.012 （−1.61）
lnopen	0.012*** （4.32）	−0.025*** （−3.30）	−0.013 （−1.55）
lngdp	0.063*** （4.91）	0.224*** （5.55）	0.287*** （6.54）
lnind	0.063*** （5.01）	0.157*** （3.72）	0.220*** （4.58）

注：括号里为对应的 p 值

***表示在 0.01 水平下显著

（1）全国层面的空间效应分解。在全国层面，资本要素流动对城乡融合发展影响的直接效应在 1%的水平下显著为正，系数估计值为 0.072，表明资本要素流动对本地区城乡融合发展有积极促进作用；技术要素流动的间接效应系数 0.091 显著大于直接效应系数–0.074，说明地区间的技术要素流动突破了地域限制，通过空间溢出效应促进周边地区城乡融合发展，但低水平的技术要素流动不利于本地区生产力的提高，进而抑制了城乡融合发展水平的提高；劳动力要素流动的间接效应在 1%水平下显著为负，系数为–0.075，说明当周边地区劳动力要素流动程度高于本地区时，会阻碍本地区优秀的劳动力资源稳定留存，不利于本地区的城乡融合发展。信息要素流动对城乡融合发展产生的直接效应、间接效应和总效应均为负向，但没有通过显著性检验。

　　关于控制变量，地区开放度对城乡融合发展的直接效应显著为正，间接效应显著为负，说明本地开放程度的提高有利于促进本地区城乡融合发展，但对邻近地区城乡发展存在资源挤占进而产生负向溢出效应。地区经济发展水平、地区产业结构水平对城乡融合发展产生的直接效应和间接效应均为正值，且都在 1%水平下通过了显著性检验，说明地区经济发展水平和产业结构水平对本地区城乡融合发展发挥着积极促进作用，同时对周边地区的城乡融合发展产生了显著的正向溢出作用。

　　（2）不同区域的空间效应分解。分区域空间杜宾模型回归的效应分解如表 3-21 所示。第一，东部地区城乡间劳动力和资本要素流动对城乡融合产生的直接效应均显著为正，系数分别为 0.010 和 0.150，在城乡融合度较高的东部地区，劳动力资源下乡的留存稳定性较强，资本要素也能有效地运用于配套的生产建设中，劳动力和资本要素进一步向农村流动，使农村地区能更好地利用其他要素提升发展水平。劳动力要素也产生了明显的负向空间溢出效应，说明城乡融合发展水平普遍较高的东部地区会对周边地区劳动力资源产生显著的虹吸效应，进而阻碍周边地区农村发展。东部地区技术要素流动对城乡融合发展产生的直接效应显著为负，说明低水平的技术要素流动已经不能满足东部地区城乡融合发展的需要，但技术和信息要素的流动所产生的间接效应显著为正，且系数较大分别为 0.184 和 0.023，说明东部地区技术和信息生产要素的流动所产生的辐射效应大于虹吸效应，更有助于邻近地区的城乡融合发展。

表 3-21　分区域空间杜宾模型回归的效应分解

变量	东部地区			中部地区			西部地区		
	直接效应	间接效应	总效应	直接效应	间接效应	总效应	直接效应	间接效应	总效应
lnlab	0.010** (2.38)	−0.100*** (−7.13)	−0.090*** (−5.67)	−0.004 (−1.07)	−0.017*** (−2.84)	−0.021** (−2.30)	−0.007*** (−3.34)	−0.024*** (−4.65)	−0.031*** (−5.20)
lncapi	0.150*** (7.63)	0.026 (0.64)	0.176*** (3.32)	−0.026*** (−3.14)	0.046*** (3.53)	0.020 (1.37)	−0.036*** (−6.90)	0.030*** (2.60)	−0.007 (−0.57)

变量	东部地区			中部地区			西部地区		
	直接效应	间接效应	总效应	直接效应	间接效应	总效应	直接效应	间接效应	总效应
lntec	−0.094***	0.184***	0.091***	0.014***	−0.001	0.013	0.009***	−0.016*	−0.006
	(−10.89)	(10.09)	(4.13)	(4.04)	(−0.07)	(1.12)	(2.72)	(−1.74)	(−0.67)
lninf	0.007	0.023**	0.030**	0.002***	0.004**	0.006***	0.002***	0.001	0.003
	(1.41)	(2.29)	(2.54)	(2.65)	(2.42)	(2.68)	(2.61)	(0.64)	(1.62)

注：括号里为对应的 p 值

***、**、*分别表示在 0.01、0.05、0.1 水平下显著

第二，中部和西部地区的空间效应分解结果较为相似，故将其放在一起进行分析讨论。中部和西部地区的城乡劳动力要素流动对城乡融合发展产生的直接效应、间接效应均为负，城市劳动力资源下乡对中、西部地区的城乡融合发展水平没有起到明显的促进作用。可能的原因是，本书选取的劳动力流动指标为每年各省份大学生到农村工作人数，短期内这部分劳动力资源在发展相对落后的中、西部地区填补了人才不足的缺陷，但由于到村工作时限较短，其发挥的作用有限，劳动力资源的频繁流动没有发挥明显的促进作用。

资本要素流动在中、西部地区产生的间接效应均显著为正，且系数较大，分别为 0.046 和 0.030，说明资本要素的流动对中、西部地区城乡融合发展起着十分重要的拉升作用，邻近地区资本要素的流动产生示范作用有利于中、西部地区农村学习借鉴，充分利用流入资本推动农村产业化经营，促进农业发展，提高农民收入，缩小城乡发展差距。技术要素流动产生的直接效应显著为正，在技术发展落后的中、西部地区，低水平的技术要素流动仍能积极有效地推动目前中、西部地区的城乡融合发展，其中技术要素流动在中部地区产生的总效应系数为 0.013，对中部地区城乡融合发展的促进作用仅次于资本要素流动所产生的作用；信息要素的流动产生的正向空间效应较小，说明中、西部地区城乡间信息要素流动对城乡融合发挥的作用仍比较有限，对信息的学习利用水平仍有待进一步提高。

要素流动的作用在各区域间存在差异的原因可以归结如下。

东部地区各省份经济发展水平较高，农村地区的发展条件优越，往往会导致对邻边地区的虹吸效应，能更充分吸引和利用资源要素，从而促进本地区城乡融合发展，发展到一定阶段后会通过扩散效应带动周边省份的城乡融合发展。

自西部大开发实施以来，西部地区凭借政策优势吸引了大量要素资源，并积极利用周边地区要素通过示范效应、规模经济效应产生的正向空间溢出效应，使城乡融合发展水平进一步提高，而在技术信息发展本就薄弱的西部地区，技术和信息要素流动对城乡融合发展并没有发挥显著的正向作用，技术和信息要素在西部地区城乡间缺乏更加有效的转化。

　　中部地区由于以往处于"中部塌陷"，中部各省份人才、资本要素大量流向东部地区，中部地区农村自身也无法创造良好的条件吸引资源要素，城乡融合发展水平的提高仍处于依靠邻边地区资本流动产生的示范效应和自身低水平技术要素流动的阶段，资源要素的进一步流动集聚会产生阻碍城乡融合发展的作用。

　　5）稳健性检验

　　为检验实证分析结果的可信度，结合城乡融合发展所呈现的空间相关性，采用更换空间权重矩阵的方法重新进行回归，以此检验实证结果的稳健性。基于地理属性的空间权重矩阵是考察空间效应的基础，但是地理因素并不是产生空间效应的唯一因素[①]。区域经济学相关理论研究表明，区域间的相互作用还会受到区域间的经济水平差异、公共交通设施的建设甚至互联网的发展等因素的影响。为了更加准确地分析空间效应，有必要将区域的经济属性加入空间权重矩阵进行检验。

　　因此，将空间权重矩阵由邻接权重矩阵改为同时蕴含距离因素与经济因素的经济地理权重矩阵对模型回归结果进行稳健性检验，经济地理权重矩阵的公式为

$$W'_{ij} = \frac{1}{\left|\Delta\text{GDP}_{ij}\right| d_{ij}^2} \quad (i \neq j) \tag{3-15}$$

其中，ΔGDP_{ij} 为 i 省和 j 省 2013 年至 2020 年人均地区生产总值平均值的差；d_{ij}^2 为 i 和 j 两省省会间直线距离的平方。模型稳健性检验结果如表 3-22 所示。

表 3-22　模型稳健性检验结果

变量	全国	东部	中部	西部
lnlab	0.009**	0.015	−0.001	−0.006**
	(2.18)	(1.49)	(−0.42)	(−2.28)
lncapi	0.038***	0.125***	−0.029***	−0.046***
	(3.31)	(3.66)	(−2.95)	(−5.61)
lntec	−0.059***	−0.064***	0.004**	0.013**
	(−9.49)	(−4.27)	(3.04)	(2.16)
lninf	−0.006***	−0.013	−0.000	0.002
	(−2.62)	(−1.48)	(−0.46)	(1.49)
lnopen	0.021***	0.005	−0.005	0.008***
	(6.97)	(0.27)	(−1.34)	(6.36)

---

① 廖祖君，王理，杨伟. 经济集聚与区域城乡融合发展：基于空间计量模型的实证分析[J]. 软科学，2019，33（8）：54-60，72.

变量	全国	东部	中部	西部
lngdp	0.077***	0.165***	−0.016	0.059***
	(4.34)	(3.23)	(−1.49)	(4.96)
lnind	0.080***	0.135***	−0.046***	0.091***
	(6.84)	(4.30)	(−6.52)	(6.39)
$W \times$ lnlab	−0.006	0.025	−0.002	0.013
	(−0.54)	(1.31)	(−0.18)	(1.60)
$W \times$ lncapi	0.068*	0.007	0.117***	0.014
	(1.90)	(0.09)	(6.01)	(0.52)
$W \times$ lntec	−0.015	0.143**	−0.077***	−0.006
	(−0.66)	(2.29)	(−4.06)	(−0.24)
$W \times$ lninf	−0.008*	−0.009	0.002	0.000
	(−1.65)	(−0.67)	(0.82)	(0.07)
空间自相关系数	0.263**	0.001	−0.490**	−0.181
	(2.30)	(0.00)	(−2.51)	(−0.88)
残差项的方差	0.002***	0.002***	0.000***	0.000***
	(11.07)	(6.63)	(5.46)	(6.44)
R^2	0.593	0.658	0.337	0.624

注：括号里为对应的 p 值

***、**、*分别表示在 0.01、0.05、0.1 水平下显著

从全国来看，基于经济地理权重矩阵的稳健性检验中各要素对城乡融合发展影响效应的大小、符号和显著性与基于邻接权重矩阵的实证结果基本一致，表明估计结果是稳健可靠的。分区域来看，东部、中部和西部地区模型基于经济地理权重矩阵的稳健性检验结果表明，稳健性检验中各要素变量的估计系数与基于邻接权重矩阵的估计系数大小和符号大体一致，仅有个别变量检验结果的显著性稍有不同，影响程度的差异取决于空间权重矩阵的变化，不影响模型的稳健性，说明实证分析结果较为稳健，要素流动产生空间效应的区域异质性稳健存在。

3.4.4　城市面临资源环境双重约束，绿色发展水平不高

我国传统城镇化模式具有明显的高耗能、高污染、高排放的特点，传统的城镇经济发展过度依赖于投资，产业发展高度依赖于资源投入。2021 年，中国全年

煤炭消费总量占世界煤炭消费总量的 56%，我国水资源严重缺乏，根据 2021 年度《中国水资源公报》，2021 年全国人均综合用水量为 419 立方米，人均水资源占有量仅为世界平均水平的四分之一。从能耗约束来看，中国的能源使用效率虽然已大幅提高，但与发达国家还存在一定的差距。《bp 世界能源统计年鉴》（2021 年版）数据显示，2020 年，全球一次能源消费量为 595.15 艾焦，我国全年一次能源消费量为 157.65 艾焦，比上年增长 7.1%，占世界的比例为 26.5%，为全球一次能源消费量最大国。而 2020 年中国 GDP 占世界经济的比例为 17%，因此 GDP 占全球比例低于能源消费占全球比例 9.5 个百分点。

我国城镇化长期以来严重依赖工业化，粗放型的工业发展模式带来了环境污染。城镇化和工业化进程中过度开发生产空间、急剧挤压生活空间、严重忽视生态空间，加剧了城市经济社会生态环境风险[①]。如表 3-23 所示，2007 年至 2020 年，废气排放总体呈下降趋势，废水和一般工业固体废物排放量总体呈上升的趋势。

表 3-23　　2000～2021 年废气、废水以及一般工业固体废物排放量　　　单位：亿吨

年份	废水排放量	废气排放量	一般工业固体废物排放量
2000	415.16	0.1995	8.16
2001	432.86	0.1948	8.88
2002	439.48	0.1927	9.45
2003	459.26	0.2159	10.04
2004	482.41	0.2255	12.00
2005	524.51	0.2550	13.44
2006	514.48	0.2589	15.15
2007	556.85	0.2468	17.56
2008	571.68	0.2321	19.01
2009	589.09	0.2214	20.39
2010	617.26	0.2185	24.09
2011	659.19	0.2218	32.28
2012	684.76	0.2118	32.90
2013	695.44	0.2044	32.77
2014	716.18	0.1974	32.56
2015	735.32	0.1859	32.71
2016	711.10	0.1103	30.92
2017	699.66	0.0875	33.16
2018	—	0.1288	35.21

① 翟坤周，侯守杰. "十四五"时期我国城乡融合高质量发展的绿色框架、意蕴及推进方案[J]. 改革，2020，（11）：53-68.

续表

年份	废水排放量	废气排放量	一般工业固体废物排放量
2019	—	0.1234	44.08
2020	—	0.1020	36.75
2021	—	0.0988	39.70

资料来源：2008～2022 年《中国统计年鉴》，废水排放量 2018～2021 年统计口径发生变化，数据缺失

快速城镇化带来了能源成本和环境成本的上升，对城市的资源环境承载力也将带来挑战，目前城镇化发展面临较严重的资源环境双重约束，一些城市已经出现了大城市病，倒逼城市产业优化升级和绿色发展。

3.4.5　大城市病与中小城市功能性不足并存

根据中心-外围理论，大城市一般在本区域内具有初始的经济、区位优势，会率先吸引产业的集聚，这种空间集聚效应和规模经济效应在自我增强机制的作用下，促使各种生产要素持续流入大城市，产生要素的虹吸效应，使得优质资源过度集中在大城市。这种自我增强的循环累积导致现有大城市的人口和产业规模持续扩大，而小城市则处于相对落后和塌陷的状态，形成了断裂式的城镇化发展状态。

中国城镇化进程中出现了大城市病与中小城市活力不足并存的问题。一方面，随着 20 世纪 90 年代末期以来农民进城户口管制的放松，大量农民脱离农业与农村，以农民工的身份外出务工，流向就业机会多、薪资待遇高、公共服务好的大城市。然而，城市公共服务水平、资源环境承载能力、城市治理水平无法与快速的城镇化发展相匹配，导致人口拥挤、住房紧张、交通拥堵、通勤成本高、环境污染等大城市病问题，无法实现经济、社会、生活、生态协调发展，城市宜居水平显著降低。另一方面，一些中小城市却出现了人口净流出现象，由于未能够及时调整相应的经济发展模式，传统产业衰退而无新产业接续，中小城市的服务性和功能性严重不足，产业萧条和空心化、人口迁出等"落后病"凸显，一些地方甚至出现了"空城"和"鬼城"。人口向公共服务和行政权力高的城市的过度集聚，对中小城市产生了虹吸效应，进一步削弱了中小城市对劳动力等要素的吸引力以及承接大城市产业转移的能力，不仅不能有效缓解大城市病问题，而且使得中小城市活力逐渐减弱。因此，大城市发展需要由规模扩张向质量提升转变，小城市需要促进产城融合发展，促进产业升级和提升城市服务，增强小城市的活力。

3.4.6　城市治理水平较低

我国长期的城镇化过程重视规模扩张而缺乏前瞻性、长远性、可操作性的建

设规划，导致城市建设缺乏特色，吸引力不足，城市整体治理水平较低，缺乏长效治理机制。主要表现有以下几点。

第一，城镇化建设千篇一律、千城一面，缺乏特色。在快速城镇化的过程中，城市的产业结构、功能空间布局、城市建筑风格以及城市文化氛围等表现出较为严重的同质化特征，发展特色不足制约着城市的竞争力以及城镇化向高质量发展的进程。城市建筑缺乏地域特色，城市定位不准确，功能不合理，缺乏科学合理的城市规划。缺乏地方文化的传承创新和城市特色塑造，在容积率利益的驱动下，一些地区在城镇改造中拆除了很多具有历史底蕴和文化内涵的古老建筑，城市建设出现千城一面的趋势，导致传统城市与周边环境的和谐相处格局被破坏，对历史建筑的充分利用与合理保护不够。

第二，城市社会治理水平低。一是社会治理精准化水平有待提高。新冠疫情的暴发，充分暴露了一些城市治理的短板与不足，精准治理水平有待提高。二是社会治理主要靠政府单方面推动。目前的城市社会治理主要还是依靠政府自上而下的管理方式，没有形成社会多主体参与的自下而上的社会治理的模式，城市居民缺乏社会治理的自主、责任感和参与权，导致社会主体大多是被动和辅助地参与，呈现出明显的"政强社弱""政热社冷"的失衡问题。三是社会治理水平空间结构上发展不均衡，尤其是城市与乡村间的社会治理不均衡，乡村治理水平落后，城乡公共服务供给水平差距依然存在。此外，城乡公共服务供给水平差距也表现在不同的行政区域和领域间，东部地区社会治理水平明显高于中、西部地区，民生类公共事务治理水平高于其他领域。四是以人为本理念还需加强。对外来务工人员、低收入群体的人文关怀不够，没有体现城市治理的温度，不利于以人为核心的新型城镇化的实现。

第三，城市智慧化管理水平较低。随着城市规模的不断扩大，治理难度也会加大，但是利用大数据、云计算、物联网等新一代信息技术可以有效地降低城市治理成本，提高城市治理水平和治理效率。智慧城市建设需要整合各个部门的各种信息，特别是数据资源。但是各个城市管理部门的数据资源并不能很好地统一到真正的智慧管理平台上去，有的部门出于部门利益考虑，缺乏和别的部门分享数据的意愿。所以智慧城市的建设还需要扫清体制障碍，实现数据和信息的互联互通与高度共享。

第四，城市应急管理水平较低。全球气候变化、地质活动高发以及一些重大传染性疾病对城市的威胁日益加大，城市的不确定性风险也在日益加大。近年来部分城市在夏季因特大暴雨等灾害事件造成了严重的生命财产损失，暴露出一些城市在生命线设施、避难场所等方面的突出短板[①]。城市的风险应对能力和处理能

① 王凯. 推进新型城市建设 让城市更加宜居宜业[J]. 中国经贸导刊, 2022, (8): 16-18.

力是城镇化质量提升的重要内容，但我国目前在城市应急管理方面还存在一些问题，包括城市应急管理缺乏健全的法律法规；公共安全治理还存在着重事后处理、轻事前预防的理念[①]；应急管理部门缺乏联动性和跨部门协同治理机制，出现治理无序化和分散化问题；基层社区面临资源少、权力小、责任重、能力小等问题；应急宣传的广度和深度不够；应急资源储备和供给调度不完善，遇到地震、洪涝、公共卫生安全等突发情况时，应急能力弱，应急处置被动，影响了城市的公共安全。

3.5　不同类型空间区域城镇化的发展困境

城镇化发展要坚持"以人为本"和"因地制宜"的原则，需要基于不同空间层级、不同区位特征以及不同结构属性的视角，分析中心城区、新城区和小城镇发展中存在的核心问题。

3.5.1　中心城区城镇化存在的问题

目前不少城市重视新城区的扩张而忽视中心城区的发展，可能的原因包括：一是政府的财力有限；二是有些地方政府往往急功近利地通过新城区的快速建设来取得政绩。在拓展新城的同时也要重视中心城区的产业升级与城市更新，否则容易导致区域发展失去平衡，造成"外强中空"，进而导致城市空间发展质量下降。目前，中心城区的主要问题是因产业转移出现产业空心化而活力不足、城市综合承载能力下降、城市早期建设的基础设施出现老化、城市智慧管理水平较低等，一些中心城区的风貌、建筑、基础设施已难以满足改善市民生活水平的需求，急需改变过去的重规模和速度的增量建设理念，根据存量提质改造和增量结构调整并重的原则，推动中心城区的城市更新。中心城区在发展中存在的问题表现在以下几个方面。

1. 产业升级速度缓慢

很多中心城区近年来开始实施"退二进三"的产业政策，在实现从工业经济向服务经济转型的过程中，一些城市核心区出现老产业退出而新产业未能迅速接续的问题，一些依靠单一产业发展的城市因产业衰退出现城市衰退。从产业发展规律来看，城市核心区应该是服务业占主导地位，但目前很多城市中心城区的服务产业主要集中在传统的生活性服务业，而生产性服务业和新兴服务业发展相对

---

① 郝庆，单菁菁，苗婷婷. 现代城市治理的主要问题与政策建议[J]. 科学，2022，74（6）：39-43，69.

缓慢，城市传统商业及住宅地产存量过剩，而文化创意产业、科技服务业、信息服务业及其他现代服务业的发展滞后。因而，中心城区现有产业无法支撑中心城区的可持续发展，导致中心城区发展后劲不足。目前中心城区的城市功能等级与其产业层次存在结构上的不匹配，没有实现产城融合发展，从而对城区外围地区的影响力也在逐渐减弱，不利于吸引资本与人力等要素的集聚，在累积循环因果机制的作用下，降低了中心城区的竞争力。

2. 城市综合承载力下降，城市更新滞后

首先，中心城区建设较早，是一个城市的政治、经济和文化中心，公共资源主要集中在中心城区，大量人口的涌入导致中心城区不堪重负。很多城市的中心城区出现了交通拥堵、环境污染、房价高涨、公共资源紧张、就业困难等城市病问题，人口、经济与资源环境不协调，城市的综合承载力降低。其次，目前在很多城市的中心城区或者老城区，还存在相当一部分老旧小区或者城中村。这些区域基础设施老旧，配套设施缺位，没有电梯和停车场。尤其是城中村的建设由于缺乏科学规划，道路拥挤破旧，居民随意加盖楼层，没有绿化，没有公共休闲场地，基础设施落后缺位，没有供暖、供气，市政建设设施不规范，降低了宜居水平。最后，长期以来形成的城市建设理念是"重地上建设，轻地下建设"，排水系统与管网设施相对落后，遇到极端暴雨天气，很多城市会出现"看海"景象。近年来，区域减灾防灾的难度明显加大，城市韧性建设不足。因此，应借鉴发达国家城市如伦敦、巴黎、东京等的经验，重新规划并建设完善的城市下水道排水系统，以提高抗内涝灾害能力，提高城市的空间承载力和韧性水平。

3. 城市治理水平滞后

城市治理总体表现为人性化和智慧化水平较低。首先，城市治理理念落后。城市管理还处在"管制型"阶段，"服务化"意识不足。城市治理的核心应该是为人服务，但目前城市治理缺乏温度，即缺乏以人为本的理念。其次，城市治理手段落后。中心城区的智能化与信息化水平发展滞后，数据的整合与共享不足，缺乏城市系统内的跨部门、跨区域协同共享的信息化管理系统，不能实现精准化、协同化、高效化的城市管理，智慧化城市发展缓慢，导致城市治理水平低效落后。最后，社区物业管理服务滞后。老旧小区物业服务意识差，有些物业只是摆设，居民家里或者小区设施出现问题，找物业无法得到解决，根本没有发挥为社区居民服务的作用。城中村作为城市特殊的社区，治理水平尤其落后，城中村外来人口多，居住群体比较复杂，缺少城中村内部的组织机构来进行有效管理。

3.5.2 新城区城镇化存在的问题

新城或新区是我国工业化、信息化、城镇化、农业现代化的重要平台和载体。新城或者新区有利于增加城市发展空间，增加城市土地供给，降低城市人口密度，承接中心城区产业转移，缓解城市的交通拥堵以及环境污染等，新城区是城市发展空间的重要组成部分。但是新城区在发展过程中，出现了片面追求城镇化速度的现象，"造城运动"甚为流行，导致城镇化质量低，没有实现产城融合发展，新城区发展中最典型的问题是产城分离。

1. 产城不匹配

注重产业发展与城镇功能的统一是城镇化推进过程中必须要坚守的原则，不能割裂两者的有机联系。片面注重城市功能会使新型城镇化失去动力，只追求产业发展会导致新型城镇化失去根基，因此，应确保两者的协调融合发展。在新城区城镇化过程中，各地未能处理好两者的关系，导致产城分离，出现"有城无产"和"有产无城"的现象。

"有城无产"主要表现为一些城市新区虽然先行修建基础设施和房地产，但没有主导产业支撑，配套产业更是发展滞后，没有形成产业集聚。例如，内蒙古鄂尔多斯在煤炭产业发展竞争力下降后，缺乏新产业接续支撑，只是一味地发展房地产业，发展房地产业也没有考虑到人口流动规律，导致康巴什新区一度沦为"鬼城"。又比如，全国很多高校都建立了新校区，也催生了大学城的出现，但大学城一般距离主城区较远，配套产业相对发展落后。大学城内的商业、医疗、金融、休闲等产业发展严重不足，学生的生活需求主要靠大学内部供给。校外有限的商业、服务业，甚至人流与车流，都随着校园开学的周期而兴衰循环并周而复始。由于没有产业骨架的支撑，其所在区域产值也处在极低的水平上，是典型的"有城无产"。

"有产无城"指一些开发区或产业园对以往"先产后城"的城镇化发展模式形成路径依赖，过分强调产业发展，但没有配套的城市功能。这类新城区普遍存在的问题是：没有考虑人的实际生活需求，生产空间与生活空间距离较远导致通勤成本高，对于农业转移人口来讲，基本公共服务供给不足，市民化水平低，因此他们无法真正融入当地的生活，缺乏城市归属感，只是职业转变，但没有实现生活的城镇化。同时，由于城镇化速度滞后于产业发展，加上基础设施配套不完善，难以实现产城融合发展目标，影响了城镇化质量提升。

2. 缺乏科学的发展规划

新城区的建设应该是规划先行和引领，但是一些新城区建设前缺乏整体性统筹规划，导致在开发过程中出现产城分离，影响了新城区的宜居性。由于缺乏长远性、战略性的顶层设计，不能从人本视角科学规划城市和产业的融合发展。尤其是早期设立的开发区或者新城区，当时的发展理念和经济发展相对落后和有限，没有充分考虑产城融合发展，很多开发区没有科学的发展规划引领，而是采取边建设边调整边规划的思路，导致生产和生活空间、城市空间与产业格局的不匹配，如出现职住分离问题，导致通勤成本上升，浪费了大量资源，更不利于高端人才的引进。

3. 治理体制上的不衔接，加剧了产城分离

目前新城区包括了很多开发区，治理体制以准政府的管委会体制和以企业为主体的开发区体制为主。开发区管理体制机制与属地镇街的关系尚未理顺，职责权限边界需要进一步清晰，治理体制机制还需要完善。在规划管理方面，开发区的规划是由开发区管委会会同上级规划部门共同编制的，与所在的城镇的规划经常是相分离的，这会造成产业园区与属地镇两套规划体系并行实施的局面①。在社会治理中，开发区管委会与属地镇街相关职能交集少，数据难以共享，很难实现有效衔接，一些重要的民生保障服务会出现互相推诿的现象。缺乏共享共建的治理体制机制，制约了新城区的产城融合发展，也不利于新城区的营商环境的改善和竞争力的提升。

3.5.3 小城镇城镇化存在的问题

费孝通先生在 1983 年召开的"江苏省小城镇研究研讨会"作了长篇发言《小城镇、大问题》，认为小城镇发展在中国乡土社会结构重建和城镇化发展中是一个不应忽略的问题。他认为，小城镇充当了城市和广大农村之间相互交流的"节点"，将城乡有机衔接起来。

我国小城镇的发展过程和国家政策紧密相关。自党的十五届三中全会确定了"小城镇，大战略"的发展方针以来，小城镇的发展一直受到国家的重视，在政策的支持下，小城镇也得到了持续稳定的发展。小城镇发展的相关政策支持如表 3-24 所示。

表 3-24　小城镇发展的相关政策支持

时间	政策
1998 年	党的十五届三中全会上确定了"小城镇，大战略"的发展方针
2000 年	《中共中央 国务院关于促进小城镇健康发展的若干意见》提出发展小城镇，是实现我国农村现代化的必由之路

① 卢为民. 产城融合发展中的治理困境与突破：以上海为例[J]. 浙江学刊，2015，（2）：151-154.

续表

时间	政策
2006 年	《中华人民共和国国民经济和社会发展第十一个五年规划纲要》指出，要把城市群作为推进城镇化的主体形态，其他城市和小城镇点状分布
2011 年	《中华人民共和国国民经济和社会发展第十二个五年规划纲要》指出，有重点地发展小城镇
2014 年	《国家新型城镇化规划（2014—2020 年）》明确指出，有重点地发展小城镇，推动小城镇发展与疏解大城市中心城区功能相结合，促进大中小城市和小城镇协调发展
2016 年	国务院印发《关于深入推进新型城镇化建设的若干意见》，特别强调了要提升县城和重点镇基础设施水平
2020 年	国家发展改革委《关于促进特色小镇规范健康发展意见的通知》，指出要以培育发展主导产业为重点，有力有序有效推进特色小镇高质量发展
2021 年	《中华人民共和国国民经济和社会发展第十四个五年规划和 2035 年远景目标纲要》指出，因地制宜发展小城镇，促进特色小镇规范健康发展

在相关政策支持下，我国小城镇的发展先后经历了数量快速增长阶段、规模快速扩张阶段、质量稳步提升阶段。小城镇的演进阶段与特征如表 3-25 所示。小城镇在城镇化高质量发展过程中扮演的角色将越来越重要。

表 3-25　我国小城镇的演进阶段与特征

时间	阶段	特征
1978～2002 年	数量快速增长阶段	伴随着改革开放之后经济社会的快速发展，小城镇数量也得以快速增长，2002 年达到最大值 20 601 个
2003～2013 年	规模快速扩张阶段	小城镇的发展方式由数量增长转变为规模扩张，主要体现在人口规模和建成区面积的增加上。建制镇的平均镇域人口从 2000 年的 24 611 人增长到 2010 年的 30 874 人，建制镇的平均人口规模在十年间增长了 25.45%。2000 年我国村镇地区建制镇的平均建成区面积为 102 公顷，2010 年达到 189 公顷
2014 年至今	质量稳步提升阶段	随着新型城镇化战略的实施，小城镇发展也进入了质量提升的新阶段。小城镇在人均住宅建筑面积、供水普及率、人均公园绿地面积等反映基础设施和公共服务水平的指标上提升较快

2021 年，我国有 21 322 个建制镇，小城镇尤其是东南沿海地区的小城镇凭借其区位优势、对外开放优势以及市场化优势，吸引了大量资金和人才流入，融入了全球价值链，经济发展迅速，极大地推动了当地城镇化和工业化，为农业剩余劳动力提供了充分的就业岗位。比如，全国十强镇江苏昆山玉山镇、广东东莞长安镇、广东东莞虎门镇都吸引了大量产业集聚，其中，昆山玉山镇 2021 年的地区生产总值为 1195 亿元，整体地区生产总值发展水平远超很多中、西部地级市，甚至比肩西部一些较落后的省会城市，而且玉山镇的产业主要集中在芯片、智能制造、生物医药等高端制造业领域，积极推动产业数字化，已吸引多家优秀高科技企业集聚。

除了东南沿海发达地区的小城镇之外，我国大部分小城镇尤其是中、西部地区的县域小城镇发展依然比较滞后，存在产业发展落后、就业岗位不足、基础设施和公共服务供给不足等一系列典型问题，小城镇是我国城镇体系的最薄弱环节。

1. 人口城镇化与土地城镇化不同步

小城镇人口城镇化进程明显滞后于土地城镇化进程，存在"化地不化人"的现象。在城镇化建设中很多农村用地被划为城镇用地，这些农村人口的职业并未改变，只是因为城镇化空间扩张土地性质改变，就转变成城镇人口，但是在就业、医疗、教育、基础设施方面和大城市的居民相差甚远，不是真正意义上的城镇居民，没有体现以人为本。在此背景下，城镇的低水平重复建设问题比较突出，造城运动盛行，资源分配不均衡，加剧了城乡发展不协调、不平衡的矛盾。

2. 产业发展滞后，居民陷入非就业的城镇化困境

小城镇具有天然的发展短板，即经济基础比较薄弱。虽然以城市为主体的城镇体系不断发展，但是由于市管县体制，城市对县域小城镇发展的回流效应和虹吸效应大、涓滴效应小，大量小城镇处于产业空心化发展状态。中国城市行政等级体制和高行政等级城市偏向于大城市，使得大中城市在工业化过程中具有更多的资源配置优势，进一步导致大中城市工业过度集聚，造成小城镇产业发展滞后。一些落后地区的小城镇仅布局了行政事业机构和生活性服务业，所在区域生产总值主要来自农业，工业化程度还比较低，第三产业发展落后，没有产业的集聚，这些城镇失去了发展的经济支撑，城镇发展"空心化"，仅有城镇的躯壳，没有城镇发展的内核。因此，难以解决失地农民和当地居民的就业安置难题，部分转变农民身份后的新城镇居民因没有足够的就业岗位而变成"游民"。城镇不仅要为集聚的人口提供生活配套功能和消费的场所，而且需要发展产业为其提供就业机会，也就是提供消费的能力。产业发展的滞后致使小城镇陷入非就业的城镇化困境，无法提供足够的就业岗位，也难以形成人口的集聚，又进一步限制了产业的发展。如果大量劳动力无法在小城镇实现就业，他们就会去大城市找工作，导致小城镇人口流失，因此，会出现"产业空心化"与"人口空心化"双重空心化状态，不利于小城镇的可持续发展。

3. 特色小镇无特色，存在盲目扩张现象

特色小镇是现代经济发展到一定阶段产生的新兴产业布局形态，既非行政建制镇，也非传统产业园区。城乡结合，生产、生态和生活"三生"融合的特色小镇建设在全国各地形成热潮。特色小镇已经成为新型城镇化和促进城乡融合的新空间。2021年全国共有1600多个特色小（城）镇，其中国家级特色小镇就有403个，

共吸纳就业人数约 440 万人。尤其是浙江省已经建成一批产城人文融合、体制机制创新的精品特色小镇，特色小镇也成为浙江"块状经济"发展的升级版，促进了农民就地城镇化与城乡融合发展，有利于实现共同富裕，浙江特色小镇的成功发展为我国其他地区的特色小镇建设提供了现实的经验借鉴。

目前，很多地区都建立了特色小镇，但大多并没有进行前期充分研究与合理设计，产业定位模糊，没有和当地的资源与产业特色有效结合，而是盲目跟风建设特色小镇，导致特色小镇空有其名而无实际产业支撑，商业模式难以为继。

一些特色小镇在建设中没有坚持因地制宜，而是盲目照搬，缺乏创新，导致产业雷同，特色小镇并无特色。特色小镇缺乏明晰的产业定位和差异化创新发展，进而导致缺乏活力，关键是没有根据当地资源禀赋和产业优势明确发展定位，没有充分发挥自身的比较优势，而一味照抄照搬别人的经验，不仅缺乏产业特色，文化特色也不明显，重生产轻生活，重建设轻管理，发展模式和产业雷同现象严重，导致千镇一面，小城镇发展是"多而不精""多而不特"。没有特色产业支撑的发展模式背离了特色小镇建设的初衷和应有之义，同时不重视生态、生产、生活的融合发展，也无法保障特色小镇的可持续发展。

4. 基础设施与公共服务建设滞后于发展需求

小城镇应该给居民提供宜居宜业的城镇环境，良好的基础设施和公共服务是吸引各类要素尤其是人才流向小城镇的重要动力。但目前很多小城镇基础设施与公共服务还存在以下不足：第一，交通网络规模较小，未形成网络体系。一些偏远地区城镇内公路、铁路尚未形成体系，难以集聚和整合资源，阻碍着农业现代化发展，导致生态旅游资源出现"碎片化"，无法实现规模化经营和发展。第二，公共服务供给不足。小城镇经济发展较落后，导致政府财力不足，无法为居民提供充分和有质量的公共服务。同时，娱乐文化生活设施和场所较少，难以满足居民的精神文化需求，也降低了小城镇的宜居性。

在我国城镇体系中，小城镇数量最多，发展差距也最大，总体来看，与城市（县城）的距离、交通条件、资源禀赋、产业基础、市场化程度、对外开放水平、企业家精神、政府治理水平都是影响小城镇发展的因素。

3.6　本　章　小　结

本章在阐释城镇化一般规律的基础上，从我国城镇化的历史逻辑和实践逻辑出发，总结了我国城镇化的演进特征，指出传统城镇化的现实困境。主要研究结论如下所述。

（1）我国城镇化发展分别经历了缓慢发展阶段、恢复推进阶段、快速发展阶段、高质量发展阶段。城镇化在快速推进的同时也形成了城乡二元结构问题，党的十八大以来，我国城镇化进入新型城镇化和高质量发展阶段。

（2）中国城镇化的演进特征表现为：一是高速大规模的人口空间迁移与快速城镇化相伴生；二是快速工业化是城镇化进程的主要驱动力；三是户籍制度、土地制度与住房制度改革是城镇化发展的制度动力；四是城乡关系经历了"由对立到融合"的过程，由最初的城乡完全分割，城市快速扩张，演变为城乡融合发展与乡村振兴；五是城市群成为城镇化的主要空间载体。

（3）中国城镇化的现实困境表现为：一是人口城镇化滞后于土地城镇化，进城农民工市民化待遇不高；二是产业对城市发展的支撑不足，产城融合水平较低；三是城乡发展差距较大，城乡融合发展水平较低，城乡发展失衡导致了农村"人口空心化""家庭空巢化""土地抛荒化""村庄空心化"等严重问题；四是城市面临资源环境双重约束，绿色发展水平不高；五是不同规模城市发展不均衡，大城市病与中小城市功能性不足并存；六是城市治理水平较低，城市的智慧化管理、精细化管理、应急管理水平有待进一步提高。

（4）中心城区、新城区以及小城镇三种不同类型空间区域具有不同区位特征、城镇化发展水平以及产业基础，存在的主要问题也有差异。中心城区的主要问题是产业升级速度缓慢；城市综合承载力下降，城市更新滞后；城市治理水平滞后。新城区的主要问题是产城不匹配；缺乏科学的发展规划；治理体制上的不衔接，加剧了产城分离。小城镇的主要问题是人口城镇化与土地城镇化不同步；产业发展滞后，居民陷入非就业的城镇化困境；特色小镇无特色，存在盲目扩张现象；基础设施与公共服务建设滞后于发展需求。

第 4 章　新发展理念下城镇化高质量发展的理论机制

我国快速的城镇化在取得巨大成就的同时，也累积了一些问题，要突破城镇化发展的困境，在新时代、新发展阶段、新发展格局和实现第二个百年奋斗目标的背景下，城镇化的高质量发展需要新的机制构建，需要明确高质量城镇化和传统的城镇化发展有什么不同，什么是城镇化高质量发展，新时代城镇化高质量发展的动力机制是什么。本章明确城镇化高质量发展的内在要求、内涵界定、内在逻辑关联与动力机制，为城镇化高质量发展后续研究奠定理论基础。

4.1　新时代城镇化高质量发展的内在要求

要突破传统城镇化的发展困境，在新发展阶段必须推动城镇化高质量发展。相比较传统速度数量型的城镇化，新时代城镇化高质量发展对城镇化的要求不同、评判标准不同，实现目标也不同。

1. 要求不同

传统的城镇化追求城市规模与速度的扩张，主要依靠土地、劳动和资本等要素投入驱动经济发展，而要素使用效率低下，导致城镇化质量不高。高质量发展要求城镇化依靠人力资本、技术、知识、数据等高级要素，由粗放的发展模式转向集约型的发展模式，以创新为驱动力，优化产业结构，提高城镇化的质量和效率。要解决城乡之间不平衡、区域间不平衡、进城农民工与城市居民等不同群体间发展和待遇的不平衡问题。要把生态文明融入到城镇化过程中，促进城镇化的绿色发展和可持续发展。要在开放中发展，在更宽领域实现更高水平的开放，实现以国内大循环为主体、国内国际双循环相互促进的新发展格局。要实现以人为核心的新型城镇化，实现城乡公共服务均等化与共享发展。

2. 评判标准不同

传统的城镇化以城镇化率来反映城镇化的水平，这一指标只能反映城镇化的速度与数量，无法体现质量，而高质量发展需要评判城镇化的优劣。因此，高质量的城镇化需要摒弃传统城镇化的价值评判标准，在新时代高质量发展阶段，应该将创新、协调、绿色、开放、共享的新发展理念作为城镇化高质量发展的评判标准。新发展理念体现了城镇化发展的创新性、协调性、持续性、开放性和分享性，是城镇化高质量发展的科学评判标准。新发展理念的评判标准不但符合供给侧新时代提出的质量变革、效率变革和动力变革要求，而且能从需求侧满足人民日益增长的美好生活需要。

3. 实现目标不同

党的二十大指出，"我们坚持把实现人民对美好生活的向往作为现代化建设的出发点和落脚点"[①]，充分体现了中国式现代化的人本发展逻辑。高质量的城镇化需要有新的目标设定。传统的城镇化追求速度、数量和规模，体现市场的工具理性，是物质主义的价值观，而城镇化高质量发展要求基于新时代社会主要矛盾的变化实现人的全面发展，体现城镇化追求人类价值目标的本真理性，是人本主义的价值观。在新时代高质量发展阶段，城镇化建设应该实现质量提升、城乡融合、创新驱动、绿色发展的新型城镇化，最终实现以人为核心的新型城镇化，不断满足人民对美好生活的需要，提高人民的福利和效用水平，体现人的本真理性。

4.2　新发展理念下城镇化高质量发展的内涵界定

党的二十大报告提出，"贯彻新发展理念是新时代我国发展壮大的必由之路"[①]。城镇化高质量发展是指能够更好满足人民不断增长的美好生活需要的发展方式和状态，是城镇化发展的高级阶段。高质量的城镇化要遵循新发展理念实现以人为核心的新型城镇化。

因此，新时代城镇化发展要以创新为驱动力，以效率提升为主要方式，以协调发展为手段，以绿色发展为基底，以满足人民对美好生活的需要为终极目标的城镇化。高质量的城镇化是创新驱动与效率提升的城镇化，是协调发展的城镇化、是绿色低碳的城镇化，是高度开放的城镇化，是实现人民共享的城镇化。城镇化高质量发展应具有有效性、创新性、协调性、持续性与共享性特征。

4.3　新发展理念与城镇化高质量发展的内在逻辑关联

新发展理念与城镇化高质量发展具有内在逻辑上的一致性和同步性，新发展

---

① 习近平. 习近平：高举中国特色社会主义伟大旗帜 为全面建设社会主义现代化国家而团结奋斗——在中国共产党第二十次全国代表大会上的报告[EB/OL]. [2023-09-18]. https://www.gov.cn/xinwen/2022-10/25/content_5721685.htm.

理念不仅是城镇化高质量发展的本质内涵，也是城镇化高质量发展的评判标准和必由之路。

1. 创新发展解决了城镇化高质量发展的动力问题

第一，技术创新是城镇化高质量发展的第一动力和源泉。中国的低人力成本优势已逐渐在减弱，根据边际报酬递减规律，资本对城市经济发展的作用是有限的，要素投入型的粗放式发展是不可持续的，所以技术创新是城镇化持续发展的可靠动力。人类历史上每一次技术革命都带来了产业的升级和城镇化质量的提升。技术创新可以减少要素的投入数量，改变粗放型的城镇化发展方式，转向集约化的城镇化发展最终促进城镇化高质量发展。

第二，产业创新是城镇化高质量发展的有力支撑。城镇化高质量发展需要城市建立现代化的产业体系，包括建立新型工业化体系和现代服务业体系，促进城市产业优化升级。产业优化升级不仅是产业结构的合理化，还是产业的高级化和多元化。以信息技术和智能技术为代表的高新技术在工业中深入推广，发展战略性新兴工业产业，实现智能制造。提升服务业的层次和能级，运用大数据、人工智能、物联网、区块链等新一代信息技术，发展现代服务业，提高城市服务业的智能化水平，提升城市的治理，建设智慧城市，不断满足人民多元化和更高层次的需求；促进生产性服务业升级，在与制造业深度融合互动发展中提高制造业的全要素生产率，实现产业的效率变革、动力变革和质量变革，进而实现城镇化高质量发展。比如，上海在高端制造、智能网联汽车和轻工等领域不断突破，在生物医药、集成电路和人工智能等三大先导产业上也已初具领先地位；近年来，深圳软件与信息服务、新能源、智能网联汽车等产业实现快速增长，促进了产业升级和动能转换，为城市的高质量发展提供了产业支撑。

第三，制度创新为城镇化高质量发展增强活力。新制度经济学认为，制度可以降低经济运行的交易成本。制度创新可以消除掣肘城镇化发展的体制障碍，提高资源配置效率，为城镇化发展增强活力，是城镇化高质量发展的重要动力源。在我国自上而下推动的城镇化进程中，随着体制改革的日益深化，城镇化的制度供给不断得到优化。首先，户籍制度改革不仅推动了城镇化进程，也有利于城镇化质量的提高。从1984年的城镇户籍不再与粮油挂钩到1993年的全面放开粮油购销再到2010年提出的居住证制度，户籍制度的不断松动和改革推动了大量农业剩余劳动力流向城市，满足了城市发展对劳动力的需求。目前户籍制度已经到了改革的深化阶段，户籍制度的进一步完善将有利于解决农业转移人口市民化问题，推动实现以人为核心的新型城镇化。其次，土地制度的不断完善有力地推动了城镇化进程。1987年1月我国开始实施《中华人民共和国土地管理法》，土地制度逐渐完善，我国城市土地制度初步建立，为城市发展和工业化提供了保障。同时，农村土地制度改革不断深入，从 1978 年的家庭联产承包责任制到 2014 年的农地"三权分置"，农村土地制度改革提高了农业生产效率，有助于促进城乡融合发展，推动城镇化高质量发展。

2. 协调发展理念解决了城镇化高质量发展中的不平衡问题

城镇化的协调发展包括三个方面：一是产业与城镇化的协调发展即产城协调发展；二是城市与乡村协调融合发展；三是城市或城市群内部空间上的协调发展。

第一，产业与城镇化协调发展。产业发展是城镇化的动力，产业发展水平决定了城镇化高质量发展水平，同时城镇是产业发展的平台和载体，两者应该互动融合互促发展。但是我国城镇化过程中，出现了产城分离的现象，具体表现为：产业发展超过城市承载造成的"堵城"现象、城市扩张超过产业发展所导致的"空城"现象、传统产业衰退而新产业接续不良所导致的"衰城"现象[1]。因此，促进产业和城镇化协调发展已是当务之急。产城协调发展有利于推动产业升级和提升城镇综合承载力，促进产业竞争力与城镇功能的协调统一，进而实现产业、城市、人之间的和谐共生。

第二，城市与乡村协调融合发展。我国长期以来形成的城乡二元发展体制导致城乡关系分裂，然而，城市与乡村只是功能和形态不同，但发展权应该是平等的，乡村与城市应该在融合发展的基础上成为互促共荣的生命共同体。城乡融合发展有利于实现要素双向自由平等流动，推动劳动力、资本与技术等要素在乡村集聚进而带动乡村产业的发展，有利于缩小城乡居民收入差距以及实现城乡居民公共服务均等化，让城乡居民共享城镇化发展的成果，有利于城乡在交通、信息等基础设施以及社会治理方面互联互通。只有城乡深度融合发展，才能从根本上解决长期以来形成的城乡二元发展问题。

第三，城市或城市群内部空间上的协调发展。具体表现为城市内部中心城区与新城区的协调发展、城市群内核心城市与外围城市的协调发展。首先，中心城区和新城区应该协调发展。在拓展新城建设的同时也要重视中心城区产业升级与城市功能提升，促进中心城区与新城区的协调发展，需要中心城区和新城区确定好产业与功能分工，提升城市空间质量。其次，城市群内部中心城市和外围中小城市也应该协调发展。城市群内部不同区域协调发展不仅具有溢出效应，而且具有倍增效应，有利于提高城市群的规模收益。城市群内中心城市需要向周边城市延伸产业链，形成带动区域发展的增长极，有利于促进城市群内部大中小城市和小城镇协调发展，加快城市群内经济一体化协调发展进程。

---

① 蒋浩. 推进常州产城融合人城和谐发展的思考[J]. 宏观经济管理，2016，（6）：83-87.

3. 绿色发展理念解决了城镇化高质量发展中的可持续性问题

党的二十大报告提出，"中国式现代化是人与自然和谐共生的现代化"①。从传统的工业文明转向生态文明，是人类经济社会发展范式的转变。生态文明是高质量城镇化建设的重要组成部分，绿色发展是城镇化高质量发展的基本要求和坚持的底线原则。绿色发展有利于提高城镇化过程中的生态环境效率和质量，促进城镇低碳发展，提高城镇可持续发展能力和宜居水平。城镇化高质量发展需要坚持走"智能、绿色、环保"的新型城镇化之路，实现绿色发展。绿色发展要求调整产业结构和优化能源结构，调整产业结构既要加快推进传统产业转型升级，也要大力推进节能环保产业和绿色服务业发展，推进新型城镇化与新兴产业发展深度融合。在能源结构优化方面，以创新清洁能源技术为主线，通过取得技术优势逐步来调整自身能源结构，减少对化石能源的使用，减少碳排放。整合资金、人才、市场等要素推进绿色技术创新，给人民提供高质量的生活空间。

4. 开放发展理念解决了城镇化高质量发展中的发展空间问题

党的二十大报告提出，"推进高水平对外开放"①，"增强国内国际两个市场两种资源联动效应"①。新时代的开放发展要求生产要素在城乡之间、区域之间、国家之间顺畅流动，在流动中达到高效配置，主要包括以下内容。

第一，管制开放，即破除影响要素跨区域自由流动的制度性壁垒，促进要素自由和顺畅流动，拓展城镇化的发展空间，增强城镇化的发展动力。我国目前要素市场开放程度和一体化程度依然较低，生产要素市场存在着明显的城乡二元结构特征，导致要素不能在城乡、区域之间自由合理流动。一是户籍制度成为农业转移人口享受市民化待遇的束缚，影响了农民工留城意愿的稳定性。二是土地制度存在着农地征用及其补偿标准过低问题、闲置的宅基地无法有效盘活、经营性集体建设用地没有实现"同地、同价、同权"的平等入市问题。三是社会资本难以进入农村农业，农村普惠金融发展落后。因此，开放发展要求突破体制机制约束，进行制度创新，实现要素在城乡之间、区域之间自由合理流动，在开放中实现进一步发展。

第二，对外开放，即大力加强本区域经济与国际经济的交往，促进经济的国外循环，实现经济国内循环与国外循环互相促进，让各类生产要素能跨国流

① 习近平. 习近平：高举中国特色社会主义伟大旗帜 为全面建设社会主义现代化国家而团结奋斗——在中国共产党第二十次全国代表大会上的报告[EB/OL]. [2023-09-18]. https://www.gov.cn/xinwen/2022/10/25/content_5721685.htm.

动、竞争合作，强化城镇化发展的动力。城镇化发展要充分利用诸如"一带一路"倡议、自贸区等开放发展平台，通过高质量集聚，整合全球优势要素，提升城市的竞争力，使城镇化在开放畅通的空间中得以充分发展，提升城市在全球价值链分工中的地位，增加在国际大循环中的竞争力，实现更高水平开放的城镇化。

5. 共享发展解决了城镇化高质量发展中的公平正义问题

党的二十大报告提出，"中国式现代化是全体人民共同富裕的现代化"[①]。共享发展是城镇化发展的出发点也是落脚点，体现了城镇化高质量发展的价值取向。城镇化高质量发展就是要建设以人民为中心的城镇化，促进人的全面发展，不断满足人民对美好生活的需要。共享发展要求乡村农民、进城农民工、城市居民等不同群体享受同等的公共服务与社会福利，共享城镇化发展的成果，实现全体人民共同富裕。共享发展解决了城镇化高质量发展的公平正义问题，实现共享发展是城镇化高质量发展的核心要义和最终目标。新发展理念下城镇化高质量发展的内在逻辑如图4-1所示。

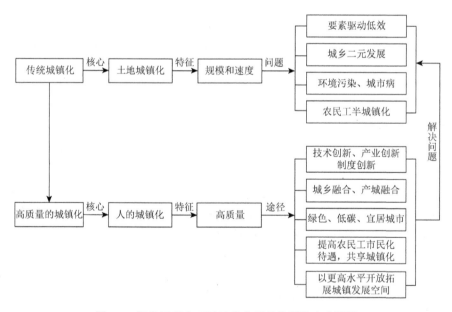

图 4-1　新发展理念下城镇化高质量发展的内在逻辑

---

① 习近平. 习近平：高举中国特色社会主义伟大旗帜　为全面建设社会主义现代化国家而团结奋斗——在中国共产党第二十次全国代表大会上的报告[EB/OL]. [2023-09-18]. https://www.gov.cn/xinwen/2022-10/25/content_5721685.htm.

4.4　新发展理念下城镇化高质量发展的动力机制

传统主要依靠要素投入的城镇化动力机制显然不能适应新时代的形势发展要求，应该以新发展理念战略引领，以提高城镇化质量为核心，以实现人的全面发展为目标，重构城镇化高质量发展的动力机制。城镇化高质量发展需要从要素驱动向创新驱动转变，从追求速度向追求质量和效率转变，再造城镇化高质量发展的动力系统。城镇化高质量发展的驱动因素包括以下几个方面，其中创新驱动、人力资本驱动、产业升级驱动是城镇化高质量发展的内部动力机制，制度驱动、改革驱动和开放驱动是城镇化高质量发展的外部动力机制。

4.4.1　城镇化高质量发展的内部动力机制

1. 创新驱动

创新驱动是城镇化高质量发展的内部动力，也是第一驱动力。人类历史上的每一次技术革命都是对生产要素的革命性重组，促进了城市产业结构的升级，吸引大量要素向城市集聚，拉大了农业与非农业部门的收入差距，拉动了人口从农村迁移到城市，持续地推动着城镇化的演进。新一轮以数字化和智能化为代表特征的技术革命将为城镇化提供新的生产要素和重要动力，推动城市产业升级和产业链融合，推动城市发展向智慧化、绿色化和融合化转变，改变生产方式和生活方式，满足城市居民的多样化、个性化、便利化的需求。因此，新时代的城镇化不只是简单的产业集聚和人口集聚，而应该是创新力的集聚。技术创新成为推动城镇化水平提高的重要力量。城镇化高质量发展要求效率变革、质量变革和动力变革，实现这一目标必须依靠创新驱动。

第一，创新可以解决城镇化要素投入的边际报酬下降问题，节约要素投入，提高要素使用效率，数字经济本身就创造了"数据"这个新的生产要素，有利于城镇化集约型发展与可持续发展。第二，创新驱动可以解决城镇化过程出现的结构性问题，如产业结构转型、发展方式转型以及供给侧结构性改革，促进产业升级，提升城市发展的能级和质量。尤其在新一轮技术革命和产业革命的带动下，数字经济快速发展，使得生产方式以数字化为主导、以智能化为指向、以绿色化为引领、以融合化为趋势，并带动了新领域、新产业、新产品、新业态和新模式，为城镇化高质量发展提供了新动能。第三，创新驱动助力于绿色低碳城市建设。通过技术创新，促进能源消费结构升级，开展市政基础设施低碳减排、城市生态修复与功能完善、零碳建筑、绿色消纳等关键技术与装备研究，建设绿色城市。

第四，创新驱动有利于构建智慧城市，提高城市公共服务供给和城市治理能力。数字化和智能化技术的运用，可以实现城市全生命周期管理，通过市政公用设施的物联网应用和智能化改造，提高城市的智慧化管理水平。电子政务和数字政务的推广提升了政府对城市公共服务的供给和管理效率，提高了城市治理能力，如"一网通办"的推广，推动了城市不同部门的数据共享，破除了不同部门之间的业务壁垒，有利于实现城市不同部门的协同发展，给市民也提供了便利化的服务，提高了市民的满意感。

2. 人力资本驱动

高质量发展的动力从要素驱动转向创新驱动，离不开人力资本的支撑。人力资本概念最早由美国经济学家舒尔茨提出，是体现在人身上的知识、技能、能力以及可以转化为生产力的其他属性的统称。人力资本是创新的重要决定因素[①]。丹尼尔森将劳动要素区分为数量和质量两个层面。罗默和卢卡斯将人力资本要素视为增长的源泉，并将其纳入内生增长模型之中，人力资本或知识要素具有外溢效应，可以实现要素边际报酬递增，从而能够促进经济的持续增长。长期以来，人口红利是推动我国城镇化的重要因素，农村劳动力向城市流动以及由此推动的人口迁移，不仅可以从空间布局上推动城镇化进程，还可以推动城市经济可持续发展。但是，近年来我国人口增长率逐年降低，2022年甚至出现了负增长，老龄化进程也在加速，导致劳动力成本上升、人口红利逐渐消退，已经到达从劳动力无限供给转向有限供给的刘易斯转折点[②]。

城镇化高质量发展阶段，应该建立以要素质量高端化为支撑的发展模式，实现劳动力要素质量提升和效率持续改进。我国城镇化发展中的人口红利只能是短期的，从长期来讲，必须从人口红利向人力资本红利转变。第一，人力资本具有规模报酬递增效应。相比较传统生产要素，人力资本能够避免资本和劳动力投入带来的边际报酬递减问题，产生规模报酬递增效应，推动城镇化的可持续发展。第二，人力资本是科技创新的主体，具有知识创新效应。人力资本是通过培训、教育之后的高素质人才，人力资本对城镇化发展的贡献远大于物质资本，人力资本的投入促进了创新，进而推动了城镇化发展的质量。第三，人力资本因其具有正外部性产生了空间溢出效应。伴随户籍制度的不断改革和完善，地区间要素流动的阻碍和约束逐渐减少，人力资本流动将会越来越频繁，因此相邻城市的人才会对本地区城市发展产生溢出效应。比如，我国东部地区城市在经济发展水平、

① de Winne S，Sels L. Interrelationships between human capital，HRM and innovation in Belgian start-ups aiming at an innovation strategy[J]. International Journal of Human Resource Management，2010，21（11）：1863-1883.

② 任保平. 新时代中国经济增长的新变化及其转向高质量发展的路径[J]. 社会科学辑刊，2018，（5）：35-43.

营商环境、开放程度以及就业机会等方面具有更多优势，吸引了大量人才在本地区集聚，地区内呈现出人才等要素递增的趋势，相邻地区间的知识溢出效应会进一步对本地区的经济发展产生促进作用。因此，在人口红利逐渐消退的背景下，城镇化发展必须依赖人力资本投入的不断增加来实现城镇化的可持续发展，提高城镇化发展质量。

3. 产业升级驱动

产业升级对城镇化高质量发展的促进机制如图 4-2 所示。产业发展是城市发展的内部动力和根基，产业发展水平决定了城镇化的经济发展水平和创新水平。产业的发展能够通过改变地区的就业结构、产业结构、消费结构和能耗水平，进而对城市功能水平和城市质量产生影响。产业的发展为人提供就业岗位，产业集聚促进了人口的空间流动和迁移，进而促进了城市的发展。随着产业尤其是制造业在城市集聚规模的不断扩大，会产生市场拥挤效应，进而导致要素成本上升和竞争加剧，出现产业向城市郊区迁移。另外，产业结构升级也会促进低端产业和产业链条的低端环节向城市外围转移，新的产业需要新的城市空间作为发展载体，因此催生了新城区和小城镇的发展。产业和城市在不断融合的过程中促进了城镇化质量的提升。

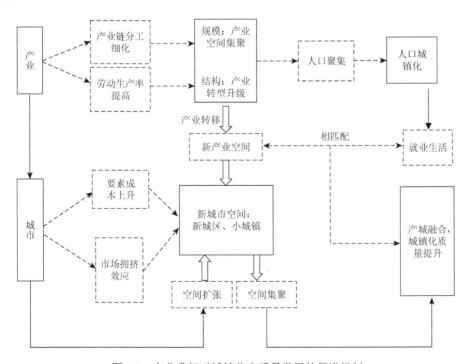

图 4-2　产业升级对城镇化高质量发展的促进机制

　　城镇化高质量发展离不开高质量的产业，这就需要构建现代化产业体系。构建现代化产业体系需要在产业结构上实现合理化和高级化。通过调整产业结构，推动产业向高端化、智能化、绿色化、服务化方向发展。现代农业是城镇化高质量发展的基础动力，新型工业是城镇化高质量发展的基本动力，现代服务业是城镇化高质量发展的后发动力。

　　首先，现代农业是城镇化高质量发展的基础动力。农业现代化提高了农业生产效率，释放出剩余劳动力，为城镇化发展提供劳动力支撑。农业现代化有利于乡村振兴，促进城乡融合，进而提升城镇化发展质量。城镇化的驱动力来源于农业部门劳动生产率提高提供的"推力"或城市工业部门扩张提供的"拉力"，也可能兼而有之[①]。城镇化高质量发展需要实现粗放型农业向集约型农业的转变、传统农业向现代发达农业的转变，发展具有比较优势的特色农业，构建新型农业生产经营体系，推进农业现代化，实现农业生产过程的机械化、生产方式的集约化、生产技术的科学化、生产组织的产业化、劳动力的人力资本化，以农业为核心，延伸农业产业链，推进农村一、二、三产业融合发展，从而提高农业劳动生产率、土地产出率、资源利用率和农产品优质率，提高农民收入，做到农业经济效益、社会效益、生态效益的协同共进。

　　其次，新型工业是城镇化高质量发展的基本动力。工业化促进了劳动力从农业向非农产业转移以及向城市的转移，带动了生产要素向城市的集聚，在规模经济和范围经济效应的带动下，城镇化进程不断加快。具体来讲，在工业化初期，城镇化主要依靠工业发展所形成的集聚效应带动，而工业化水平到了中期阶段以后，消费结构升级和产业结构变化的作用超过了集聚效应的作用，工业化对城镇化的带动效应依赖于工业化对服务业的带动[②]。因此，随着工业化进程的加快，劳动力不断从农业向工业和服务业部门迁移，推动了城镇化的发展。20 世纪 80 年代，乡村工业的发展带动了劳动力在农村内部向非农产业的转变，形成"离土不离乡"的城镇化模式，促进了小城镇的快速发展。

　　城镇化高质量发展需要提升工业产业价值链，推动产业迈向中高端水平。发展战略性新兴产业有利于推动产业链向两端延伸，价值链向高端延伸。发挥产业集聚优势，大力发展数字经济，以新产业、新业态为发展导向，吸引创新资源的集聚，加快创新创业服务体系和平台建设，提升全要素生产率，促进产业发展的质量变革、动力变革和效率变革，实现城镇化高质量发展。

　　最后，现代服务业是城镇化高质量发展的后发动力。服务业的发展可以提高

---

　　① Lewis W A. Economic development with unlimited supplies of labour[J]. The Manchester School，1954，22（2）：139-191.

　　② "工业化与城市化协调发展研究"课题组. 工业化与城市化关系的经济学分析[J]. 中国社会科学，2002，（2）：44-55，206.

城市的品质，强化城市的各项功能，提升城市对要素集聚的吸引力。城市的服务功能主要靠第三产业的发展来提供。城市的服务业越发达，越能吸引生产要素的流入，城市的功能及竞争力就越强，市场规模就越大。服务业包括生活性服务业和生产性服务业，生活性服务业是满足人民美好生活需要的根本来源，精细化和高品质的生活性服务业有利于促进城市功能升级和城市品质提升。生产性服务业提供的大多是知识和技术密集型服务，生产性服务业的发展有利于创造新的产业发展模式，促进制造业升级，提升城市治理水平，增强城市的竞争力。

4.4.2　城镇化高质量发展的外部动力机制

1. 制度驱动

新制度经济学认为，制度是推动经济发展的重要影响因素，制度可以有效提升经济发展的效率和质量。城镇化高质量发展的前提和保障就是合理的制度安排。制度创新通过降低城镇化的交易成本和系统风险，促进了要素向城市的集聚，提高了城镇化的效率，提升了社会福利水平。

中国城镇化是在政府主导下进行的，因此制度变迁对城镇化的影响效应明显。制度供给的逐渐放松以及市场化改革是推动中国城镇化的重要因素，城镇化是一条伴随不断的制度创新的渐变式改革道路。在户籍制度方面，不断打破对人口自由流动的制度束缚，经历了从严格控制人口由农村向城市流动到放松人口流动限制再到提高农业转移人口市民化待遇的转变；在土地制度改革方面，经历了计划经济的严格管控到市场经济时期的商品化管理再到集约化管理的变化；在城镇化空间格局管理方面，经历了由最初的限制城市发展到城市规模调整再到以城市群为大尺度空间载体的变化，政府在城镇化过程中起到了主导和引领作用[①]。另外，市场经济制度的完善有利于城市营商环境的改善，提升城市对产业和要素的吸引力，地方政府对城市的治理能力是城镇化发展的重要保障。

党的十八大以来，基于统筹推进新型城镇化建设，出台了一系列关于新型城镇化的文件（表4-1），这些政策极大地推进了城镇化质量的提升。总体来讲，制度是中国城镇化的重要推动力量，以人为核心的新型城镇化战略，标志着城镇化由"快速"向"高质量"的转型，在城镇化高质量发展阶段，制度安排将继续发挥重要的推动作用，制度改革也将步入深水区，包括户籍制度的进一步改革、农村土地制度的改革、公共服务制度的改革、城市群协同发展机制的建立、城市治理制度的改善、城乡融合发展体制的构建等。

---

① 李兰冰，高雪莲，黄玖立. "十四五"时期中国新型城镇化发展重大问题展望[J]. 管理世界，2020，36（11）：7-22.

表 4-1　党的十八大以来关于新型城镇化的政策文件或会议及其论述要点

时间	政策文件或会议	论述要点
2012 年 11 月	党的十八大报告	坚持走中国特色新型工业化、信息化、城镇化、农业现代化道路,促进工业化、信息化、城镇化、农业现代化同步发展
2012 年 12 月	中央经济工作会议	积极稳妥推进城镇化,着力提高城镇化质量。要把生态文明理念和原则全面融入城镇化全过程,走集约、智能、绿色、低碳的新型城镇化道路
2013 年 11 月	《中共中央关于全面深化改革若干重大问题的决定》	坚持走中国特色新型城镇化道路,推进以人为核心的城镇化,推动大中小城市和小城镇协调发展、产业和城镇融合发展,促进城镇化和新农村建设协调推进
2014 年 3 月	《国家新型城镇化规划(2014—2020 年)》	走以人为本、四化同步、优化布局、生态文明、文化传承的中国特色新型城镇化道路
2015 年 12 月	中央城市工作会议	提高新型城镇化水平,走出一条中国特色城市发展道路。坚持以人民为中心的发展思想,坚持人民城市为人民
2016 年 2 月	《国务院关于深入推进新型城镇化建设的若干意见》	以人的城镇化为核心,以提高质量为关键,以体制机制改革为动力,紧紧围绕新型城镇化目标任务,加快推进户籍制度改革,提升城市综合承载能力
2016 年 3 月	《中华人民共和国国民经济和社会发展第十三个五年规划纲要》	坚持以人的城镇化为核心、以城市群为主体形态、以城市综合承载能力为支撑、以体制机制创新为保障,加快新型城镇化步伐
2017 年 10 月	党的十九大报告	以城市群为主体构建大中小城市和小城镇协调发展的城镇格局,加快农业转移人口市民化
2017 年 12 月	中央经济工作会议	提高城市群质量,推进大中小城市网络化建设,增强对农业转移人口的吸引力和承载力,加快户籍制度改革落地步伐。引导特色小镇健康发展
2018 年 1 月	《中共中央 国务院关于实施乡村振兴战略的意见》	坚持城乡融合发展。坚决破除体制机制弊端,使市场在资源配置中起决定性作用,更好发挥政府作用,推动城乡要素自由流动、平等交换,推动新型工业化、信息化、城镇化、农业现代化同步发展,加快形成工农互促、城乡互补、全面融合、共同繁荣的新型工农城乡关系
2019 年 3 月	政府工作报告	提高新型城镇化质量。深入推进新型城镇化。抓好农业转移人口落户,推动城镇基本公共服务覆盖常住人口。新型城镇化要处处体现以人为核心,提高柔性化治理、精细化服务水平,让城市更加宜居,更具包容和人文关怀
2021 年 3 月	《中华人民共和国国民经济和社会发展第十四个五年规划和 2035 年远景目标纲要》	完善新型城镇化战略,提升城镇化发展质量。坚持走中国特色新型城镇化道路,深入推进以人为核心的新型城镇化战略,以城市群、都市圈为依托促进大中小城市和小城镇协调联动、特色化发展,使更多人民群众享有更高品质的城市生活
2022 年 3 月	《2022 年新型城镇化和城乡融合发展重点任务》	坚持把推进农业转移人口市民化作为新型城镇化首要任务。加快推进新型城市建设
2022 年 3 月	政府工作报告	提升新型城镇化质量。有序推进城市更新。健全常住地提供基本公共服务制度。加强县城基础设施建设。稳步推进城市群、都市圈建设,促进大中小城市和小城镇协调发展。要深入推进以人为核心的新型城镇化,不断提高人民生活质量
2022 年 10 月	党的二十大报告	全面推进乡村振兴,坚持农业农村优先发展,深入实施新型城镇化战略

2. 改革驱动

制度驱动体现了政府的行政力，可以助力实现"有为政府"；改革则是加强市场力量对城镇化高质量发展的驱动，可以助力实现"有效市场"。围绕新发展理念进行改革是推动城镇化高质量发展的外部动力，改革为城镇化高质量发展增添活力。改革贯穿于我国城镇化的整个进程。我国城镇化快速演进的时间段与改革开放最深刻的年代是完全对应的，改革的水平决定着城镇化的道路、模式、规模与质量。

首先，体制改革有利于推动城镇化高质量发展。通过制度创新，可以释放市场主体活力，营造良好的市场环境，激发创新精神，降低交易成本，提高城镇化发展效率和质量。其次，在我国经济发展进入新常态后，实施的供给侧结构性改革有利于推动城镇化高质量发展。我国在进入新常态后经济发展的主要矛盾是结构性问题，而且矛盾的主要方面是在供给侧，因此需要用改革的办法推进结构调整，以提高社会生产力为目的，以深化体制改革为基本保障，解决要素配置扭曲问题，提高全要素生产率，使城市供给体系更好适应人民需求结构变化，以更高质量的供给满足人民对美好生活的需求，促进城镇化高质量发展。从 2015 年的"三去一降一补"到 2018 年以来的"巩固、增强、提升、畅通"再到 2021 年的把实施扩大内需战略同深化供给侧结构性改革有机结合起来，这些政策旨在降成本、补短板、促进创新、培育新动能，促进了城市产业转型升级，推动了现代产业体系的构建，促进了城镇化高质量发展。

3. 开放驱动

新古典主义的要素禀赋理论和古典学派的比较成本理论都认为，国际贸易可以促进国际和国内的经济平衡，是刺激经济增长的重要因素，是"增长的发动机"[①]。我国城镇化始于改革，兴于开放，对外开放与引进外资推动是我国城镇化的重要驱动力，尤其是在我国东部沿海地区如广东、江苏等地区，这些地区积极主动地承接了第三次国际产业转移，成为许多跨国企业的聚集地，促进了农村劳动力从农业向非农产业、从农村向城市的转移。2012 年党的十八大以来，中国进一步加快构建开放型经济新体制，推动形成全面开放的新格局，批准了多个自贸试验区，内陆沿边开放取得重要突破。2013 年中国提出"一带一路"倡议，推动了改革开放的进一步深化，提高了贸易和投资的自由化、便利化程度，拓展了共建国家在基础设施、经贸投资等方面的合作。"一带一路"倡议促进了城镇格局的网络化和开放化，成为城市发展的新动力，如西安、厦门、青岛等，得到了快速发展。

---

① 谭崇台. 发展经济学概论[M]. 2 版. 武汉：武汉大学出版社，2008：199-200.

在我国进入新发展阶段和新发展格局的背景下，更高层次和更高水平的开放是推动城镇化高质量发展的重要动力。第一，高水平对外开放有利于新发展格局的建立。新发展格局不是封闭的国内循环，而是开放的国内国际双循环。在国际逆全球化的思潮下，高水平对外开放有利于形成畅通的外循环系统，高质量的城镇化必须坚持以国内大循环为主体、国内国际双循环相互促进的原则，增强畅通国内大循环和联通国内国际双循环的功能。第二，高水平对外开放有利于提升我国产业在全球价值链中的分工水平，充分利用国际市场需求驱动空间结构优化、延伸全球产业链，攀升全球价值链、稳定供应链，强化创新链，为构建新发展格局提供稳定安全的供应链保障。第三，高水平对外开放有利于建设高标准市场体系，推进高水平对外开放，对标高标准国际经贸规则，促进深层次改革，通过扩大规则、规制、管理、标准等制度型开放，助力于构建更加完善的社会主义市场经济体制，增强各类市场主体的活力。第四，高水平对外开放能有效提升贸易投资合作质量和水平，提升贸易便利化、投资便利化、金融便利化水平，更加有效地吸引和利用外资，在高水平和深层次的开放中推动城镇化高质量发展。

4.5 本 章 小 结

本章在阐释城镇化高质量发展内在要求基础上，界定了城镇化高质量发展内涵，剖析了新发展理念与城镇化高质量发展的内在逻辑关联，构建了新时代城镇化高质量发展的动力机制。研究结论如下所述。

（1）相比较传统速度数量型的城镇化，新时代城镇化高质量发展对城镇化的要求不同、评判标准不同、实现目标不同。首先，要求不同。传统的城镇化追求城市规模与速度的扩张，主要依靠土地、劳动和资本等要素投入驱动经济发展。高质量发展要求城镇化依靠人力资本、技术、知识、数据等高级要素，以创新为驱动力，优化产业结构，提高城镇化的质量和效率。其次，评判标准不同。传统的城镇化主要是评判城镇化的速度，而高质量发展需要评判城镇化的优劣。因此，高质量的城镇化需要摒弃传统城镇化的价值判断标准，在新时代高质量发展阶段，应该将新发展理念作为城镇化高质量发展的评判标准。最后，实现目标不同。传统的城镇化追求速度、数量和规模，体现市场的工具理性，是物质主义的价值观，高质量的城镇化最终要实现以人为核心的新型城镇化。

（2）城镇化高质量发展是能够更好满足人民不断增长的美好生活需要的发展方式和状态。新时代城镇化发展要以创新为驱动力，以效率提升为主要方式，以协调发展为手段，以绿色发展为基底，以满足人民对美好生活的需要为终极目标。高质量的城镇化是创新发展的城镇化、协调发展的城镇化、绿色发展的城镇化、开放发展的城镇化和共享发展的城镇化。

（3）新发展理念与城镇化高质量发展具有内在逻辑上的一致性和同步性，新发展理念不仅是城镇化高质量发展的本质内涵，也是城镇化高质量发展的评判标准和必由之路。第一，创新发展解决了城镇化高质量发展的动力问题，技术创新是城镇化高质量发展的第一动力和源泉，产业创新是城镇化高质量发展的有力支撑，制度创新为城镇化高质量发展增强活力。第二，协调发展理念解决了城镇化高质量发展中的不平衡问题。城镇化的协调发展包括了三个方面：一是产业与城镇化的协调发展即产城协调发展；二是城市与乡村协调融合发展；三是城市或城市群内部空间上的协调发展。第三，绿色发展理念解决了城镇化高质量发展中的可持续性问题。第四，开放发展理念解决了城镇化高质量发展中的发展空间问题。新时代城镇化的开放发展要求管制开放，促进要素自由和顺畅流动，拓展城镇化的发展空间，增强城镇化的发展动力。促进经济的国外循环，实现经济国内循环与国外循环互相促进，让各类生产要素能跨国流动、竞争合作，强化城镇化发展的动力。第五，共享发展解决了城镇化高质量发展中的公平正义问题。共享发展是城镇化发展的出发点也是落脚点，体现了城镇化高质量发展的价值取向。城镇化高质量发展就是要建设以人民为中心的城镇化，要求乡村农民、进城农民工、城市居民等不同群体享受同等的公共服务与社会福利，共享城镇化发展的成果，实现全体人民共同富裕。

（4）城镇化高质量发展需要重构城镇化高质量发展的动力机制。城镇化高质量发展的内部动力机制包括创新驱动、人力资本驱动、产业升级驱动，外部动力机制包括制度驱动、改革驱动和开放驱动。

第5章 中国城镇化高质量发展水平的测度评价

以城镇化高质量发展的理论机制为依据,本章建立了城镇化高质量发展评价指标体系,测度全国及各省区市城镇化高质量发展水平,并从时间、截面和空间等角度进行比较、分类与评价,明确城镇化高质量发展水平的动态演进与空间分异。运用 Dagum 基尼系数及其分解方法,对我国城镇化高质量发展水平的区域差距进行分解分析。

5.1 城镇化高质量发展的评价指标体系构建

5.1.1 指标设置的逻辑

基于城镇化高质量发展的内涵界定,新发展理念与城镇化高质量发展具有逻辑上的一致性,新发展理念不仅是城镇化高质量发展的本质内涵,也是城镇化高质量发展的应有之义和必由之路。因此,新发展理念成为城镇化高质量发展的战略引领和评判标准。

(1)创新发展质量。创新发展是城镇化高质量发展的第一驱动力,为经济社会发展提供新动能,促进城镇化的质量变革、效率变革和动力变革。因此,创新发展质量需要从创新投入、创新产出与创新效率三个层面综合评价。

(2)协调发展质量。协调发展既是城镇化高质量发展的手段也是发展目标。产业协调主要解决发展的不充分问题,城乡协调发展主要解决发展的不平衡问题。因此,协调发展质量包括产业结构与城乡结构两个层面,用产业结构的合理化和高级化来反映产业结构协调水平。城乡协调发展需要改变城乡二元结构,缩小城乡发展差距,促进乡村振兴和新型城镇化的协调发展,用二元对比系数和二元反差系数来反映城乡协调程度。

(3)绿色发展质量。新时代经济发展更关注绿色环保,提倡人与自然和谐共生,绿色发展要求改变"高耗能、高排放、高污染"的发展方式,实现人口资源环境可持续发展。绿色发展一级指标下设置了污染排放和环境治理两个层面。污染排放指标反映经济发展中的非期望产出和环境代价。环境治理指标,反映环境治理保护的投入力度和治理情况。

(4)开放发展质量。在新时代发展观中,"开放"的含义不仅仅是国际贸易和投资的规模和数量，更重要的是体现对外开放的质量。相比较传统衡量开放水平的数量指标，本书增加了高技术产品出口占总出口比例这一指标，反映出口商品中高技术含量、高附加值产品所占比例，体现对外开放的质量。

（5）共享发展方面。共享发展是城镇化高质量发展的最终目标，体现以人为本的发展价值观。城镇居民和农民以及进城务工者共享经济与社会发展成果，满足人民对美好生活的需要，实现人民生活的高质量。用城乡共享水平反映共享发展水平，用城乡消费共享、城乡收入共享、城乡公共服务共享等具体指标来评价。

5.1.2　评价指标体系构建

将新发展理念作为城镇化高质量发展的评判标准，围绕创新发展、协调发展、绿色发展、开放发展、共享发展五个维度，构建城镇化高质量发展的综合评价指标体系。评价指标体系如表 5-1 所示。

表 5-1　城镇化高质量发展的综合评价指标体系

目标层	准则层	要素层	指标层	测算方法	指标属性
城镇化高质量发展	创新发展	创新投入	研发经费投入强度	R&D 经费支出/地区生产总值	正向
			研发人员投入力度	R&D 人员数/全部从业人员数量	正向
		创新产出	高技术产品收入	高技术产业销售收入/地区生产总值	正向
			专利成果	年末发明专利拥有量/年末总人口	正向
		创新效率	资本生产率	地区生产总值/全社会固定资产投资额	正向
			劳动生产率	地区生产总值/全部从业人员数量	正向
			能源效率	地区生产总值/能源生产总量（万吨标准煤）	正向
	协调发展	产业结构	产业结构合理化	产业结构合理化指数（用泰尔指数反映产业结构合理化程度）	逆向
			产业结构高级化	产业结构高级化指数=第三产业产值/第二产业产值	正向
		城乡结构	二元对比系数	农业比较劳动生产率/非农业比较劳动生产率	正向
			二元反差系数	非农业的产值占比—非农就业占比	逆向
	绿色发展	污染排放	单位产出废水排放	废水排放量/地区生产总值	逆向
			单位产出废气排放	二氧化硫排放量/地区生产总值	逆向
			单位产出固体排放	一般工业固体废物排放量/地区生产总值	逆向

目标层	准则层	要素层	指标层	测算方法	指标属性
城镇化高质量发展	绿色发展	环境治理	环境污染治理投资	环境污染治理投资/地区生产总值	正向
			城市生活垃圾处理	城市生活垃圾无害化处理率	正向
			城市污水处理	城市污水处理率	正向
			建成区绿化	建成区绿化覆盖率	正向
	开放发展	经济开放水平	外资开放度	实际利用外商直接投资/地区生产总值	正向
			外贸开放度	进出口总额/地区生产总值	正向
				高技术产品出口占总出口比例	正向
	共享发展	城乡共享水平	城乡收入共享	城乡居民收入差异系数	逆向
			城乡消费共享	城乡恩格尔系数差值	逆向
			城乡公共服务共享	城乡每万人拥有卫生机构床位数之比	逆向
				城乡人均教育文化娱乐支出比	逆向
				每万人拥有公共交通车辆（单位：标台）	正向

注：R&D 为 research and development，科学研究与试验发展

　　研究对象为中国 30 个省区市，不包含港澳台和西藏。考虑数据的可得性，样本区间为 2011～2020 年，数据来源于 2012～2021 年《中国统计年鉴》、《中国科技统计年鉴》、《中国城市统计年鉴》、《中国环境统计年鉴》、《中国高技术产业统计年鉴》、《中国社会统计年鉴》以及各省统计年鉴和全国科技经费投入统计公报。个别年份缺失数据根据插值法计算而得。

5.2　城镇化高质量发展的测度与分析

　　运用熵值法对我国 30 个省区市 2011 年至 2020 年的城镇化高质量发展综合水平进行了测度，测度结果如表 5-2 所示。

表 5-2　2011～2020 年全国各省份城镇化高质量发展水平综合指数

地区	2011 年	2012 年	2013 年	2014 年	2015 年	2016 年	2017 年	2018 年	2019 年	2020 年
北京	0.5194	0.5450	0.5509	0.5713	0.5784	0.6247	0.6734	0.6437	0.6874	0.7430
天津	0.3346	0.3470	0.3602	0.3703	0.3599	0.3130	0.3199	0.2813	0.2778	0.2820
河北	0.1483	0.1436	0.1533	0.1514	0.1515	0.1524	0.1668	0.1637	0.1640	0.1753
上海	0.4066	0.4129	0.4117	0.4125	0.4252	0.4246	0.4275	0.4343	0.4264	0.4333

续表

地区	2011 年	2012 年	2013 年	2014 年	2015 年	2016 年	2017 年	2018 年	2019 年	2020 年
江苏	0.3292	0.3415	0.3463	0.3445	0.3587	0.3744	0.3778	0.3625	0.3576	0.3756
浙江	0.2721	0.2725	0.2883	0.2981	0.2950	0.3074	0.3196	0.3297	0.3323	0.3634
福建	0.2130	0.2170	0.2250	0.2201	0.2209	0.2222	0.2302	0.2387	0.2442	0.2606
山东	0.1850	0.1928	0.2044	0.2089	0.2108	0.2168	0.2241	0.2102	0.2066	0.2210
广东	0.3373	0.3482	0.3487	0.3393	0.3379	0.3425	0.3504	0.3615	0.3584	0.3768
海南	0.1727	0.1843	0.1832	0.1778	0.1740	0.1792	0.1831	0.1820	0.2012	0.2093
黑龙江	0.1288	0.1431	0.1585	0.1600	0.1639	0.1720	0.1732	0.1780	0.1687	0.1810
吉林	0.1317	0.1364	0.1402	0.1472	0.1532	0.1531	0.1583	0.1446	0.1531	0.1648
辽宁	0.2166	0.2342	0.2213	0.2126	0.1793	0.1993	0.2161	0.2162	0.2178	0.2263
安徽	0.1342	0.1466	0.1677	0.1805	0.1895	0.1974	0.2024	0.2022	0.2012	0.2278
河南	0.1354	0.1616	0.1745	0.1816	0.1963	0.2067	0.2194	0.2138	0.2220	0.2326
湖北	0.1476	0.1521	0.1593	0.1700	0.1772	0.1953	0.2031	0.2053	0.2280	0.2258
湖南	0.1342	0.1397	0.1459	0.1534	0.1728	0.1761	0.1879	0.2048	0.2180	0.2324
江西	0.1716	0.1758	0.1813	0.1725	0.1823	0.1957	0.2120	0.2337	0.2486	0.2682
山西	0.1209	0.1373	0.1548	0.1539	0.1588	0.1966	0.1910	0.2058	0.2065	0.2128
甘肃	0.0764	0.0864	0.0953	0.0901	0.0920	0.0992	0.1122	0.1172	0.1255	0.1454
广西	0.1053	0.1159	0.1231	0.1281	0.1388	0.1432	0.1493	0.1465	0.1538	0.1715
贵州	0.0797	0.0785	0.0929	0.1052	0.1158	0.1248	0.1492	0.1516	0.1602	0.1639
内蒙古	0.1365	0.1351	0.1403	0.1409	0.1413	0.1406	0.1411	0.1565	0.1388	0.1513
宁夏	0.1045	0.1060	0.1166	0.1265	0.1384	0.1471	0.1472	0.1618	0.1543	0.1712
新疆	0.1088	0.1213	0.1312	0.1414	0.1318	0.1353	0.1365	0.1440	0.1284	0.1364
陕西	0.1495	0.1414	0.1660	0.1808	0.1917	0.2040	0.2084	0.2112	0.2241	0.2277
四川	0.1727	0.1855	0.1913	0.1946	0.1897	0.2013	0.2171	0.2200	0.2084	0.2180
青海	0.0974	0.0961	0.0966	0.0914	0.0922	0.1046	0.0989	0.1078	0.1224	0.1330
云南	0.0988	0.1044	0.1188	0.1144	0.1155	0.1168	0.1197	0.1262	0.1307	0.1401
重庆	0.1890	0.1906	0.2133	0.2221	0.2226	0.2343	0.2462	0.2464	0.2551	0.2674
东部均值	0.2918	0.3005	0.3072	0.3094	0.3113	0.3157	0.3273	0.3207	0.3256	0.3440
中部均值	0.1406	0.1522	0.1639	0.1687	0.1795	0.1946	0.2026	0.2109	0.2207	0.2333
西部均值	0.1199	0.1238	0.1350	0.1396	0.1427	0.1501	0.1569	0.1627	0.1638	0.1751
东北均值	0.1590	0.1712	0.1733	0.1732	0.1654	0.1748	0.1825	0.1796	0.1799	0.1907
全国均值	0.2097	0.2163	0.2229	0.2238	0.2286	0.2324	0.2359	0.2341	0.2372	0.2506

5.2.1　城镇化高质量发展水平的时序演进分析

1. 中国城镇化高质量发展水平总体呈现上升趋势

全国城镇化高质量发展水平综合指数均值由 2011 年的 0.2097 上升到 2020 年的 0.2506，总体上升了 19.50%，说明近年来随着国家充分重视城镇化发展质量，城镇化高质量发展效果显著；从均值的变化情况来看，2011～2014 年全国城镇化高质量发展水平综合指数增长率为 6.72%，2014～2020 年的增长率为 11.97%；此外，2013～2014 年全国城镇化高质量发展水平增速略有下降（图 5-1），是因为此时处于国家城镇化政策的调整期，以 2013 年中央城镇化工作会议提出"走中国特色、科学发展的新型城镇化道路，核心是以人为本，关键是提升质量"①和 2014 年《国家新型城镇化规划（2014—2020 年）》提出"全面提高城镇化质量"为转折点，中国城镇化正式进入高质量发展阶段。自此之后，政府重点围绕着新型城镇化、城市群与都市圈发展、乡村振兴战略三大方面，大力提升城镇化发展质量，因此在 2014 年后，全国城镇化发展水平进入高速增长阶段，东北、东部、中部、西部四大区域也进入同步增长阶段。

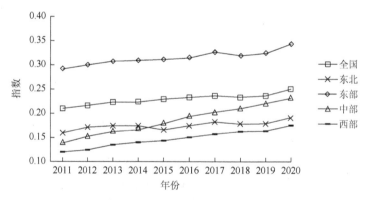

图 5-1　2011～2020 年全国与四大区域城镇化高质量发展水平变化趋势

2. 中国城镇化高质量发展具有区域差异性，呈现出东部、中部、东北、西部依次递减的特点

由图 5-1 可知，东部地区城镇化发展水平明显领先于全国平均水平，而东北、中部和西部地区均低于全国平均水平。四大区域城镇化高质量发展水平均呈现逐步上升的趋势，东部、中部、西部和东北地区 2011～2020 年城镇化高质量发展水

---

① 中央城镇化工作会议在北京举行　习近平李克强作重要讲话[EB/OL].[2024-01-30]. http://cpc.people.com.cn/n/2013/1215/c64094-23842466.html.

平综合指数增长率分别为 17.89%、65.93%、46.04%、19.94%。中部地区在东部城市的带动下后发优势明显，尤其在 2014 年以后城镇化高质量发展增长率有较大提升；西部地区由于城镇化起步晚，加之工业化水平、开放水平与基础设施水平都较低，城镇化高质量发展水平明显落后于其他地区，但西部地区城镇化发展动力充足，发展增速仅次于中部地区；东北地区城镇化发展水平在 2014 年后明显落后于中部地区，且发展增速远低于中部和西部地区，呈现缓慢平稳增长的态势，东北地区城镇化高质量发展增速缓慢的问题需受到更多关注，发掘东北地区城镇化高质量发展新的增长点，预防其成为我国地区间城镇化高质量发展的洼地。

3. 省域城镇化高质量发展差距较大

从省域城镇化高质量发展的总体变动趋势来看，根据 2011 年、2014 年和 2020 年三个时间点的数据[①]，如图 5-2 所示，各地区城镇化发展轨迹基本相似，但省域之间的城镇化高质量发展差距依然较大，尤其是西部地区的甘肃、贵州、青海、云南等省份城镇化高质量发展水平明显偏低，与东部发达地区相比差距较大。2020 年，城镇化高质量发展水平综合指数居于全国前五位的省份分别为北京、上海、广东、江苏、浙江，均为东部发达地区，排名靠后的五个省份分别为甘肃、新疆、贵州、青海、云南，均为西部偏远地区，且 2020 年位居第一的北京（0.7430）与最后一位的青海（0.1330）的城镇化高质量发展水平综合指数之比是 5.586∶1。

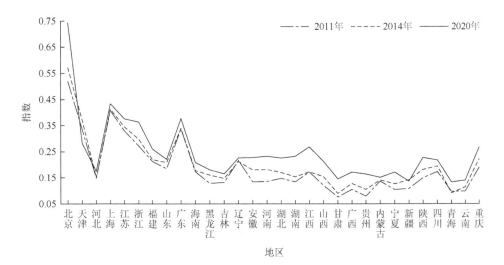

图 5-2　2011 年、2014 年、2020 年省域城镇化高质量发展水平综合指数

①选取 2011 年、2014 年、2020 年作为研究时间点原因是：2011 年是本书城镇化高质量发展评价测度的开始年份，2014 年中共中央、国务院印发了《国家新型城镇化规划（2014—2020 年）》，2020 年是评价测度的截止年份，以考察城镇化高质量发展现状。

5.2.2 城镇化高质量发展水平的空间格局分析

采用探索性空间数据分析法对中国城镇化高质量发展阶段的空间依赖性与异质性进行分析。通过分析城镇化高质量发展水平综合指数的全局空间自相关和局部自相关，揭示中国城镇化高质量发展的空间结构。

1. 全局空间自相关性分析

2011～2020年中国城镇化高质量发展莫兰指数如表5-3所示，2011～2020年中国城镇化高质量发展的空间自相关性在0.22以上，且莫兰指数在1%的水平下显著为正，表明中国城镇化高质量发展水平存在着较为明显的空间自相关性，高值地区与低值地区在空间上集聚效应显著。具体来看，样本期内莫兰指数总体呈现下降趋势，由2011年的0.396下降到2020年的0.223，这表明中国城镇化高质量发展的集聚程度在不断降低，空间依赖性减弱，总体将趋于发散和均衡。

表 5-3　2011～2020 年中国城镇化高质量发展莫兰指数

年份	莫兰指数	$Z(I)$	p
2011	0.396	3.67	0.000
2012	0.377	3.534	0.000
2013	0.384	3.603	0.000
2014	0.377	3.575	0.000
2015	0.379	3.612	0.000
2016	0.307	3.086	0.001
2017	0.290	3.017	0.001
2018	0.250	2.616	0.004
2019	0.241	2.62	0.004
2020	0.223	2.519	0.006

注：$Z(I)$为城乡融合指数与均值的偏差率

2. 局部自相关性分析

为探测异常值或者集聚出现的位置和范围，以便进一步衡量每个区域与周边地区的局部空间关联、空间差异程度以及空间格局的分布，选用莫兰散点图对中国城镇化高质量发展水平进行空间统计分析。依然采用2011年、2014年和2020年作为时间断面。

从静态来看，样本期内大部分省份的城镇化高质量发展水平均处于比较稳定的状态（如图5-3至图5-5所示）。HH象限和LL象限包含的省份居多，这两类明显的空间分异区域体现出了中国城镇化高质量发展的空间异质性。其中，HH象限包含了大部分的东部省份，说明城镇化高质量发展水平较高的地区主要集中在东部；而西部地区除重庆外，其余省份均处于 LL 象限，说明城镇化高质量发展水平较低的地区主要集中在西部，这体现了中国城镇化高质量发展两极集聚的现状，在一定程度上也反映出城镇化发展质量的"马太效应"。与此同时，由表 5-4 可知，东部地区的北京、天津、上海、江苏、浙江、福建 6 个省市具有相同的发展趋势，这从整体上提高了东部地区城镇化质量；西部地区的重庆由于独特的地理优势和资源禀赋，城镇化高质量发展水平均优于周边地区，因此一直保持着较高的城镇化发展水平而处于 HL 象限，但西部地区其他省份均位于 LL 象限的现实情况，从整体上降低了西部地区城镇化高质量发展水平。值得注意的是，河北省虽属于东部地区，但其城镇化高质量发展水平与东部地区其他省份相差较大，与京津城镇化高质量发展相比差距悬殊，因此一直处于 LH 象限。

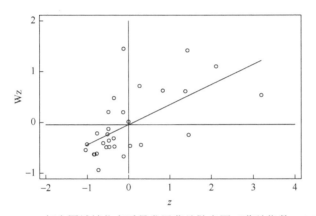

图 5-3　2011 年中国城镇化高质量发展莫兰散点图（莫兰指数 = 0.396）

z 代表数值与均值的距离，因而越靠右侧的数据意味着该省份城镇化高质量发展水平相对越高；Wz 表示空间滞后值，该值越大代表该省份周边地区的城镇化高质量发展水平相对越高；LL 象限中，宁夏和青海两点重合

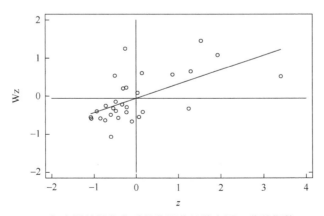

图 5-4　2014 年中国城镇化高质量发展莫兰散点图（莫兰指数 = 0.377）

z 代表数值与均值的距离，因而越靠右侧的数据意味着该省份城镇化高质量发展水平相对越高，Wz 表示空间滞后值，该值越大代表该省份周边地区的城镇化高质量发展水平相对越高

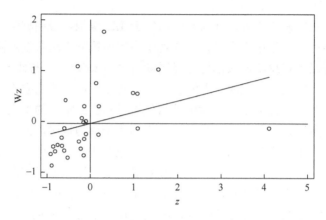

图 5-5　2020 年中国城镇化高质量发展莫兰散点图（莫兰指数 = 0.223）

z 代表数值与均值的距离，因而越靠右侧的数据意味着该省份城镇化高质量发展水平相对越高，Wz 表示空间滞后值，该值越大代表该省份周边地区的城镇化高质量发展水平相对越高

表 5-4　2011 年、2014 年与 2020 年莫兰散点图省域象限分布

时间	HH 象限	LL 象限	HL 象限	LH 象限
2011 年	北京、天津、上海、江苏、浙江、福建	山西、内蒙古、吉林、黑龙江、河南、湖北、湖南、广西、四川、贵州、云南、陕西、甘肃、青海、宁夏、新疆	辽宁、广东、重庆	河北、安徽、江西、山东、海南
2014 年	北京、福建、江苏、上海、天津、浙江、山东	山西、内蒙古、吉林、黑龙江、河南、湖北、湖南、广西、四川、贵州、云南、陕西、甘肃、青海、宁夏、新疆	辽宁、广东、重庆	河北、安徽、江西、海南
2020 年	北京、福建、江苏、上海、天津、浙江	山西、内蒙古、辽宁、吉林、黑龙江、河南、广西、四川、贵州、云南、陕西、甘肃、青海、宁夏、新疆	广东、重庆、山东	河北、安徽、江西、湖北、湖南、海南

　　从动态来看，东部地区的山东在 2020 年落入 LH 象限，这与其自然地理位置关系密切，山东需要提高政策与资源吸附能力，加快与周边省份协同发展的步伐。东北地区的辽宁在 2011 年和 2014 年处于 HL 象限，但随着全国城镇化的进一步推进和国家对城镇化质量的进一步重视，辽宁地区之前过分追求城镇化速度的状况无法持续，城镇化质量提升动力不足，因此，2020 年辽宁落入 LL 象限，而黑龙江和吉林在样本期内一直处于 LL 象限，说明近年来东北地区城镇化高质量发展进入瓶颈期，这需要当地进一步加强政策引导。中部地区的安徽、江西一直位于 LH 象限，湖北、湖南在 2020 年均由 LL 象限进入 LH 象限，山西、河南则一直位于 LL 象限，中部地区省份应该加强区域间的经济联系，通过城市群的建设和与周边地区的不断竞争使得城镇化发展水平有所突破。

　　综上所述，中国城镇化高质量发展存在全局空间自相关性及空间异质性，同时已经形成较为稳定的空间格局，即从东到西城镇化高质量发展水平依次递减。

5.2.3　城镇化高质量发展的分维度指数测度结果分析

1. 五大分维度指数贡献度分析

图 5-6 给出了样本期内城镇化高质量发展五大分维度指数的均值占总指数均值的比例，以此来考察创新、协调、绿色、开放、共享五大维度对城镇化高质量发展水平的贡献度。由图 5-6 可以看出，各维度对城镇化高质量发展水平的贡献率从高到低依次为创新、开放、绿色、协调、共享。我国目前不断加大城镇化发展创新投入，并通过区域开放交流，使得城镇化发展逐步向高质量发展推进，同时也要更加注重共享、协调、绿色层面的提升。

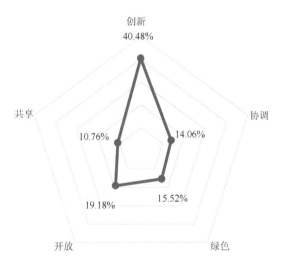

图 5-6　五大维度对于城镇化高质量发展的贡献率

2. 城镇化高质量发展分维度指数时序演进分析

创新、协调、绿色、开放、共享各维度在 2011 年至 2020 年城镇化高质量发展水平综合指数增长率分别为 46.26%、44.55%、6.10%、−23.04%、14.93%，城镇化高质量发展五个分维度指数中除了开放维度之外，其他维度指数总体呈上升趋势。由图 5-7 可知，全国创新维度发展指数最高，而且明显高于其余维度发展指数，说明在各地政府一系列科技创新政策的支持下我国城镇化在"创新"层面得到了较大的发展。创新、协调维度发展指数增长率均大于 44%，说明创新、协调维度的发展水平增速较快，但历史原因造成的城乡协调发展水平较低导致协调维度对城镇化高质量发展的贡献较小。开放维度发展指数呈现逐步下降的发展趋势，2020 年协调维度的发展指数无限接近开放维度的发展指数，结合两者的发展增速来看，未来协调维度对城镇化高质量发展的贡献率将超过开放维度对城镇化高质量发展的贡献率，由于全球经济低迷以及世界经济遭遇"逆全球化"的影响，过去开放发展对城镇化高质量发展的重要作用可能将逐步被协调发展所取代。共享维度的发展指数常年居于末位，远低于其他维度的发展水平，城镇化高质量发展过程中应该更加关注城乡资源服务的共建共享。

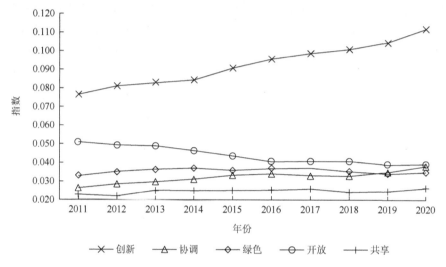

图 5-7　2011～2020 年城镇化高质量发展五大维度指数变化趋势

5.3　城镇化高质量发展水平的区域差距及其来源

5.3.1　城镇化高质量发展总体差距及演进趋势

为了进一步研究中国城镇化高质量发展水平的空间非均衡，根据 Dagum 基尼系数及其分解方法，分别测算出 2011～2020 年中国城镇化高质量发展水平的总体基尼系数及东、中、西、东北四大区域的基尼系数。

基尼系数是反映区域发展不平衡的指标，达古姆（Dagum）首次将基尼系数进行分解，分解后的系数不仅能反映子样本的差异和分布状况，还能准确分析组间的交叉重叠问题[①]。使用该方法能够更为深入地刻画全国城镇化高质量发展水平的地区差异及演化特征，为城镇化高质量发展的方向确定及路径选择提供科学依据。

---

① Dagum C. A new approach to the decomposition of the Gini income inequality ratio[J]. Empirical Economics，1997，22（4）：515-531.

Dagum 基尼系数的计算公式如下：

$$G = \frac{\sum_{j=1}^{k}\sum_{n}\sum_{i=1}^{n_j}\sum_{r=1}^{n_h}\left|y_{ji}-y_{hr}\right|}{2n^2\bar{y}} \tag{5-1}$$

其中，y_{hr}、y_{ji} 为 $h(j)$ 区域内任意一个城市的城镇化质量指数；n 为城市的个数；$\bar{y}$ 为全国 30 个省区市城镇化质量指数的平均值；k 为地区划分的个数，将全国城市划分为东部、中部、西部和东北四个地区，故 k 取 4；n_h、n_j 是 $h(j)$ 地区内的城市个数。

$$\bar{Y}_h \leqslant \cdots\bar{Y}_j \leqslant \cdots \leqslant \bar{Y}_k \tag{5-2}$$

Dagum 基尼系数由三个部分组成，区域内差距贡献 G_w、区域间净差距贡献 G_{nb} 和超变密度贡献 G_t，三者之间的关系为

$$G = G_w + G_{nb} + G_t \tag{5-3}$$

测算结果如表 5-5 所示，中国城镇化高质量发展的总体基尼系数呈现明显下降趋势，从 2011 年的 0.2783 下降到 2020 年的 0.2239，总体基尼系数下降了 19.55%。具体来看，2011~2014 年，中国城镇化高质量发展基尼系数保持在 0.254 以上，城镇化高质量发展的区域差距较大。2015 年后，城镇化高质量发展基尼系数持续下降，2020 年达到考察期内的最低点 0.2239，由于近年来国家区域协调发展政策的深入实施，城镇化高质量发展水平的总体区域差距逐步缩小。

表 5-5　2011~2020 年中国城镇化高质量发展基尼系数及分解结果

指标		2011 年	2012 年	2013 年	2014 年	2015 年	2016 年	2017 年	2018 年	2019 年	2020 年
总体基尼系数		0.2783	0.2736	0.2573	0.2542	0.2480	0.2405	0.2399	0.2278	0.2293	0.2239
区域内基尼系数	东部	0.2111	0.2146	0.2079	0.2147	0.2185	0.2256	0.2261	0.2265	0.2285	0.2291
	中部	0.0582	0.0481	0.0414	0.0368	0.0375	0.0229	0.0303	0.0244	0.0384	0.0360
	西部	0.1615	0.1561	0.1535	0.1620	0.1542	0.1518	0.1533	0.1428	0.1385	0.1268
	东北	0.1227	0.1270	0.1041	0.0839	0.0350	0.0587	0.0703	0.0887	0.0799	0.0716
区域间基尼系数	东北—东部	0.3164	0.3021	0.2964	0.2971	0.3124	0.2992	0.2955	0.2964	0.2997	0.2965
	中部—东部	0.3514	0.3322	0.3092	0.3021	0.2832	0.2601	0.2561	0.2369	0.2256	0.2254
	中部—东北	0.1145	0.1134	0.0910	0.0763	0.0517	0.0644	0.0763	0.0942	0.1097	0.1040
	西部—东部	0.4215	0.4207	0.3958	0.3873	0.3810	0.3678	0.3644	0.3411	0.3439	0.3371
	西部—东北	0.1954	0.2017	0.1724	0.1624	0.1373	0.1404	0.1434	0.1309	0.1283	0.1163
	西部—中部	0.1471	0.1509	0.1471	0.1484	0.1522	0.1592	0.1609	0.1542	0.1689	0.1594
贡献率	区域内差距	0.0538	0.0532	0.0512	0.0527	0.0520	0.0520	0.0525	0.0510	0.0511	0.0499
	区域间净差距	0.2097	0.2072	0.1919	0.1857	0.1825	0.1734	0.1715	0.1594	0.1613	0.1588
	区域间超变密度	0.0148	0.0132	0.0142	0.0159	0.0135	0.0151	0.0159	0.0175	0.0169	0.0153

5.3.2　城镇化高质量发展区域内差距及演进趋势

图 5-8 描述了中国城镇化高质量发展的区域内基尼系数及演进趋势,由图可知,在考察期内,东部地区内部城镇化高质量发展基尼系数始终为高值且维持逐年上升的趋势,中部地区城镇化高质量发展基尼系数始终为低值,这说明东部地区内部城镇化高质量发展不平衡最严重,而中部地区内部发展差异最小。此外,西部地区内部的不平衡也较为突出,但是自 2014 年后呈现下降趋势,这说明西部地区内部城镇化高质量发展不平衡问题有得到改善。值得注意的是,从总体来看,2020 年东北地区内部城镇化差距相较 2011 年有了明显回落,下降了 0.0511,但以 2015 年为界,东北城镇化区域内基尼系数波动明显,2015 年之前急剧下降,2015 年后又急剧上升,这种演进趋势可能源于政策调整。随着《全国老工业基地调整改造规划(2013—2022 年)》的实施,东北地区城镇化速度和质量都进入高速增长阶段,区域差距明显降低。2015 年后,东北积极推进城市群发展体系建设,近年来沈阳、大连、长春和哈尔滨等特大城市集聚效应显著,因此东北地区城镇化高质量发展区域内差距有所增加。

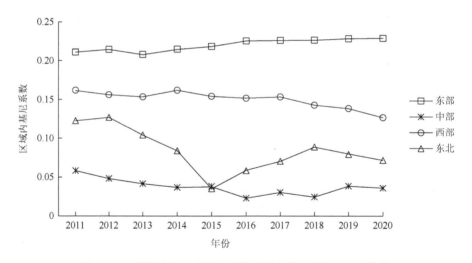

图 5-8　中国城镇化高质量发展的区域内基尼系数及演进趋势

5.3.3　城镇化高质量发展区域间差距及演进趋势

由图 5-9 可知,四大区域的城镇化高质量发展区域间差距明显,区域间差距最大的是西部与东部地区之间,均值为 0.3761,而区域间差距最小的是中部与东北地区之间，均值为 0.0896。地区间差距最大的前三组分别是西部—东部、东北—东部、中部—东部，这说明东部沿海发达地区与其他各区域之间城镇化发展不平衡的矛盾依然突出，东部地区由于具有良好的经济发展基础、对外开放水平高、市场化程度高等优势，对要素的吸引力依然大于其他地区，东部地区的要素集聚效应依然大于扩散效应，虽然国家也相继对西部、中部和东北出台了支持政策，但这些区域与东部地区城镇化质量的差距依然较大，四大区域城镇化协调发展任重而道远。从演进过程来看，西部—东部、中部—东部、西部—东北基尼系数呈现下降趋势，地区间差异缩小明显；东北—东部呈下降—上升—下降的发展态势，在 2016 年后趋于平缓；西部—中部间差距演进趋势最为平稳，一直围绕着 0.1500 上下波动；中部—东北地区间差异呈现"N"形发展趋势，基尼系数在 2015 年达到最低值 0.0517，随后，又开始逐年上升，在 2019 年达到最高值 0.1097。

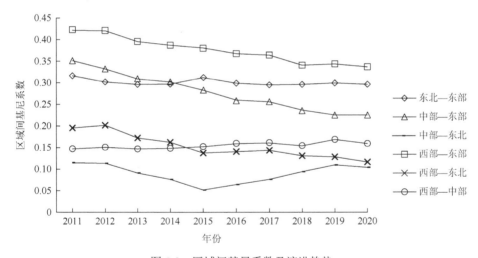

图 5-9　区域间基尼系数及演进趋势

5.3.4　城镇化高质量发展区域差距的来源及其贡献率

由图 5-10 可知，2011～2020 年，四大区域城镇化高质量发展区域内差距及区域间净差距的贡献率呈现下降趋势，而超变密度的贡献率总体表现出升降波动较大特点。在四大区域城镇化高质量发展差异的来源中，区域间净差距的净贡献最大，其次是区域内差距的贡献，而区域间超变密度贡献最小。从演变过程看，区域内差距贡献率变化比较稳定，始终围绕在 0.0520 上下波动，区域间净差距贡献率总体呈下降趋势，尤其在 2013 年以后，下降速度明显增快，相比而言，区域间超变密度的贡献率呈现"下降—上升—下降—上升—下降"的演变趋势。

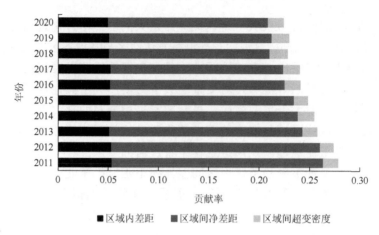

图 5-10　城镇化高质量发展水平区域差距的贡献率分解

5.4　本章小结

基于对 2011～2020 年中国城镇化高质量发展水平的评价测度以及对城镇化高质量发展时空格局演变和区域差距的实证研究，主要得出以下结论。

（1）从时序演进来看，中国城镇化高质量发展综合水平在样本期内总体呈现上升趋势，城镇化高质量发展具有区域差异性，呈现出东部、中部、东北、西部依次递减的特点，尤其是西部地区的甘肃、贵州、青海、云南等省份城镇化质量明显偏低。从分维度指数来看，除了开放维度之外，其他维度指数总体呈上升趋势，根据 2020 年的数据，创新发展指数最高，共享发展指数最低；各维度对城镇化高质量发展水平的贡献率从高到低依次为创新、开放、绿色、协调、共享，创新发展贡献率最高。

（2）从空间演进来看，中国城镇化高质量总指数且呈现出由东南向东北、由沿海向内陆推进的特点。各区域城镇化高质量发展存在明显的空间自相关性，高值地区与低值地区在空间上集聚效应显著，局部相关性分析显示 HH 象限和 LL 象限包含的省份居多，这两类明显的空间分异区域体现出了中国城镇化高质量发展的空间异质性。

（3）从区域差距来看，中国城镇化高质量发展水平的总体差距呈明显下降趋势，城镇化高质量发展的区域间净差距是区域差距的主要来源。从区域内差距来看，东部地区内部城镇化高质量发展不平衡最严重，而中部地区内部发展差异最小。区域间差距最大的是西部与东部地区，差距最小的是中部与东北地区。从城镇化高质量发展的区域差距贡献率分解来看，区域间净差距的净贡献最大，其次是区域内差距的贡献，区域间超变密度贡献最小。

第6章 新发展理念下中国城镇化高质量发展的实现路径

中国城镇化高质量发展需要从政府、企业、居民多个主体，通过自上而下与自下而上相结合的方式，坚持新发展理念，从农业转移人口市民化、城乡融合、产城融合、创新发展、绿色发展、开放发展等多方面形成合力来驱动。本章在总结国内外典型地区城镇化质量提升经验的基础上，提出中国城镇化高质量发展的总体路径，以及中心城区、新城区、小城镇三种不同类型空间区域的具体路径。

6.1 国内外典型地区城镇化发展的经验借鉴

本节介绍了英国、美国、法国、德国、日本以及国内浙江特色小镇、苏州工业园、珠三角地区的城镇化发展状况，这些案例覆盖了城市中心城区、新城区和小城镇；总结了国内外典型地区城镇化质量提升的经验启示，为我国城镇化高质量发展路径的提出提供经验借鉴。

6.1.1 国外典型地区城镇化发展经验

1. 英国城镇化发展经验

自工业革命初期开始，英国的城镇化不断发展，是世界上最早完成城镇化的国家。到 1851 年，英国的城市人口超过总人口的 50%，英国为了完成城镇化经历了 90 年的时间。从 1851 年到 1921 年，英国的城镇化率攀升至 77.2%，英国耗时约 70 年将城镇化从初步阶段提高到成熟阶段。到 2009 年，英国的城镇化率冲破90%，至此英国完成城乡一体化的融合①。英国作为世界上率先完成城镇化的国家，其在发展过程中的经验主要有以下三个方面。

第一，工业化是英国城镇化进程发展的核心推动力。自 18 世纪后期工业革命开始，英国的工业化进程开始发展，城镇化进程被推动，英国成为世界上第一个城镇化国家。工业革命开启的工业化进程主要带动了三方面的发展。一是驱动了

---

① 贾海刚，万远英. 中英现代化进程中城镇化问题治理比较研究[J]. 经济体制改革，2014，(6)：168-172.

科学技术的变革，工业革命起始于棉纺织工业的技术变革，并飞速地影响到其他生产部门的技术发展[①]。二是改变了生产组织方式，从工业革命初期的珍妮机、水利纺纱机和骡机逐步过渡到工业革命高涨时期的机器和工厂制度，手工工人逐步被动力机械取代[②]，生产方式逐渐走向专业化、机械化，形成了高效率的劳动生产。三是带动了工业城市的兴起，机器生产替代手工生产和工厂制度的出现，使得英国从农业大国转变为工业大国，成为世界工厂。生产组织方式的转变促使人口和产业集聚，进而带动配套的公共设施、文化教育机构等相关设施的完善，最终形成了诸如曼彻斯特、伯明翰和利物浦等工业城市[③]。英国始终注重以农产品加工为主的乡村工业发展，通过乡村工业促进农业产业规模化经营，逐步实现了第一产业的劳动力逐步转向第二产业，许多小乡村因此逐渐发展成为城镇，城镇产业得以健康发展。

第二，交通网络的完善是英国城镇化发展的基础支撑。英国工业革命时期，蒸汽机的发明和煤炭产量的激增促进了机器制造业的发展，从而进一步推动了交通运输业的技术革新。1825 年，英国修造了第一条铁路，同时也是世界上第一条铁路。19 世纪中叶，英国已完成了国内铁路运输网和运河网的修建布局，并在1863 年开通了世界上第一条地铁线路，极大缩短了通勤时间。至此，英国的交通网络发生了根本性变化，其水陆交通网络基本实现一体化[④]。完善的交通网络驱动了商品的流通和人口的流动，推动了城镇工业化和专业化的发展，促进了郊区城镇化，同时带动了诸如基础设施、物流业、建筑业、旅游业等第三产业的发展[⑤]。交通网络的优化和交通网络效率的提升都极大地促进了生产要素在各个城市之间的快速流通，为城镇化顺利发展提供了基础支撑和基本保障。

第三，通过立法保障城镇化规范发展。英国自 1909 年以来先后颁布了多部法律法规，来引导和规范英国城镇化的发展。英国在 1909 年颁布了世界上第一部专门约束城市规划的法律——《住宅与规划法》，政府职能中首次涵盖了城市规划。英国在 1947 年实施的《城乡规划法》和《综合发展地区开发规划法》，以法律形式严格确立了城乡一体化的道路[⑥]。英国城镇化发展的道路上避免不了产生城市病的问题，1952 年的伦敦烟雾事件是英国政府城镇化负面问题的主要表现。英国政府开始利用法律法规实施"福利国家制度"，消解市场机制配置资源给城镇化带来的不足。通过法律使得中央政府和地方政府共同承担起社会保障制度，为公民提

① 赵煦. 英国城市化的核心动力：工业革命与工业化[J]. 兰州学刊，2008，（2）：138-140，143.

② 赖海清. 论英国工业革命时期手工业状况[J]. 传承，2010，（15）：60-61，71.

③ 王铭. 英国工业革命与世界工业霸权[J]. 辽宁大学学报（哲学社会科学版），2006，（2）：65-69.

④ 沈琦. 英国城镇化中的交通因素[J]. 经济社会史评论，2017，（2）：19-31，126.

⑤ 马先标，燕安. 世界城市化历程回顾：兼述英国城市化的特征与启示[J]. 中国名城，2014，（11）：9-14.

⑥ 周彦珍，李杨. 英国、法国、德国城镇化发展模式[J]. 世界农业，2013，（12）：122-126.

供"从摇篮到坟墓"的全面保障①。1953 年,英国颁布的《历史建筑和古老纪念物保护法》规定超过 50 年的建筑物一般不予以拆除,如 1903 年建造的具有典型诺曼风格的杜伦大教堂现已列为世界文化遗产②。英国的城镇化在法律法规的约束下合理发展,政府的及时干预进一步保障了城镇化健康发展。

2. 美国城镇化发展经验

17 世纪欧洲的移民浪潮为美国的城镇化拉开了序幕,19 世纪初期美国的城镇化率仅为 5.1%,1920 年美国的城镇化率达到 51.2%,在约 100 年的时间里,美国的城镇化率提高了约 46 个百分点,芝加哥、匹兹堡、波士顿等城市的人口超过200 万人。1960 年美国以制造业为基础形成三大城市带,城镇化率提升至 69%。1970 年美国城镇化率达到 73.6%,美国进入高度城镇化社会③。截至 2022 年,美国的城镇化率已提升至约 85%。在美国城镇化进程中,多种发展要素交错推进了其城镇化发展效率,主要发展经验如下所述。

第一,科学全面的城镇规划为美国城镇化发展打下坚实基础。在城镇化发展的过程中,交通基础设施的整体建设为美国城镇区域间协调发展奠定了牢固的根基。美国在 1860 年先后颁布的《太平洋铁路法》和《国家银行法》为铁路建设提供了法律保障和资金补偿,1956 年通过的《州际高速公路法》为美国州际高速公路的建设供应了充足的财政拨款④。截至 2021 年,美国高速公路的通车里程达10.82 万公里,便捷的交通加强了美国城镇间的联系,促进了劳动力和其他生产要素的流动。在推进城镇化整体规划布局过程中,会牵涉一系列重大问题。因此,城镇化不仅需要市场机制的调节,还需要政府宏观调控下的整体把控。美国以建立的权威政府以及组建的半官方性质地方政府联合组织为主导,以城镇公众集体参与为形式⑤,既缓解了政府规划的压力,又在整体规划过程中及时听取公众意意见,规避资源浪费和重复建设。规划方案通过后,其自身具有法律效力,不得随意更改。政府宏观把控下的整体城镇建设规划,对经济、环境、社会等的发展起到了保护作用。

第二,健全完善的教育体系为美国城镇化发展提供了充足的人才保障。在城镇化发展的过程中,美国留意到了教育对城镇发展的重要性。在基础教育方面,1958 年美国颁布的《国防教育法》明确了教育改革的方向,1983 年出台的《国家

① 马先标,燕安. 世界城市化历程回顾:兼述英国城市化的特征与启示[J]. 中国名城,2014,(11):9-14.

② 肖彬. 以新理念发展新型城镇化:借鉴英国城镇化发展经验[J]. 丝路视野,2016,(23):89,91.

③ 王海燕. 美国城镇化发展的特点和启示[J]. 经济研究参考,2013,(36):5-10

④ 张慧省. 美国城镇化发展对中国新型城镇化推进的启示[J]. 世界农业,2017,(3):171-174.

⑤ 彭翀,李婷,彭仲仁,等. 美国小城镇总体规划编制的公众参与组织案例研究:以德州丹顿大学城为例[J]. 现代城市研究,2016,(9):60-66.

在危机中：教育改革势在必行》标志着美国基础教育改革的正式启动。在 20 世纪末及 21 世纪初陆续颁布的《2000 年目标：美国教育法》《每个学生都成功法案》对美国的基础教育改革起到了推动作用，促进美国基础教育实现均衡化、多元化和科学化发展[①]。在高等教育方面，美国在 19 世纪中后期到 20 世纪初的这段时间里成立了约 200 所高校，在 1992 年美国的高等教育毛入学率已达到 82%，实现了高等教育普及化。随着城镇化的发展，需要大量的技术型人才，职业教育的重要性越来越突出。美国 2018 年出台《加强 21 世纪的生涯与技术教育法案》重新定位职业教育[②]，进一步树立数字化、智能化教育理念，紧跟就业市场培养技术人才，并且通过职业教育使不同的人口迈入不同的教育轨迹和选择多样的社会职业。美国从这三个不同的教育层面抓起，为城镇化建设的人才供应提供强有力的保障。

第三，协调社会中各种资源为美国城镇化发展保驾护航。随着美国城镇化发展进入第三阶段，出现了大城市的人口流向郊区城镇的郊区化态势。10 万人以下小城镇的总人口大幅度增长，大城市人口逐渐下降，小城镇的发展是推进美国城镇化发展的决定性因素。政府在推动小城镇发展时，注重城镇自身优势，合理整合社会资源，发展龙头城镇，从而由龙头城镇产生聚集效应，吸引企业入驻，促进基础设施建设的完善，带动周边小城镇的发展。在城镇群不断的发展过程中，推进城乡一体化，消除城乡差异[③]。

3. 德国城镇化发展经验

德国城镇化大致可以分为三个阶段：在 1840 年之前的时间里，德国农村人口占比远超过城市人口，是城镇化的起步阶段；1840 年到德国统一的 1871 年，这一阶段是工业革命推动德国城镇化发展的阶段，在这一时期大量农村人口流向城市；1871 年后，德国的城镇化繁荣发展。在第二次世界大战后的 60 多年里，德国的城镇化率由 68%上升到 2011 年的 77.1%[④]，在 2021 年达到 77.5%。在德国城镇化发展的过程中也遇到了一系列的问题，如德国鲁尔工业区的发展造成了环境污染、生态破坏等一系列问题。在经历半个多世纪的转型升级后，如今其已经成为城市更新和转型的典范。德国在城镇化发展过程中主要采取了以下措施。

第一，对传统产业升级改造，推动产业结构由单一转向多元。2011 年，德国在汉诺威工业博览会上提出了"工业 4.0"的概念，这一工业化战略为长期产业结构调整奠定了基础。德国鲁尔工业区在 20 世纪 50 年代时是欧洲最大的煤炭和钢铁产业基地，在经历煤炭危机后，鲁尔工业区逐渐转型为传统工业与高新技术产

---

① 白瑞. 要素主义视角下美国基础教育改革研究[J]. 当代教育科学, 2017, (5): 78-81.
② 余薇. 工业互联网背景下美国职业教育应对策略及其启示[J]. 职教论坛, 2021, 37 (2): 170-176.
③ 张慧省. 美国城镇化发展对中国新型城镇化推进的启示[J]. 世界农业, 2017, (3): 171-174.
④ 李俊. 德国城镇化进程中的教育模式演变及其对中国的启示[J]. 职教通讯, 2017, (28): 29-35.

业协调发展的现代工业体系。首先，德国对鲁尔工业区的煤炭企业进行集中化、机械化改造。关停不盈利的小企业，将煤炭田重新划分、统一布局规划，整体集中到机械化程度较高的大企业。在改造升级的过程中，政府不断给予产业如税收优惠、价格补贴、投资补贴等优惠政策。同样对钢铁企业进行改造升级，关停和合并小厂、老厂，建设扩大新厂，提高企业间专业化合作[①]。其次，鲁尔工业区积极探索新兴产业和第三产业，通过不断发展升级关联产业和新兴产业，推动产业结构转向多元化。最终，鲁尔工业区在化学化工、能源经济、教育科技等多方面成绩显著，并以这些优势继续带动自身发展[②]。鲁尔工业区还通过重新开发废弃的传统工业基地，使之成为旅游资源、商业资源等，焕发出新的活力。最后，每一个城镇区域都要因地制宜、因时制宜，打造属于自己的特色产业，增强自身发展的内在推动力，形成分工明确且专业的现代产业体系。每一个区域自身独特的风格可以避免城镇间同质化竞争，如柏林—勃兰登堡都市区是工业和文化中心、斯图加特是汽车城、慕尼黑是啤酒城等。

第二，追求多方面的可持续发展。可持续发展是德国政府的政策性纲领，在生态环境方面，制定严格的环境评估体系，把过去破坏严重的废弃矿山重新植树造林，把坍塌凹陷的废弃矿井改造为绿水湖泊。城市内和郊区的政府用合作投资建设的方式，以郊区的农业、林业和环境保护用地补偿城市内消耗的用地，为城市内的人提供清新的空气、清洁的用水。在能源资源方面，矿区再利用为德国可持续发展另辟蹊径。独特的矿区地表和空间结构蕴藏了多种可再生能源，矿区的新能源开发为鲁尔工业区综合发展提供新思路，成为其可持续发展的新途径[③]。在城市交通方面，可持续表现在德国鼓励缩短出行距离，积极推行低碳出行。政府不断发展公共交通，以减少人们对汽车的依赖。同时，提高采用步行和自行车出行人们的安全保障。此外，政府还鼓励开发混合居住区，以达到减少汽车出现的距离和次数。通过多方面的可持续发展，保证了资源最大化的有效利用以及对生态环境最大限度的保护和修复。

第三，德国以"去中心化"城镇模式达到了区域平衡发展。德国战后的城镇化不是将农业耕地变成工厂、将人口转移到大城市，而是从一开始就遵循以发展中小城市为主、就地城镇化的模式。德国首先从立法上确定了区域平衡发展的根本原则，德国宪法第 106 条规定，"德国应追求区域的平衡发展和共同富裕"[④]。

① 原振雷，薛良伟，宋锋，等. 鲁尔模式对河南矿业城市可持续发展的启示[J]. 矿产保护与利用，2006，（2）：11-15.

② 惠利，陈锐钒，黄斌. 新结构经济学视角下资源型城市高质量发展研究：以德国鲁尔区的产业转型与战略选择为例[J]. 宏观质量研究，2020，8（5）：100-113.

③ 郗富瑞，张进德，张德强，等. 德国鲁尔区矿业可持续发展战略概述[J]. 世界有色金属，2020，（10）：253-254.

④ 蒋尉. 德国"去中心化"城镇化模式及借鉴[J]. 国家行政学院学报，2015，（5）：113-116.

政府进一步通过再分配缩小城镇差距,兼顾经济效率与社会公平。德国中小城镇的基础设施、社会保障、就业机会等与大城市基本无异,人口流动大多数只是发生在邻近的城镇间。在"去中心化"的城镇发展模式下,德国形成了多中心的布局,全国共有如莱茵—鲁尔工业区、柏林—勃兰登堡都市区、法兰克福区等 11 个都市圈。

第四,高质量的教育有力地推进了德国城镇化水平的不断提升。德国是全世界较早普及大众教育的国家,追溯到 19 世纪初期时,普鲁士的教学中就引入了自然、地理、历史等学科,并且教育基本是免费的。在 18 世纪末,德国对大学进行大范围改革,将近代哲学和近代科学融入到高等教育中,为 19 世纪德国高等教育的繁荣打下稳固的基础[①]。城镇化的不断发展要求工人的知识水平与能力需要不断进步,职业教育与培训的建立解决了这一问题。职业教育体系的构建为德国培养了一批掌握基础的知识和劳动技能的训练有素的工人,这些工人与技术人才组成了一支强有力的技术团队,加速推进德国工业的发展和科学技术的进步,从而间接推动了城镇化水平的提升。

4. 法国城镇化发展经验

相较于其他西欧大国来说,法国的城镇化起步晚并且呈现出一种略为平缓的发展趋势。依据法国城镇化的变化过程,可将其分为三个阶段:一是 19 世纪 30 年代至第一次世界大战,法国的城镇化开始起步,并在第二帝国时期完成了第一次工业革命,农村迁往城市人口的数量逐年均速递增;二是第一次世界大战到第二次世界大战结束,法国城镇化率在此期间超过 50%,基本实现城镇化;三是第二次世界大战后,随着法国经济和工业的推进,城镇化迎来了快速发展时期,在 1975 年时法国的城镇化率达到 72.9%,此后进入稳定增长阶段[②]。法国在其城镇化发展的过程中,为建立起协调的城市网络运用了如下措施。

第一,平衡区域工业布局,发展地区落后企业。巴黎的面积仅占法国整体国土面积的 2%,但第二次世界大战后在巴黎却聚集了全法国 20% 的人口,并且这里也是工业高度集聚的地方。因此,政府首先聚焦巴黎,通过税收优惠和补助金的方式鼓励巴黎工业产业向落后地区分散,并且明令禁止在巴黎等大城市开办 500 平方米以上的工厂。将巴黎自身工业产业平衡给了周围五大区,工业平衡化使得这些区域加快了自身的发展脚步,同时也创造出了更多的工业就业机会[③]。巴黎的人口也开始向周围区域扩散,带动了周边城市的城镇化发展。

① 董凌波,曾书琴. 德国城镇化进程中的教育改革及启示[J]. 佛山科学技术学院学报(社会科学版),2020,38(5):60-65.

② 汤爽爽. 法国快速城市化进程中的乡村政策与启示[J]. 农业经济问题,2012,33(6):104-109.

③ 汤爽爽,叶晨. 法国快速城市化进程中的区域规划、实践与启示[J]. 现代城市研究,2013,28(3):33-41.

第二，发展多功能乡村，建成生态宜居的美丽乡村。在第二次世界大战后初期，法国大力推行农业机械化和完善乡村基础设施，在保障农产品供应的基础上进而解放乡村劳动力。20 世纪 60 年代初期，法国出台了《农业指导法》和《农业指导补充法》，确定了其农业深层改革的目标。20 世纪后期，法国颁布一系列的法律促使城乡不受行政边界的影响，可以一体化发展。市镇联合体的建立整合了城乡资源，统筹部署城乡间交通、医疗、教育等公共事务。截至2009 年，已经有约 90%的城镇加入市镇联合体，这标志着城乡融合的程度进一步加深[①]。同时，法国制定严苛的法律条款和投入大量的资金来整治环境质量，以建设乡村生态空间。法国 2005 年通过《环境宪章》成为世界上第一个把保护环境权写入宪法的国家，其在农村环境投入的支出超过了农村整体公共预算支出的 50%。此外，国家公园和区域自然公园也是法国乡村的重点建设项目，其国家公园面积约占法国国土面积的 9.5%。政府还通过公园的发展带动当地基础设施的建设、公共服务的提升，并且创造了大量的就业机会，进一步带动当地城镇的快速发展。

第三，突出城市文化特色，实现城市长久发展。法国在保护城市历史遗产和城市文化方面有着丰富的经验，因此形成了许多独具文化特色的城市，如巴黎的时尚文化、夏纳的电影文化、波尔多的葡萄酒文化等。20 世纪 60 年代初期，法国出台的《马尔罗法》规定历史街区不可随意拆除、修建等，必须要在专业人士的指导下对历史建筑进行修复[②]。法国的里尔最初依靠港口发展成为货运贸易城市，其建城历史可以追溯到 1066 年，古老的文化使这里积淀了大量的历史文化遗产。1964 年，由当地组织 RLA（Renaissanee du Lille Ancien，里尔旧城修复协会）推动的旧城改造，对古城内的街道、建筑进行维修，每一项修复和改造活动都有详细的记载和严格的监管[③]。里尔还有其独具特色的品牌——跳蚤市场，目前其已发展成为法国规模最大的跳蚤市场，每年至少吸引两百万名旅客前来参观。里尔古城经过改造后，重新焕发活力，吸引大量品牌商铺入驻，推动了当地乡村旅游业的发展。

5. 日本城镇化发展经验

日本的城镇化是人口和产业高度集中的城镇化，人口以东京、大阪、名古屋为中心形成都市圈，产业以东京、大阪、名古屋和福冈为中心形成工业区。日本的城镇化起步于明治维新时期，逐渐由农业国转变为工业国。1920 年开始日本已

① 刘爱梅. 多功能乡村建设的法国经验及对中国的启示[J]. 理论学刊, 2022, （5）: 112-122.

② 房硕. 法国巴黎旧城保护与文化传承[D]. 长沙: 湖南大学, 2010.

③ 丁窈遥, 周武忠. 守得住的"乡愁"：法国城市规划案例对中国城镇化的启示[J]. 中国名城, 2016, （6）: 66-74.

具备自我发展能力，城镇化呈现缓慢发展态势，并在这一时期形成了著名的四大工业带：京滨工业带、中京工业带、阪神工业带、北九州工业带[①]。1950 年后，日本进入快速城镇化时期，日本的城镇化率在 1970 年已增长至 72.1%。1977 年，日本进入城镇化的成熟阶段。日本与中国国情相似，其在城镇化发展过程中主要采取以下措施。

第一，不断优化产业结构，使得工业化高速发展。在第一次世界大战之后，日本就开始高度重视工业的发展。在 20 世纪 50 年代到 70 年代，日本的工业迎来黄金发展时期，日本的城镇化也处于快速发展阶段。工业增速的加快吸引了大批劳动力来到城市就业。在这一阶段，大约有 300 多万的人口流向日本都市区，其中农村和小城镇的人口占据绝大多数。工业的迅速发展使第三产业加速成长，从而更进一步提高了日本的城镇化水平。日本的产业结构在优化过程中逐渐由劳动密集型转向资本密集型和技术密集型，其产业附加值大大提升，生产效率和经济发展也进一步加快。人口继续加速向重工业城市聚集，因而形成了四大工业带，城镇化水平也显著提高。

第二，对土地资源进行集约化利用，使得土地发挥最大价值。日本的国土面积较小，自然灾害频发。城镇化的发展和土地资源的紧缺加剧了人地矛盾，因此日本历来十分重视对土地资源的合理开发和集约化利用。首先，大力发展多中心网络化的都市圈，每一个都市圈都有其配套的教育、医疗、商业与居住功能。其次，推进"立体城市"发展模式，打通地上地下空间利用。在不扩大城市边界的前提下，将居住、商业、娱乐、就业等功能在城市立体空间里实现整合[②]。最后，大力推进"缝隙空间"绿化建设，在建筑表面、屋顶、停车场等缝隙空间规划绿地建设，增加城市生态空间。对土地资源的最大化利用，一定程度上缓解了人地矛盾，并解开了制约城镇化发展的枷锁。

第三，政府适宜的调控和引导使经济得到了发展，进一步推动了城镇化提升。和欧美国家的城镇化发展相比，日本的独特之处就在于政府的适度调节控制。日本的城镇化是在政府严谨的指导下开展的，其全国规划和规划的实践运用都离不开政府的严密指导。政府制定产业政策以便在市场配置失灵时发挥作用，建立统筹管理体制保护农村劳动力合法权益，制定国土综合开发计划引导合理利用土地[③]。通过这些政府专门制定的政策、法律法规等，日本城镇化在政府适度调控下不断发展。

第四，全方位的国民教育使得人口整体素质提升，极大地促进了城镇化的发

① 丁江辉. 中日城市化质量比较研究[D]. 昆明：云南大学，2018.

② 赵文琪. 日本城市土地集约利用的规划路径及其借鉴意义[J]. 上海国土资源，2017，38（4）：56-62，92.

③ 郭斌，李伟. 日本和印度的城镇化发展模式探析[J]. 首都经济贸易大学学报，2011，13（5）：23-27.

展。自 1868 年后的 40 年里，日本完成了义务教育的普及，使得人口素质整体大幅提升。日本在 1886 年颁布的《中学校令》里将中学教育分为两大类。第一类是实业教育，主要教授国语、数学、汉文等科目；第二类是基础教育，主要开设文、法、理等科目，为学生顺利升入大学做准备。同年，日本颁布《帝国大学令》开始创办现代大学体系，将大学分为两部分：一是大学院，以学术性研究为主要任务；二是分科大学，培养专门的技术型人才。日本的义务教育入学率在 1968 年就已高达 99.8%，至 1970 年日本的高等教育入学率也已达到 24%[①]。日本充分认识到教育与城镇化直接的关系，因此将发展教育事业作为国家的首要任务。同时，日本还使教育改革与城镇化产业结构改革相匹配，细分学科培养出就业目标更加明确的人才，以适应日本产业发展，推动城镇化高速发展。

6.1.2　国内典型区域城镇化发展经验

1. 浙江特色小镇——小空间大平台的发展模式

浙江是我国民营经济发展发达地区，浙江省虽然没有明显的资源优势，但其丰富的经济和社会资源吸引了大量的生产要素和资源流向浙江，带动了浙江的工业化，浙江产业集群发达，"一县一品""一镇一品"的块状经济发展模式促进了浙江的城镇化快速发展。

中国经济进入新常态后，面临竞争优势减小和产业结构调整经济发展转型升级的压力，2014 年浙江提出特色小镇战略布局，成为供给侧结构性改革的关键一笔。浙江省政府对特色小镇建设的总体要求是：到 2025 年全省命名小镇达 100 个左右，总产出达到 2.5 万亿元，税收超过 1500 亿元，高新技术企业超过 4000 家。浙江特色小镇在概念上不同于行政单元的"镇"，不属于某一级行政建制，也并非传统意义上的"开发区"，克服了工业园区抑或是产业园区整体功能单一的弊端，由此从概念上将特色小镇与特色小城镇区别开来。浙江所有特色小镇的生态环境建设均以 3A 级景区及以上为准，旅游小镇要求达到 5A 级景区标准，优异的环境吸引高端人才和高端产业聚集，有效规避科技创新落后、生态破坏严重、文化内涵单调、人才引进困难的问题。浙江首创的推动供给侧结构性改革、破解有效供给不足的这一新路径，为全国推动经济转型升级和各地城镇化提供如下经验。

第一，从空间视角来看，小镇建设崇尚"小而精、精而美"，致力于小空间实现大集聚、小平台承载大产业，着眼于生活、生态、生产在空间上的融合，打造

---

① 董凌波. 日本城镇化进程中的教育变革及启示[J]. 当代经济管理，2017，39（4）：85-89.

产业集聚和人口集聚的新型多功能且具备完整城市功能的高效空间载体。浙江特色小镇的战略布局体现了土地节约、集约利用的特点，建设面积控制在 1 平方公里左右。在较小的空间内聚集高端人才、高端产业，力图用最小的空间资源配置达到生产力的最大化，使产业链、人才链、资本链在空间上高度聚合。

第二，从功能视角来看，通过产业集聚以及高端要素的聚集创造出小镇创新和产业转型升级所需的优良产业生态，不仅优化了产业生态系统，而且提升了区域发展的内生动力。浙江特色小镇是一种现代产业空间组织模式，注重人才、技术、信息、风险资本等高端要素的投入，并积极进行制度和组织创新，实现以创新驱动提升全要素生产率和产品价值。同时，注重多种功能的混合集聚，在聚集高端要素和专业化产业的基础上，从产业衍生出文化、旅游等功能，在较小的空间内着力实现文化、旅游、社区、产业功能的融合，即"产、城、人、文"四位一体。强调文化、旅游、社区的叠加效应，把小镇提供生产生活的基本职能向高品质化和多样化的生产生活需求升级，加大医疗、教育、体育、文化、娱乐等服务供给，调动多元化主体参与小镇治理，打造出产业富有特色、生态宜人、文化独具一格的新型空间社区以此引人来并留住人。

第三，从产业发展来看，依靠地区资源要素禀赋，面向经济发展趋势和转型升级的需求，明确每一个小镇的产业定位，基于有基础、有优势的产业，构建完整的产业生态链。每个小镇都紧紧围绕信息、环保、健康、旅游、时尚、金融、高端装备制造七大产业，延续丝绸、黄金、中药、青瓷、木雕等历史文化经典产业，既保护历史文化遗产又为传统产业注入新鲜血液。例如，云栖小镇在建设之初，将产值达 20 亿元的电商企业拒之门外，紧扣以云计算、大数据为方向的创新企业，并给予如租金减免、融资补贴等一系列专项扶持政策。如今，云栖小镇重点发展云智能、城市大脑、空天信息、生物医药、智能制造五大产业，形成"政府主导，名企引领，创业者为主体"的创新模式。

第四，从体制机制来看，市场主导与政府引导相结合。在政府和社会资本合作为基础的 PPP（public private partnership，公共私营合作制）融资模式下，小镇建设所需资金主要通过项目公司融资，不会增加财政负担。特色小镇在验收命名之后，规划范围内的新增财政税收上交省财政，前三年全额返还，后两年返还一半给当地财政。特色小镇生态环境可媲美旅游景区，但不设置旅游人数以及收入等考核指标。"小镇客厅"可提供开办企业、税收、工商登记、物业管理等一条龙服务。在无行政障碍、财政保障体系、让利机制完善的条件下调动市场积极性，改变以往政府引领、市场追随的开发模式，有效调动市场主体活力，政府回归生态环境保护、基础设施建设、制度保障、发展发扬文化内涵等公共服务职能。对小镇实行末位淘汰制，以固定资产投资、税收、主营业务收入等指标对小镇进行监督和引导。对特色小镇的建设，既要有政策优惠，又要有严格的把关机制。此外，政府为持续推进特色小镇高质量发展，积极引导小镇建设向数字产业化和产业数字化方向发展，执行"尖峰""尖兵""领航"等核心技术攻坚计划，培育集成电路、数字文化等产业形成具有全球影响力的数字产业集群，推动小镇产业高端化、绿色化升级。

2. 苏州工业园区——工业园区融合发展模式

1994 年经过多轮谈判，苏州工业园区作为中国和新加坡的合作项目正式成立。通过借鉴新加坡在新城区建设中更先进的成功经验，苏州工业园区经过多年的建设成为我国国际化工业园的创新典范。苏州工业园区的建设发展涵盖了工业、医疗、金融、通信、交通、教育及生活消费多个领域，园区以信息技术、高端装备制造两大千亿级产业为主导，同时汇集生物医药、纳米技术应用、人工智能等新兴产业，形成了丰富的"2+3"现代产业体系。2022 年园区地区生产总值超过3500 亿元，进出口总额超 7150 亿元，园区成为全国开放程度最高、发展质量最高、创新活力最强、营商环境最好的区域之一，在国家级经济技术开发区综合考评中实现七连冠。

不同于一般的产业集聚区，苏州工业园区通过借鉴新加坡城市建设理念，创造出一条科学合理的产城融合道路。园区规划建设一大特色就是规划先行于开发建设，虽名为"工业园"，但并非纯粹的工业开发模式，而是具备工业、商贸、居住等各项城市功能的"工业园"。工业区布局包括：区内统一规划、共享标准的各种配套设施、绿化、综合便利中心，为工人提供各类生活服务如餐饮、娱乐、停车、托儿所、银行、医疗等服务。中观层面工业区布局发展有六点原则：一是布局考虑风向、土质、航道；二是提供优质的基础设施建设，道路的容量和宽度必须满足繁忙的交通要求；三是工业地段尤其是高科技工业地段应用城市设计，采用高标准的建筑设计，以改善园区内厂房的外观，体现高科技水平；四是邻近生活区的工业区只容纳无污染工业企业，一般工业则置于远离生活区的地带，并且布置高科技无污染工业地带作为两者的隔离带；五是预留一定面积的土地作为各种类型的现成厂房用地，缩短厂家立即投入生产的时间；六是建设优质园林绿化带。同时在园区规划建设中引入"白地"（指对某块地的功能还不确定）、"弹性绿地"（弹性绿地两端为不同性质用地，其随建设进程慢慢压缩最终成为绿化带）等理念弹性控制短期内未明确用途的土地，提高园区内各项功能、经济高效运转，有效提高土地开发效益水平，提供优美舒适的环境。生活区布局体系为邻里中心的建设，结合新加坡的公共管理理念与苏州工业园区的多年实践，建设形成了集商业、体育、教育、医疗、文娱于一体的社区中心，涵盖了公共服务、商业服务和社会公益服务，邻里中心是政府、市场、社会在社会服务中各司其职、相互构建、优势互补的创新型社区服务模式。政府负责规划投资并保障社区服务的公平与效率，苏州工业园区邻里中心发展有限公司作为公共企业负责商业设施的开发、公共设施的管理以及市场监管，创造性地将经济效益和服务效率结合，构建出一个功能全面的社区服务体系。邻里中心既不同于传统意义的商业地产开发商，也不同于一般的百货商场或超市。公司更加注重提升社区服务和物业管理服务，在科学合理划分邻里中心功能的基础上同时通过招商或合作的方式引入商家，是商家而非商品的组织者和管理者。园区内邻里中心以点状均匀分布，其存在极大地丰富和便利了居民生活。

苏州工业园区发展的经验借鉴包括以下几个方面。

第一，产城融合的发展理念。苏州工业园区在建设初期就明确提出先进的高科技工业园、现代化、园林化的新城区发展理念，产业建设与城市建设并进发展。园区的发展建设从一开始就不是为产业而发展产业，而是始终在城市建设和产业建设的布局中相互协调，在不同阶段适时调整城市功能定位，实现两者的良性互动。政府通过提供各种公共产品与公共服务促进了城市功能的提升，进而为产城融合发展提供了重要保障。园区设立城市、片区、邻里三个中心，其与居住小区共同构成四级公共服务体系满足不同人群的多样化需求[①]，集商业服务和社会服务于一体、组合发展。此外，为向新兴产业转型，园区不仅在集聚创新创业人才的引进方面做了积极的努力，坚持在全球范围汇聚配置创新资源，截至2021年已设立中外合作创新中心21个，集聚国内外知名高校31家，拥有科创企业9000多家、国家高新技术企业1837家，为园区制造品质升级和产业转型做出重要贡献。在城市功能优化和生活配套方面，园区由西向东规划了3个开发区，商业中心位居中心由内向外规划生活区和工业区，采用带状组团式的开发模式延续了苏州城东西轴的布局形态。新时代，园区开启"未来社区"建设，将智慧城市这种崭新的城市服务形态推向更新的高度，在数字城管、交通旅游、市政管理、城市照明等方面发挥园区信息智能化独特的优势。

第二，前瞻性的科学管理。苏州工业园区拥有独特的组织管理架构。苏州工业园区级别高于任一国家开发区，拥有更多唯一性优惠政策，在财政税收、项目审批（上不封顶的自行审批权）、金融债券、公积金制度（中国唯一区域性公积金制度）、外事管理、海关监管（独立的海关、高效绿色通道）、保税物流（通关作业制度改革和现代物流试点区）、高新区政策共享、合作区扩大等方面给予更多政策支持和功能支持；拥有"先试先行"特权，凡符合改革方向均可在园区先行，一时看不准的也可在园区试行，在招商引资方面极具优势。

不同于国内多数开发区建设，苏州工业园区将行政管理主体和开发主体分离，由园区管委会作为市政府的派出机构在园区内行使行政管理职能，为客商

---

① 何磊，陈春良.苏州工业园区产城融合发展的历程、经验及启示[J].税务与经济，2015，（3）：1-6.

提供各个阶段的社会服务和行政管理;中新苏州工业园区开发集团股份有限公司作为开发主体,在园区内负责土地和房产的开发经营、招商引资、项目管理及产业与基础设施的开发。管委会和中新苏州工业园区开发集团股份有限公司在园区开发建设的各个阶段,各自发挥出不同的职能为企业提供了优质的服务,一同造就如今苏州工业园区的繁荣。管委会坚持"精简统一效能"的原则,一律取消可设可不设的机构,精简职能,减少管理层次,由非政府部门或中介机构承担传统体制下职能中层次较低以及部门中间层次的政府职能,坚持简政放权、"小政府、大企业"管理主体与开发主体相分离,弥补先进技术管理经验的不足。园区还建立了一站式服务的政府公共服务平台,全面贯彻"亲商"理念提供"全天候、全过程、全方位"服务,专设企业服务部定期走访企业、举行座谈会、现场办公,使政府从管理转向服务、从被动服务转向主动服务、从事前审批转向事后监督,苏州工业园区逐渐实现了从资源要素型开放向规则制度型开放转变。

第三,主导产业的动态优化。苏州工业园区顺应全球经济发展趋势,紧紧把握住了跨国企业产业转移的机会,从中新合作区到区外的镇,始终坚持产业链上下游配套与招商选商的发展理念。以跨国公司项目的不同规模为依据,设定进入核心区域的差异化门槛,对于没有达到投资密度标准的跨国公司,只允许其进入周围乡镇,在当时发达地区土地生产要素供给还相对充足的条件下这样的安排难能可贵,因此苏州工业园区如今形成了在国内外都具有重大竞争力与影响力的产业集群。在产业的动态优化方面,苏州工业园区在国内经济开发区中展开产业结构转型升级,引导信息技术和装备制造业继续做大做强向产业链两端发展,提出各种发展计划,同时大力发展生物医药、纳米技术、人工智能等新兴产业,积极提升产业层次培育新的增长点。依托独墅湖科教创新区的创业创新人力资源优势,坚持人才供给侧与产业需求侧结构深度融合,促进园区城市功能与品质匹配提升,为产业升级换代、商业模式的创新和新兴产业的良性发展源源不断地提供动力。

3. 珠三角地区——改革开放带动的城镇化发展模式

1978 年以来,珠三角地区作为全国改革开放前沿阵地凭借国家政策和邻近港澳的优势,成为中国城镇化率高、具有高度国际影响力的世界级城市群。2022 年,珠三角创造了广东全省 81.07% 的地区生产总值,城镇化率更高达 87.5%,已有 4 个万亿地区生产总值城市,珠三角 9 个城市的经济总量合计突破 10 万亿元。珠三角地区拥有广州和深圳两个一线城市,广州、深圳、珠海启动低碳生态城市建设,城镇化格局不断优化。

"十三五"时期广东省各类保障性住房达 49.36 万套,完成老旧小区改造超过

1600 个，5G 基站基础设施建设超过 12 万座，珠三角地区城市功能与品质逐步提升。同时，城乡融合迅速推进，城乡居民人均可支配收入缩小到 2.5∶1，实行医保城乡统筹，基本参保率稳定在 98%以上。

纵观改革开放以来，珠三角的经济规模与城镇化发展十分迅速，获得了极大的成功，缔造了举世瞩目的世界奇迹。珠三角地区由结合外资、土地、劳动力要素形成的外向经济驱动型城镇化模式，逐渐转向创新型、全域城镇化的城市群模式，从一个桑基鱼塘农业地区，历经乡村工业化、城市工业化阶段最终进入都市化、城市群发展阶段。其中具有代表性之一的深圳模式坚持敢闯敢试，构建开放的市场经济体系，依托科技产业创新参与全球价值链，持续推进全方位的系统性改革，致力于产业转型升级和绿色低碳高质量发展，发展成为现代化强国的城市范例、中国特色社会主义先行示范区。珠三角取得的巨大成就是我国改革开放40 年多来的重要典范，其城镇化进程的模式特点值得深入思考。

第一，改革开放之初自下而上的农村工业化发展。十一届三中全会之后珠三角地区的农村进行了家庭联产承包责任制改革，解放了大量农村劳动力，为城镇人口规模的扩大和劳动力供给提供了人力基础，并由此提供了珠三角城镇化的初始动力。20 世纪 80 年代兴起全国分权改革，行政权逐步从以计划经济主导的中央集权转向以市场经济主导的地方分权，自上而下的行政权改革极大地推动了珠三角经济发展的市场化和全球化，大批乡镇企业和私营企业的壮大迅速推动农村工业化进程。广东的权力下放从省、市、县、镇、村五层逐层展开深入到基层，乡镇政府按需自主制定优惠政策、自筹资金开展大规模的基础设施建设和土地开发，农村非农化迅速发展。同时，来料加工、来样加工、来件装配、补偿贸易"三来一补"新型企业合作贸易形式的创立和廉价的土地、劳动力以及便利的交通为劳动密集型产业提供极好的发展环境，使得珠三角村镇成为外商投资的主要载体，中小型劳动密集型跨国企业的聚集使佛山、东莞等快速从传统的农业发展模式转化为以工业为主的地区。在农村工业化发展的进程中，珠三角的乡镇逐渐形成规模化、品牌化的专业镇发展格局。一方面，形成以廉价劳动力和交通等优势吸引不同类型的外资企业集聚，并在其后发展中形成以某一种或两种产业为中心的产业簇群的植入型专业镇，如以步步高为中心成长为以电子信息与机械五金为主要产业的长安镇；另一方面，形成依靠原有传统资源优势或特色产业，与本地资源紧紧相扣并吸引大量同类型外资企业的内生型专业镇。

第二，外资进入和对外贸易的驱动作用。全球化浪潮下新一轮的产业分工和转移成为一些发展中国家或地区的主要发展动力和重要机遇。改革开放后，国际企业在珠三角的入驻投资以及乡镇企业的快速发展为珠三角创造了大量的就业岗位。农村大量剩余劳动力进入城镇务工，并且珠三角显著高于外地的劳动报酬吸引大量省外劳动力迁入珠三角地区。到 20 世纪 90 年代初，珠三角地区已经成为中国人口迁入量最大的地区，形成了丰富的、低成本的劳动力市场，这成为其城市人口增长和城镇规模持续升级的重要源泉。

第三，政府政策的正向导向作用。对外开放政策方面，从1979年在深圳设立第一个出口加工区到珠江三角洲经济开放区成立第一批59个重点工业卫星镇，珠三角在出入境、劳动工资、土地管理、进出口税收方面执行各类优惠政策，改革开放不到10年珠三角地区就成为我国对外经济技术交流的重要地带。人口政策方面，下放权力开放户籍管理，在全国范围内解放了大量农村劳动力，珠三角作为全国改革开放的前沿阵地吸引大量省外劳动力迁移，不仅为外资企业提供了充足廉价的劳动力，还为其城市规模扩张提供动力。在土地政策方面，由于国家改革开放之初没有限制土地的使用，并一定程度放宽了对环境生态的限制，珠三角因低地价吸引大量技术水平需求较低的劳动密集型跨国企业在其乡镇投资建厂。2021年，广东省人民政府颁布的《广东省新型城镇化规划（2021—2035年）》中提出，将全面放开宽重点群体落户限制。到2035年，全面取消除个别超大城市中心城区外的城市落户限制，基本实现人口自由落户。以就业创业、子女教育、医疗卫生、社会保险、住房保障为重点，实现城镇基本公共服务常住人口全面均等的覆盖，支撑珠三角城镇化规模快速增长。

第四，产业升级与城镇发展转型。美国次贷危机的爆发以及新一轮国际产业转移的新特点，劳动力成本的提高特别是技术型劳动力的需求提升等一系列发展问题让珠三角迈入高成本生产阶段，珠三角地区的低劳动力成本优势逐渐丧失，在这样的背景下，想要在激烈的全球竞争中保持优势地位，产业结构升级转型成为不可避免的路径选择。珠三角地区在经济发展过程中，整体科技水平、管理水平不断提升，形成了技术进步和高端人才资本驱动的内生发展模式，之前以土地、劳动力、资源等要素为驱动的发展模式逐步被以科技和创新为核心的发展模式取代，以保障珠三角经济发展和城镇化水平持续增长。过去以土地和劳动力为基础高速发展的城镇化，是一种牺牲生态环境和乡村利益的发展模式，导致了土地资源紧张与城乡发展失衡等严重问题。政府积极谋划珠三角城市转型发展，以技术创新驱动增长向更高附加值的产业链延伸，注重城乡协调发展及有品质的城镇化发展。在完成农村农民在空间上的转移和社会流动之后，医疗、教育、文化、体育等公共服务的供给成为城镇化的重要任务。广东省的《珠江三角洲全域规划》不仅涵盖农村地区乡村治理、农村基础设施建设等统筹城乡发展内容，也包括城市品质建设和生态环境的保护，营造优质的软、硬环境吸引人才实现更健康的可持续发展。

《粤港澳大湾区发展规划纲要》的印发使珠三角9市与港澳的联系更加紧密，粤港澳大湾区将建成世界新兴产业、先进制造业和现代服务业基地，建设世界级城市群和国际一流湾区。

6.1.3　国内外城镇化质量提升的启示

纵观国内外城镇化发展经验，都反映出了城镇化发展的基本规律以及政府的支持作用，可供新时代我国城镇化高质量发展借鉴的经验与启示包括以下几个方面。

一是制定科学的城镇化发展规划。比如，英国、美国、法国、日本以及我国的苏州工业园区等，都制定了科学合理的城镇化发展规划。国外更多用立法来保障规划的实施，对产业布局和城市功能布局进行了科学的超前规划，以科学的规划作为引领，避免了城市发展过程中可能出现的产城分离、城市病等问题。苏州工业园区在建设之初，将国际先进的城市规划设计理念引入园区，规划了国际化、现代化、园林化的新城区框架。

二是推进产业转型升级。产业是城镇化质量提升的经济支撑和动力，产业的层级决定了城市的品质，产业结构决定了就业结构，产业发展水平决定了人民的收入和生活水平，因此高质量的城镇化必须以产业转型升级为基础。随着产业转型升级，各国将劳动密集型产业向国外转移，本国专注发展价值链上的研发设计、品牌营销等高附加值环节，产业升级和转移也使得世界工厂所在地发生了更替。随着产业转型升级，服务业将替代工业在城镇化过程中发挥主导作用。如今在发达国家和地区，服务业成为城市的主导产业。产业转型成功的典型地区包括德国鲁尔工业区、美国匹兹堡、英国伯明翰等地区，这些地区曾经都存在发展资源依赖型产业、城市环境污染严重、经济发展衰退等问题，经过长期的转型，如今构建了以高新技术产业和现代服务业为主的产业体系，如英国工业革命的重要发源地伯明翰在产业转型中加大了第三产业占比，由曾经的重工业中心发展成为英国重要的金融中心、科技中心和商业中心，提升了城市发展品质。国内浙江的特色小镇也是以特色优势产业发展现代产业空间形式，梦想小镇、云栖小镇都是发展高科技产业，集聚了大量高端人才，以小空间发展大产业，并实现了"产、城、人、文"的高度融合。珠三角地区更是产业转型升级的典范，以深圳为例，改革开放初期主要靠承接国际产业转移加工环节发展，之后尤其是 2008 年全球金融危机后实施低端产业对外转移实现"腾笼换鸟"，大力发展高科技产业和战略性新兴产业，不断提升创新能力，产业发展走向高端化、智能化与服务化，不断向全球价值链高端攀升，深圳如今已成为国家重要的金融、贸易和创新中心。

三是完善的基础设施建设。首先，完善的交通网络有利于商品和生产要素在城市之间的自由流动，可在全国范围内实现"一日经济圈"，降低运输成本，提高交易效率，扩大产业链分工的半径，促进区域间分工，降低企业交易成本和生产成本，提高生产效率。地铁、高铁等快速便捷的交通网络能够降低通勤成本，有利于吸引人才集聚，也有利于郊区城镇化，也能带动物流、旅游业的发展，因此，发达国家和地区在城镇化过程中都建立了完善快捷的交通网络。其次，发达国家的城市地下排水系统非常先进，地下排水管道被称为城市的"良心"，影响着城市的生产生活与出行安全，也是城市文明的重要标志。比如，日本东京地下排水系统每秒排水可以达 7000 立方英尺①，只需要 12 秒就能排空一个奥运会比赛游泳池里的水。因此，东京地下排水系统为世界上规模最大、最先进的排水系统。法国巴黎先进的地下排水系统使得巴黎从未出现过暴雨排泄不畅导致的交通阻塞，更没有出现过下雨"观海"的现象。因此城市的基础设施建设需要既重视"地上"也要重视"地下"，建设海绵城市、韧性城市。

四是重视小城镇的建设。经过多年建设，国外的小城镇在基础设施和公共服务上已经和城市没有差别，在重视基础设施建设的同时，也要人文环境和自然环境的建设，优美的环境，完善的基础设施，比大城市更宜居，吸引了很多人到小城镇旅游和居住。除了环境优美之外，小城镇都有主导产业驱动，包括传统产业、高科技产业和文旅产业。传统产业的小镇有法国格拉斯香水小镇、美国宾夕法尼亚州好时巧克力产业小镇等；高科技产业的小镇包括拥有 Google、赛门铁克、微软、美国国家航空航天局艾姆斯研究中心等知名企业的美国山景城小镇，世界著名的航空发动机公司罗尔斯·罗伊斯总部所在地英国 Sinfin 小镇，说明了高端产业并不一定要集中在大城市，小城镇建设好了，同样可以吸引高端产业和人才的集聚。文旅小镇也会和本地的传统文化紧密结合，如法国戛纳电影小镇、法国普罗旺斯鲜花主题小镇等，都已是知名的旅游胜地。我国浙江的特色小镇、江苏和广东的小城镇建设经验也值得其他地区借鉴。在高质量发展阶段，小城镇是实现就近城镇化的重要载体，应把小城镇建设成主导特色产业驱动、环境优美、设施完善、生活宜居、有文化内涵、文旅融合的理想小镇。

6.2　城镇化高质量发展的总体路径

新时代城镇化高质量发展应该在新发展理念的引领下，坚持以人为本的原则突破传统城镇化的困境，实现由追求速度和规模向追求质量和效率转变、由城乡分割向城乡融合转变、由"土地城镇化"向"人的城镇化"转变、由粗放型向集约型转变、由不可持续向可持续发展转变。

新时代的城镇化应立足于我国大规模人口特征的基本国情，坚持以人为本的原则，在新发展理念的战略引领下，以创新发展为动力，以提高农业转移人口市

---

① 1 立方英尺=0.028 316 8 立方米。

民化待遇为核心，以产城融合与城乡融合发展为两翼，以绿色发展为底线，以城市群为主要空间载体，以开放发展为必由之路，在持续的改革和创新之中实现以人为核心的高质量城镇化。

6.2.1　促进农业转移人口市民化，建设以人为核心的新型城镇化

加快实现农业转移人口市民化，是未来新型城镇化质量提升的关键，也是实现以人为核心城镇化的首要任务。只有实现人的城镇化，才能解决物的城镇化中的土地城镇化快于人口城镇化的问题，以及城市市民与农民工在权益享有上的"新二元结构"问题。当前在部分城市仍然存在落户门槛"该放不放"、基本公共服务对非户籍常住人口覆盖不全、农业转移人口稳定居住和就业能力不足等突出问题。

农民工市民化的内涵和实践应该是多元统一的，农民工市民化权能是由经济、社会、文化和公共服务四个核心要素构成的有机统一体[①]。其中，经济融合是基本动力，社会融合是根本目标，文化融合是高级阶段，公共服务融合是外部支撑。因此，推进农民工市民化进程中，应坚持从多层次多方面实施更加精细的政策，最终提高农民工城市生活的融入能力，在就业、生活、社会参与、文化认同、心理归属感等方面真正实现市民化。

（1）通过改革户籍制度实现农民工的公共服务融合。公共服务融合通过一系列均等化的居民福利权利的赋予而实现，是市民地位和待遇的制度性确认，也是市民化进程中社会利益调节的重要因素，需要进一步改革户籍制度，放宽城市落户限制，完善居住证制度。基本公共服务要建立以居住证为载体，与居住年限等条件挂钩的提供机制，基本公共服务应该更多地由地方政府提供，切实保证居住证持有人能实际享有城镇住房保障、义务教育等公共服务。逐步改变城市社会福利、公共服务与户籍捆绑的现状，实现基本公共服务对城市常住人口全覆盖。从多方面为农民工提供市民化待遇，具体包括解决农民工的社会保障、子女入学、保障房购买、家庭成员随迁进城等实际问题，帮助进城农民工提高融入城市的能力。让农民工享受与市民同等的公共服务和社会福利，提高其市民化待遇。通过普惠性的公共服务和社会福利，消除农民工和市民的差距，实现农民工和市民的逐渐趋同，为农民工融入城市提供重要外部支撑。比如，杭州发展新市民租赁房，共有产权房、经济适用房等，放开农民工在城市落户的限制，落户的农民工和家属可以平等享受市民的公共服务，进城落户的农民工还享有农村宅基地和承包地的权益，这一点值得其他城市学习和借鉴。

---

① 熊景维，张冠兰. 农民工市民化权能：一个综合视角的理论[J]. 社会主义研究，2022，(4)：141-148.

（2）提高农民工的就业能力以实现经济融合。就业是农民工市民化的物质承载和发展基础，是农民工融入城市的根本动力。使农民工全方位地融入城市并成为市民，不是单纯依靠落户就能够完全解决的，还需要提高农民工的就业选择和适应能力。以网络在线学习、夜校等多种方式吸引农民工参加职业技能培训，提高农民工适应产业升级转型和就业岗位需求变化的能力，加大农民工就业技能培训资金的投入力度，提高培训补贴标准，降低农民工参加技能考试鉴定的费用，扩大职业院校对农业转移人口的招生规模，对新生代农民工参加职业学校学习给予学费和生活补助[①]，扩大其就业选择计划和提高就业能力。建立健全农民工就业需求和市场经营主体用工需求信息采集制度，精准匹配岗位信息，变被动申请为主动提供个性化的就业服务[②]。

（3）提高农民工的社会参与度，增强其社会和文化融合能力。社会融合直接支撑了农民工在城市社会场域中的身份生产，同时为其融入城市提供社会资本条件。农民工要从乡村社会制度和规则过渡到城市社会生活中，是一次"再社会化"的过程。通过增进社会融合提升新市民的获得感和幸福指数，是农民工市民化的核心要义。文化融合是指准城镇化人口对务工地城市形成市民身份认同和城市归属感，并内化本地价值体系的过程，文化融合是农民工市民化的高级阶段。文化融合的本质是价值和观念的互动连通和协调，其根本任务是要解决迁移者在其原生文化与迁入地社会主流文化之间架构起合适的沟通桥梁，以化解两类不同类型本土文化的潜在冲突，并为新来者的价值和观念体系重新确定参照系。乡村社会是以血缘、亲缘为基础，靠人情关系网络维系，是一种非正式的治理机制，合作的范围也因熟人社会的有限性而呈现局部性和封闭性。城市社会本质上是一个陌生人组成的匿名社会，是由匿名的市场交易者所组成的松散联合体，是依赖正式规则的质量机制。因此农民工进城前适应的是"乡土本色"，进城后要逐渐适应城市文化，这相比经济融合与公共服务融合，难度更大，需要的时间也更长。

进城农民工实现社会融合和文化融合，需要地方政府、企业、社会团体、农民工等多主体的共同努力。地方政府应将进城农民工的住房问题纳入市政建设规划，为符合条件的农民工提供更多的公租房，改善他们的居住环境，同时地方政府应要求社区管理者为进城农民工提供对等的社区服务。农民工所在企业应该鼓励农民工积极参加工会组织，提高他们对企业发展的参与度和关注度，提高其对企业的归属感。居住的社区加大对农民工的包容性，为社区进城务工人员提供全

---

① 赵立. 新生代农民工的市民化心理适应：对浙江省 904 个样本的调查与分析[J]. 管理世界，2014，（11）：180-181.

② 解丽霞，徐文蔚，李泉然. 包容性社会政策视角下的农民工市民化问题研究[J]. 华南理工大学学报（社会科学版），2019，21（5）：70-78.

方位、立体式的服务，应多组织农民工参与文化娱乐活动，满足他们的文化娱乐生活需求。通过多种方式培育农民工对城市良好认同感和归属感，激发其向往、爱护和建设城市的主人翁意识，增强农民工对城市融入的信心。全社会也要消除对农民工的歧视，尊重和保证他们的各项权利，工会、共青团、妇联等组织应开展关爱帮扶农民工及随迁家属活动。最终实现让农民工在公共服务、经济、社会和文化多方面融入城市，真正成为城市市民。

（4）盘活农村资产，推进进城落户农民工的农村权益有偿退出以解决其后顾之忧。要调整好农民工进城利益与农村权益的平衡，以解决农民工落户的后顾之忧和强化进城落户激励[①]。加快建立"三权"市场退出机制，加快"三块地"改革。土地承包权是其农业生产的基础，宅基地使用权是其生活居住的保障，集体收益分配权是其重要的收入来源。要遵照平等、自愿、有偿的原则，为进城农民工科学有序退出土地承包经营权、宅基地使用权和集体收益分配权提供平台和渠道，稳定农民工进城落户的意愿，解决其后顾之忧。让进城农民工在城市"进得来""留得下""有发展"，增强他们的城市融入感和价值感，共享城镇化的发展成果。

（5）发挥县城的作用，促进农民工就地就近城镇化和市民化。2022年5月中共中央办公厅、国务院办公厅印发的《关于推进以县城为重要载体的城镇化建设的意见》中指出，"增强县城综合承载能力，提升县城发展质量，更好满足农民到县城就业安家需求和县城居民生产生活需要"。

目前我国城镇化已经出现了从"异地城镇化"向"就地就近城镇化"转变的趋势。人口迁移已出现三个下降，首先，外出农民工占农民工总量比例下降，由2008年的62.3%降至2021年的58.7%；其次，外出农民工跨省迁移比例下降，由2009年的51.2%降至2021年的41.5%；最后，跨省农民工占农民工总量比例下降，由2009年的32.4%降至2021年的24.4%。

县域是我国基本的行政单元和经济社会发展的重要基础。县城是我国城镇化空间格局的主要形态，县城不但是县域经济发展的增长极，而且是县域综合服务中心和治理控制中心，也是乡村振兴的重要牵引，推进以县城为重要载体的城镇化建设极为重要，县城是吸纳新增城镇人口的重要载体，有利于引导农业转移人口就近城镇化，以县域为基本单元推进城乡融合发展，强化县城综合服务能力和乡镇服务农民功能，坚持因地制宜的原则，依据区位条件、资源禀赋和发展基础，确定县城的主导产业，改善县城的各项功能，促进县城产城融合发展。

---

① 程郁，赵俊超，殷浩栋，等. 分层次推进农民工市民化：破解"愿落不能落、能落不愿落"的两难困境 [J]. 管理世界，2022，38（4）：57-64，81，65.

与大中小城市相比，县城具有很多优势，包括房价比较低，农业转移人口购房负担会降低很多，而且医疗、教育等其他生活成本也较低，语言、文化不需要转变和重新融入，乡村的人际关系和社会交往圈子也能继续保持，因此，推动农民工市民化，既要努力提高大城市的开放性，也要着力提升县城的吸引力，实施就地市民化政策。县城需要加快补短板强弱项，推进产业配套、环境卫生、公共服务、市政公用等设施的提级扩能，增强县城的综合承载能力和治理能力。首先，应遵循农民工循环流动的特点，进一步建立完善城市农民工养老保险等社会保障的转移接续制度，消除农民工循环流动和最终返乡定居的制度障碍。其次，对那些吸纳从本地农村外出后又返回当地定居的农民工较多的县城加大财政支持力度。

农民工市民化最终目标是实现基本公共服务由歧视向均等的转变，在居住方式上由非正规向正规的转变，在就业岗位上由低质量向高质量的转变，在心理状态上由城市过客向城市主人的转变。因此，只有以常住人口市民化目标取代户籍人口市民化目标，才能真正实现符合经济发展客观规律和以人为核心这一根本特征的高质量城镇化[①]。

6.2.2　坚持创新驱动，实现高效率的城镇化

党的二十大报告提出，"加快实施创新驱动发展战略"[②]。要以创新驱动城镇产业转型升级，实现高效率的城镇化。坚持科技是第一生产力，创新是第一动力，人才是第一资源，提升城市创新驱动能力，建设创新资源高度集聚，创新成果丰硕、对周边科技创新具有较强辐射和引领作用的创新型城市。2022 年颁布的《"十四五"城镇化与城市发展科技创新专项规划》，提出着力提升城镇化与城市发展领域的科技支撑能力，破解城镇化发展难题，构建中国特色新型城镇化范式，开创城镇化与城市发展领域科技创新工作新局面。因此，要以创新驱动城镇产业转型升级，提升城市创新驱动能力，建设创新资源高度集聚，对周边科技创新具有较强辐射和引领作用的创新型城市，实现高效率的城镇化。

1. 要加大科技创新力度，实现高水平科技自立自强

首先，加强基础研究，习近平总书记指出："基础研究是整个科学体系的源头，

---

① 邹一南. 农民工落户悖论与市民化政策转型[J]. 中国农村经济，2021，（6）：15-27.

② 习近平. 习近平：高举中国特色社会主义伟大旗帜 为全面建设社会主义现代化国家而团结奋斗——在中国共产党第二十次全国代表大会上的报告[EB/OL]. [2023-09-18]. https://www.gov.cn/xinwen/2022-10/25/content_5721685.htm.

是所有技术问题的总机关。"①要加大应用基础研究力度，促进创新链和产业链的精准对接。要坚持科技自立自强，聚焦重点产业链薄弱环节加快补齐短板。针对关键环节的"卡脖子"、新增长点支撑不足等结构性制约，推进补链强链，加快培育新动能，以解决我国基础研究积累薄弱、原创性成果相对缺乏、前沿技术产业化能力不足的问题。目前北京中关村，长三角地区的上海、南京、杭州等就是依托知识创新（基础研究）资源进行技术创新的地区。其次，促进关键核心技术创新，在补齐短板的同时锻造长板，针对产业薄弱环节，加强关键核心技术攻关，有效解决一批"卡脖子"问题。加速科技成果向现实生产力的转化，提升产业链水平。比如，深圳通过有效的机制和制度吸引国内外丰富的创新资源，将技术创新成果实现产业化，在5G、无人机、新能源汽车等领域技术创新能力处于全球前列。深圳的创新发展充分说明了具备吸引创新资源和创新成果并进行转化的能力是创新型城市建设的关键。

2. 通过数字技术催生新产业新业态新模式，培育城镇化发展的新动能，提升城市的科技内核

发展包括数字产业化、产业数字化、城市治理和社会管理数字化的数字经济是城市现代化的重要路径，智慧化城市的建设需要通过大数据、云计算、人工智能、物联网等高科技手段的支撑，通过城市信息化数字化建设，实现以城市为中心连接其外围的万物互联互通，建设数字科技创新中心。比如，杭州市推动杭州城西科创大走廊打造综合性科学中心，加快技术创新中心、工程研究中心等新型实验室体系建设，谋划建设超级感知、社会治理大数据与模拟推演等重大科技基础装置。推动制造业与新一代信息技术的高度融合，促进传统制造业技术升级，大力发展新兴产业，促进制造业高端化、智能化、数字化发展。加快服务业数字化转型，加强数字生活新服务先行市、样板县、特色镇等标杆培育建设，建设新型消费中心。组织实施数字商贸建设三年行动计划，推动实体商贸服务业数字化改造和线上线下融合。根据《浙江省数字经济发展白皮书（2022年）》中的数据，2021年，杭州已有1000多家数字经济各领域的龙头企业，形成电子商务、云计算、大数据、数字安防等产业集群。数字经济已成为推动杭州高质量发展的重要引擎。济南和青岛于2022年5月建成开通了国家级互联网骨干直联点，形成了一大批数字经济突破性成果。

3. 构建产学研深度融合的技术创新体系

发挥各高校、科研院所的人才和科研优势，发挥科技型骨干企业引领支撑

---

① 中共中央宣传部，国家发展和改革委员会. 习近平经济思想学习纲要[M]. 北京：人民出版社，2022：108.

作用，促进企业、高等院校和科研机构在战略层面有效结合，组织产学研联合攻关，支持高等院校以科技成果参股形式服务企业。鼓励建立产业技术战略联盟，支持产学研用相结合的研究开发联合体，建立国家支持和企业分担的投入模式，通过合理的利益和知识产权分享机制，形成产学研用合作长效机制。加快大学科技园区建设，促使高等院校、科研院所、企业建立长期、稳定、制度化的产学研利益共同体，进一步加强知识产权管理和保护，保障合作各方权益。最终实现教育链、人才链、创新链、产业链有机衔接，加速创新要素聚集，打造科技创新共同体。

4. 加大对创新型人才的培养

科技创新需要高素质人力资本作为支撑，人才是人力资本中的最重要部分。要优化教育结构，改革人才培养、引进、使用等机制，培养适应创新需求的知识型创新型人才[①]，实现"人口红利"向"人才红利"转变，提高城市的创新能力。

5. 完善产权保护制度

建立健全知识产权保护体系和工作机制，优化知识产权保护环境，加大对各类侵犯知识产权违法行为的惩罚力度，加强激励创新的正外部性行为。改进知识产权授权审查工作，加大知识产权保护力度，提高知识产权质量，完善知识产权价值评价机制。同时，全社会要形成遵守知识产权的观念和氛围。对重大科技成果和专利技术要进行保护，积极应对和规避专利壁垒。建立重大经济活动知识产权审查制度，促使企业改变过去被动应对知识产权挑战，转向主动运用知识产权规则维护自己的利益。

6.2.3　推动城乡融合发展，建设高度共享的城镇化

全面建设社会主义现代化进程中的城乡融合发展，应该表现为城市和乡村形成命运共同体。城市的现代化建设需要增加对乡村地区的要素供给，乡村为城市提供市场和发展的空间，承接城市转移的产业，并且为整个区域提供生态财富，减少以前城市对乡村的虹吸效应，增强城市对乡村的扩散效应，实现城乡深度融合发展。城乡融合发展将有利于解决城市病和"三农"问题，实现城乡共治共同发展。

---

① 黎智洪. 我国产业发展"三大变革"的理论逻辑与方法论[J]. 改革，2018，（9）：91-101.

1. 推进城乡一体规划设计

城乡融合发展要规划先行，坚持城乡生命共同体的理念，改变以前的城乡二元结构，在规划设计时统筹城乡发展，统筹城市、县域城镇和村庄规划建设，系统考虑土地利用、产业发展、基础设施建设、医疗和教育设施、人居环境整治、防灾减灾和历史文化传承、生态保护等，促进城市、县城和乡村的功能衔接互补。形成一种更加兼容、交叉和协作的城乡发展方式。

2. 推动城乡产业融合

乡村振兴最重要的是产业振兴，产业兴则乡村兴。要解决农业产业链条短、农产品附加值低、农业生产效率低等问题，必须推动城乡产业融合发展。需要城乡根据各自优势，促进产业在城乡空间合理分布，深化城乡产业分工合作，实现城乡产业链融合。一方面要充分利用乡村的资源优势，另一方面要拓展延伸城市的产业链条，发展城乡上下游互补产业。纵向延伸农业产业链条，横向拓展农业产业功能，多方面提升乡村价值，构建现代乡村产业体系，为乡村振兴夯实物质基础。城乡融合既有利于城市拓展市场，又有利于乡村提升产业竞争力，增强乡村振兴的根本动力。

一是要围绕产业链，深化城乡产业分工协作。加大城市对周边乡村产业发展的扩散效应，发挥城市在技术、知识和效率上的相对优势，将供应链、产业链和价值链延伸到乡村，带动乡村产业边际生产力和生产效率的提高。构建城乡产业互动、互融机制，建立"城市—县域—新型村镇"的产业联动机制。以建设新型村镇为契机，引进一批龙头企业和产业进驻村镇，开发村镇资源，以产业发展实现乡村振兴。推动农业"接二连三"，促进乡村一、二、三产业融合发展，纵向方面发展农产品加工、储存、运输、销售等产业，横向方面利用乡村资源，发展休闲旅游、康养、民宿经济、农耕文化体验等产业。加快推进农村物流现代化，建设现代化农产品冷链仓储物流体系，打造农产品销售公共服务平台，促进农产品与城市超市以及社区对接，激励各类企业在农村设立服务网点。推动城市企业与农户建立长期的订单关系和利益分享机制，促进农户的生产模式从自发生产向订单生产转变，以拓宽农户的农产品的销售渠道，提升其经营效益[①]，结合村镇优质与优势资源，不断创新产业融合发展模式。

二是实现农业产业数字化。数字技术为我国农业现代化发展提供了前所未有的新动能，也为提升我国农业质量效益提供了新途径。发挥数字经济的乘数效应

---

① 许彩玲，李建建. 城乡融合发展的科学内涵与实现路径：基于马克思主义城乡关系理论的思考[J]. 经济学家，2019，(1)：96-103.

和空间溢出效应，将数字经济和农业深度融合，重塑供应链、延长产业链、提升价值链，发展现代智慧农业。第一，将物联网、传感器、无线通信、智能控制、大数据等技术融合起来，形成综合环境控制系统，可实时监测和调控温度、湿度、光照等环境因素，建设智能农业系统。发展低能耗、高度智能、资源利用高效，全要素生产率高的现代化农业。通过数字技术的使用，可以有效提高农业生产中对信息的抓捕能力，获取更加精确的农业生产数据，推动农业"精确化"生产，实现农业精准管控，合理调整农业生产布局[1]。依托大数据平台，实现农产品从生长监测、质量管理、科技咨询到市场销售全流程数据化和信息化管理。第二，借助互联网平台，打破农业技术的应用和服务壁垒，满足农户的技术需求，实现农户在家借助网络就可以学习农业技术，促进农业技术成果的快速应用。第三，深入实施"数商兴农"工程，大力发展农村电商，搭建更多的农产品流通新平台，以拓宽农产品销售渠道和农民增收渠道。比如，西安市长安区东大街道已经在数字化发展上走在了前列，成为电商和直播带货的区域中心。东大街道由高新区代管后，迎来了数字化发展的新机遇。西安高新区是全国唯一有"双中心"的开发区，即综合性科学中心和科技创新中心，数字化实力雄厚，数字化企业密集。高新区推进"万企兴万村"，通过以工支农、以城带乡，支持代管乡村实现数字化发展，从电商带货、乡村信息建设深化到数字农业、智慧农业，让数字化赋能乡村振兴，使乡村振兴高质量发展，实现城乡共同富裕发展目标。

当然，智慧农业的发展需要大量农村信息基础设施的投入，需要现代农业生产技术以及信息技术、农业经营和管理的人才支持。

三是探寻产业新业态与新发展模式。根据居民消费需求的变化和升级，充分挖掘农业的多维功能，乡村应利用好本地特色资源和比较优势，发展特色产业，探寻新业态和新发展模式。探索实施生态农业、休闲农业、创意农业、农特微商等多种发展模式，引导和扶持乡村发展"农业+旅游""农业+农耕文化+旅游""民俗文化+旅游""农业体验+旅游""红色教育+旅游"等新业态[2]，这些新的产业业态有利于增强农村经济发展的内生动力，将资源优势变为经济优势，实现城乡产业融合发展。

四是要构建促进城乡产业融合的科技创新体系。①搭建创新平台，构建创新主体，以创新驱动乡村产业振兴。通过科技创新，提高农业生产效率，实现集约化高效化经营。将城市的科技创新体系延伸到乡村，在乡村搭建智能加工制造、物联网、生物基因工程、现代冷链物流等技术研发体系，以技术创新实

① 文丰安. 全面实施乡村振兴战略：重要性、动力及促进机制[J]. 东岳论丛，2022，43（3）：5-15.

② 阿布都瓦力·艾百，吴碧波，玉素甫·阿布来提. 中国城乡融合发展的演进、反思与趋势[J]. 区域经济评论，2020，（2）：93-102.

现乡村产业现代化。推进农业产业园、科技园、创业园、田园综合体建设,将其打造成现代农业示范、现代农业技术装备集成、现代农业创新创业的载体[①]。②推动现代智能设施装备、数字化技术等精准化应用与示范。加快智慧农业关键领域核心技术自主攻关,研发具有自主知识产权的土壤养分、土壤重金属、农药残留、病虫害等传感器,建立农业质量标准体系;积极发展农业人工智能,重点开展农业大数据智能化应用研究与测试;研制农机传感器高性能芯片与智能操作终端。

3. 促进城乡空间融合

城镇—乡村空间是城乡各类资源、要素和产业集聚的空间载体。通过城乡空间融合优化城乡产业布局,加快各类生产要素在城乡间的流动,尤其是城市要素向农村的流动,以此带动城乡产业融合;人口在城乡间的流动可以加速城乡社会文化的碰撞和交流,有利于城乡社会结构的融合。以城乡空间融合实现城乡生态环境共治制度,一方面乡村田园风光渗透到城市,推动建设田园城市;另一方面城市环保理念延伸至乡村,提升乡村的环保治理水平,进而有助于提高城乡的资源环境承载力,建设城乡生态经济良性平衡系统,促进城乡可持续发展。

需要通过新型城镇化和乡村振兴双轮驱动重构城乡区域"生产—生活—生态"空间格局和空间形态,合理规划城镇与乡村的国土空间功能分布,促进"城镇—乡村"地域系统空间的顺畅循环,实现城乡空间融合。地方政府应同步优化城镇和乡村地区三次产业构成的生产空间和由街道办、社区、村镇构成的生活空间,建立城乡融合"共生生态系统"的生态空间[②]。

尤其是在城市郊区,可以通过发展田园综合体、观光采摘农业、创意农业等业态,打造集生产、生活与生态于一体的城乡融合空间,卫生环境、停车场、餐馆住宿等服务标准要与城市接轨,吸引城市人群到城市郊区旅游,利用好乡村的空间优势和城市的市场规模优势,将郊区乡村的旅游资源活化,将城市服务业空间延伸到乡村,有利于促进城乡融合。城市郊区一般交通发达和便利,不存在"最后一公里"的障碍,对城市人群吸引力更大。

4. 促进城乡社会融合

城乡二元结构也体现在社会结构方面,包括基础设施、公共服务和文化的二元发展,因此城乡社会融合是城乡融合的重要内容和应有之义,城乡社会融合的

---

① 完世伟. 创新驱动乡村产业振兴的机理与路径研究[J]. 中州学刊, 2019,(9):26-32.

② 翟坤周,侯守杰."十四五"时期我国城乡融合高质量发展的绿色框架、意蕴及推进方案[J]. 改革, 2020,(11):53-68.

主要内容是实现真实权利义务的平等性，城乡社会融合充分体现了人的全面发展和共享发展理念。

第一，在基础设施方面，统筹安排城镇和农业农村基础设施建设，实现城乡基础设施共建、功能互用，解决农村基础设施"最后一公里"问题。推进天然气、供暖、通信、物流等基础设施向乡村延伸，加大对农村地下管网等薄弱环节的投入。建设城乡一体的电商平台、农贸市场网络、冷链物流，建设重要农产品仓储设施和城乡冷链物流设施。推动城乡基础设施管护一体化。改善农村人居环境，包括改善农房质量、生活垃圾处理和污水治理、农村改厕，建设以城带乡的垃圾收集处理和污水治理系统。当然，乡村没有能力完全承担这些基础设施建设需要的资金，需要得到本区域城市的支持，扩大城镇化所要覆盖的范围。

第二，加大对农村公共服务的投入，包括教育、医疗、养老、文化等方面的投入。充分利用"互联网+"，加强乡村学校、医院信息化设施建设，将城市优质的教育、医疗资源等公共服务向乡村延伸，实现城乡教育共同体、医疗卫生共同体。鼓励支持城市教师、医生、研究所技术人员等专业人才下乡服务，可以通过城市相关人才与乡村组建联合体、托管、结对子等方式，促进城市优质服务资源下沉至乡村。提高乡村中小学教师、医生的信息技术应用能力，发展互联网教育、互联网医院，使农村居民在乡村就能接受到城市的优质服务，加大乡村养老场地和养老服务供给，尤其是对失能、空巢老人的关爱服务，加大对农村公共文化场地和设施的投入，加大对农村最低生活保障的补助力度。最终实现城乡公共服务和社会保障均等化。

第三，要实现城乡文化认同和融合。乡村文化和城市文化都是人类宝贵的精神财富，没有优劣等级之分，要互相借鉴学习达到共融。乡村属于熟人社会，具有社会学提出的人际关系网络的强嵌入性和根植性，重复博弈更容易形成良好的信任机制、道德规范、声誉机制与惩罚机制，这种非正式约束的效果更好，自治能力更强，交易成本较低，另外，熟人社会互帮互助更容易，"一家有难，全村帮忙"，注重家风培养和传承，这些都是城市匿名社会所不具备的。城市文化由于交易规模扩大，属于匿名社会，更多靠法律、规则等正式约束来治理，交易成本较高，但城市文化更包容、更开放，创新速度快，溢出效应强，这些也是乡村文化所无法比拟的。城乡文化融合需要城市文化打破对乡村文化的偏见，接纳和吸收乡村文化的先进成分；乡村文化也要打破熟人社会的封闭性，吸纳城市文化的包容和开放性，一方面要建立乡村文化保护利用机制，另一方面要与时俱进，吸取城市文明及外来文化优秀成果，改变乡村一些不合理的风气，移风易俗，培养文明乡风，积极振兴乡村文化，重塑新时代乡村文化体系，实现城乡文化并轨，实现乡村文明与城市文明的融合。

5. 国内典型地区城乡融合发展模式借鉴

我国城乡融合发展应根据各地区的资源禀赋、产业发展比较优势、城镇化发展阶段特征和乡村发展特点，因地制宜采取多元化的城乡融合模式。目前城乡融合实践中比较成功的典型模式有如下几种。

（1）陕西礼泉县袁家村"三产融合"模式。首先，促进产业发展，形成"三产融合"的发展模式。袁家村总体发展思路是做好一个品牌，做强两大产业。一个品牌就是以"三农"为内涵的"袁家村"品牌；两大产业一个是文旅产业，一个是健康餐饮和农副产品产业。袁家村最初是通过恢复和活化关中民俗，构建以关中民俗为核心的乡村生活综合体，发展乡村旅游，以此和城市进行价值交换。袁家村重点发展关中民俗旅游、乡村度假游、农副产品产业链等产业，有效地将旅游、农业种植养殖、农产品加工结合起来形成三产融合，用三产带二产促一产的逆向发展方式，成功探索出一条产业振兴和农民增收的路径。其次，形成符合乡村实际的集体经济运营模式。袁家村的运营模式为"以村集体领导为核心，村集体平台为载体，构建产业共融、产权共有、村民共治、发展共享的村庄集体经济"，设计了一整套符合乡村实际和村民心理的股份合作制度，最大限度地保障了广大村民的共同利益，为袁家村的可持续发展提供了制度保障。袁家村年综合收入达 3 亿多元，2021 年被农业农村部推介为全国乡村特色产业亿元村。目前袁家村通过发展城市体验店和品牌输出模式拉长产业链，实现品牌延续，提高品牌影响力，袁家村这种主动从农村走向城市的发展模式体现了袁家村人民的发展智慧和创新精神，值得其他地方借鉴。

（2）海南的"共享农庄"模式。2017 年，海南在全国率先提出建设共享农庄，海南共享农庄在 2022 年已进入提质增效、打品牌的新阶段。目前海南共享农庄的社会投资额近百亿元。通过共享农庄品牌的打造，带动海南热带农业与二、三产业的深度融合。共享农庄会员不仅享用到海南优质农产品，还可以到民宿里深度感受田园风光、进行亲子研学等。共享农庄采取"共建、共享、共富"的开发运营模式，将共享农庄建设与乡村振兴相结合，实现了"资源变资产、资金变股金、农民变股民"，提高了农民的收入，促进乡村发展。

（3）浙江德清的"三融合"发展模式。近年来，浙江德清根据乡村发展的优势条件和发展特点，探索独具特色的"融合发展德清模式"，包含"产业融合"、"产村融合"和"城乡融合"等三个层次，即通过绿色化转型、数字化提升，拉长特色产业链，实现"产业融合"；通过以产兴村、以村促产，破解产业升级、村庄经营难题，实现"产村融合"；通过改革破壁垒、服务一体化，推动城乡互促共进，实现"城乡融合"。具体表现在以下三个方面。一是突出旅游经济发展。依托名山、湿地、古镇等自然资源，充分利用德清的自然风光、民俗风情、地理位置等优势，加大景区文化建设，发展休闲观光农业、休闲旅游、民宿等乡村旅游项目。二是突出资源要素配置。紧紧围绕"富民强村"这一核心，有效整合资金、土地、人力等要素资源。2015 年起，德清以农村集体经营性建设用地入市改革试点为契机，全面激活农村产权收益；同时，充分发挥乡贤参事会"优化资源配置，凝聚人心人力"的作用。三是积极引进数字技术，赋能乡村产业发展。将数字技术与乡村实体经济深度融合，发展新业态、新动能。

（4）陕西洋县纸坊街道办事处草坝村"农业合作社+绿色有机产业"模式。草坝村朱鹮湖果业专业合作社于 2009 年成立，以生态保护为基本原则，重点发展有机特色产业和高品质农产品，依托于朱鹮保护区良好的生态环境，严格按照有机农业生产技术标准生产，坚持绿色发展理念，种植生产过程统一管理，农业生产资料、有机肥、种子实行统一管理，禁止使用传统化肥农药，统一技术培训，种植基地安装全程视频监控系统，制定落实了严格的有机食品质量管控措施，从源头上保证了产品的质量。目前已建设了完善的农产品加工、储藏和营销体系，主要产品包括有机黑米、有机菜籽油、黑米茶、黑米醋等 13 类产品，2022 年产值已达到 7000 万元。草坝村 2018 年成为国家级现代农业与乡村振兴研究示范基地，在基地院士专家团队的指导下，探索"创新三有三品现代农业体系"，以及支撑创立"三有三品"（有种、有养、有加工，产品、礼品、工艺品）新机制，获得"有机种植示范基地（十佳）""全国优质地理产品生态环境保护与可持续发展案例"等荣誉。在合作社发展有机产业模式的带动下，实施全产业链托管土地入股分红，走集体化发展道路实现共同富裕，该村居民收入水平大幅提升，村容村貌也发生了巨大改变，笔者在该村调研时发现该村居民住宅修建得宽敞漂亮，村小学的硬件设施和城市差别不大、文化娱乐设施齐全。

6. 国外城乡融合发展经验借鉴

发达国家在城乡融合发展政策的推动下，城市、郊区、小城镇和远郊乡村发展差距逐渐缩小，城乡边界模糊，一些国家甚至出现了郊区化和逆城市化，不仅表现为人口从城市中心向郊区或远郊乡村迁移，也表现为伴随着经济活动向城市外围郊区乡村的扩散，即人口和经济的双重外溢[①]。比如，2019～2020 年，美国有 95.6 万人迁入都市区，86.1 万人迁入乡村地区。2019 年，美国有 36%的就业分布在中心城区，51%分布在郊区，12%分布在乡村地区。

英国确立了以乡村产业规模化经营为主导，以政府加大对农村地区基础设施和基本公共服务投入为保障，以建立统一的城乡社会保障体系为支撑，以加

---

① 刘守英，龙婷玉. 城乡融合理论：阶段、特征与启示[J]. 经济学动态，2022，（3）：21-34.

强城乡统筹规划和立法为框架的城乡统筹发展模式，英国政府 2000 年颁布了《农村白皮书》，强调健全乡村社会保障制度，目前英国农民拥有完善的健康服务体系。英国城市和乡村的产业结构相似度很高，从产业结构上难以辨别区域的城乡属性。

美国的城乡融合发展模式的核心在于以规划先行，以实现农村地区产业发展、人气旺、居民生活有保障为目标，通过颁布相关法律法规，加强了农村基础设施与公共服务建设资金保障，有效推动了生产要素在城乡间双向流动，美国在城乡融合实践中更加重视城乡产业融合发展，积极推动第一产业和第二、三产业融合，工业化不断发展的同时极大促进了农业发展，最终构建了农工互动产业体系[①]。美国许多农村地区如海洋和山区度假区、退休社区、文化或历史遗址、国家公园和休闲区等已经成为消费和旅游地，带动了这些地区经济的发展，农村因便利的基础设施也吸引了移民的迁入，这些移民提高了当地的人力资本，为振兴当地社区组织和公民文化提供了动力[②]。美国政府为了促进乡村信息化建设，先后颁布了《美国复苏与再投资法案》《农业提升法案》，加强对乡村互联网建设的投入，推动了农业现代化进程。

德国在 1965 年颁布了《联邦德国空间规划》以及《城乡空间发展规划》，提出了"城乡等值化"概念，通过法律规定乡村居民享有与城市居民同等的生活条件、工作待遇。德国政府 2016 年推出"数字战略 2025"，以此缩短乡村网络与城市的差距，引导社会资本参与乡村互联网建设，改善城乡互联网发展的不均衡与不协调。

日本政府采取"以工带农、以城促乡"的发展模式后，城乡融合发展取得良好效果。具体措施为：日本政府于 20 世纪 50 年代开始在全国进行了大规模的乡村工业化运动，并辅以完善的法律法规体系，如 1961 年的《农业基本法》《低开发地区工业开发优惠法》、1971 年的《农村地区引进工业促进法》等，这些法律极大地促进了日本乡村工业的发展。在农村鼓励各类形式的互助合作组织，推行社区营造活动。为了促进乡村发展政策的落实，日本政府鼓励农村成立各种形式的合作组织，发挥其执行效率，如以农村基础设施建设和维护为主要工作的土地改良区合作组织、以经济产业服务和交流为主要内容的农林渔协会。同时，还改善乡村环境和重塑乡村文化，试图从传统的乡村价值观中寻找帮助农村复兴的精神力量。

韩国政府从 1970 年开始关注城乡的平衡发展，开展"新村运动"。新村运动的关键环节在于确立"勤勉、自助、合作"的新村精神，核心内容是建设在物质

---

① 方创琳. 城乡融合发展机理与演进规律的理论解析[J]. 地理学报，2022，77（4）：759-776.

② Brown D L，Glasgow N，Kulcsar L J，et al. Rural Retirement Migration[M]. Berlin：Springer，2008.

和精神上都能满足社员需求的农村社会,主要特点是政府主导和农民的协同配合,重点内容有:加强农村基础设施建设,保障农民基本生活需求;塑造勤勉、自主、合作的精神,培育新村领导人。

综上所述,无论是城乡关系历经数百年演变的欧洲地区,还是以工农业协调互促来推动农村建设的美国,抑或在政府主导下重点关注乡村振兴的日本和韩国,各国的城乡融合政策和实践充分表明,在城镇化率达到一定水平之后,要素在城乡之间重新配置,城乡关系也随之进入城乡融合发展阶段。发达国家实现城乡融合发展的经验借鉴包括:建立城乡融合的政策体系并颁布相关法律作为保障;推进城乡多维结构一体化,打造独特的乡村经济生态;注重城乡一体的基础设施建设和均等的公共服务供给;在乡村振兴战略的实施过程中注重精神培育,培养农民领头人队伍。

6.2.4　促进产城融合发展,实现宜居宜业的高品质城镇化

产城融合发展要坚持新发展理念和以人为本的原则,实现"产、城、人"和谐共生发展。

1. 创新理念,制订产城融合的科学规划

实现产城融合发展应该创新传统城镇化的发展理念,必须规划先行。制订产城融合发展规划要坚持以下基本理念。一是践行人本发展理念。通过产城融合发展提升城市品质,最终提高人的效用水平。高质量的城镇化要摆脱土地城镇化发展的误区,回归到"以人为本"的价值导向上,追求人的本真理性。只有基于人的真实需求所设计的制度安排与城市功能,才能满足人对美好生活的需要,才能真正实现人的城镇化。因此高质量发展阶段,城市建设和产业发展都要以实现人的全面发展为根本目标,建设以人为核心的新型城镇化。要通盘考虑就业结构和产业结构的特点,产业结构决定了就业人口结构,人口结构又进一步决定了城市规划布局。产城融合规划要根据不同区域就业人群的构成、消费需求以及出行偏好等,完善配套各项生活服务设施,改善职住关系。二是践行协调发展理念。城镇化以便民、利民和惠民为原则,从"产城分离""职住失衡"的不协调状态转向产城融合、职住便利的协调发展,提高城市发展的协调性与和谐度。

产城融合发展规划将产业发展规划纳入城镇总体发展规划中,做到产业规划与城镇总体规划相一致,实施产城一体的规划建设。一是空间上要统筹规划,合理规划产业园区和生活居住区,实现宜居宜业的空间发展状态。在城镇土地数量一定的情况下通过产业布局的空间优化,实现土地的集约利用和提高土地使用效率。合理规划按照生产空间集约高效、生活空间宜居适度、生态空间绿色低碳的原则,科学规划城市空间发展布局。二是合理规划城市功能配套布局,包括科学规划教育、医

疗、文化、体育等公共服务设施的空间布局，积极提供配套居住、商业、娱乐、休闲等设施，提升城市综合服务功能，实现产城融合高质量推进。三是合理控制产业发展速度，产业发展的规模和程度会影响城市发展的规模和进度，同时产业的扩张也需要考虑城市的综合承载力，产业和城市发展速度要同步。

2. 促进产业升级，打造产城融合核心引擎

产城融合的核心动力是产业的高质量发展，在产业升级中推动城镇产业向高端化、智能化、绿色化、服务化方向发展，建立城镇现代化产业体系。一是支持战略性新兴产业的发展，推进新能源、新材料、生物医药、智能装备、新一代互联网信息技术等产业的发展，推动创新链与产业链的深度融合，提升战略性新兴产业对城镇化高质量发展的贡献度。二是加大对传统产业的升级改造，利用数字技术促进传统产业智能化改造和数字化转型，促进工业互联网与智能制造的融合，变革生产组织方式，发挥数字经济的乘数效应，获得产业转型升级中的数字红利。三是不断发展壮大现代服务业，不只是提高城市中服务业占比，更重要的是提高服务业的质态和科技含量。推动生产性服务业向专业化和价值链高端延伸发展，以更好地促进制造业升级；推动城镇生活性服务业向高品质和多样化升级，加快发展健康、养老、育幼、旅游、文化等服务业，提升公益性、基础性服务业供给能力，推进服务业标准化与品牌化建设。通过现代服务业的发展优化城市服务环境，提升城市现代化水平。

3. 提高城市综合承载力，夯实产城融合的功能载体

通过提高不同层级的城镇综合承载能力以支撑产业发展，提升城市为产业提供配套服务的能力，完善城市基础设施和各项功能服务建设，促进产城融合发展。一是完善城市产业配套功能，满足城市人口的生产生活服务消费需求，提升城镇对人口集聚的承载力和对产业发展的配套服务能力。二是要加强城市基础设施的互联互通，交通方面加快轨道交通建设，缓解城市拥堵，降低通勤时间和成本；大力发展云计算、大数据、人工智能、物联网、区块链等数字技术基础设施建设，促进数据在城市不同部门的共享，打破"数据孤岛"，提高城市数字治理能力，建设智慧城市。三是全面改善城市的生态环境，建设绿色低碳城市，构建产城融合发展的生态体系。四是从制度上改善营商环境，减少市场进入壁垒和地方保护主义，降低产业发展的交易成本。

4. 因地制宜，打造差异化的产城融合路径

从城市不同空间来看，应该坚持因地制宜的原则，从不同空间层级、不同区位特征等方面来审视产城融合的核心问题，从而制定差异化的产城融合路径与模式。

中心城区要重点解决产业升级和城市品质提升问题，在产业发展方面实施"退二进三"，主要发展现代服务业和新兴产业以提升产业能级。在城市发展方面，要在保护城市历史文化基础上进行城市更新，加强公共服务和基础设施建设提升中心城区的综合承载力。新城区要重点解决产城分离问题，完善城市各项功能配套，实现产业和城区发展在时间、空间和功能上互相匹配，实施产城同步均衡发展的路径，实现产、城、人深度融合，建设产城融合、宜居宜业的高质量新城区。小城镇应坚持特色产业带动城镇发展的原则，坚持服务于农业农村现代化和乡村振兴的原则，将乡村振兴嵌入小城镇发展，实现产业特色与小城镇特色内在融合发展。

需要指出的是，在产城融合具体实践中，在积极制定规划和实施各项政策的同时，还需要因势利导，在尊重城市及产业发展客观规律的原则下，科学地评估城镇化和产业发展不同阶段的动力与需求特征，选择符合各层级城镇发展实际情况的产城融合方式。

6.2.5　坚持绿色发展，建设可持续发展的城镇化

高质量的城镇化要求城镇发展从经济主导转向生产生活生态多元导向，形成绿色低碳的生产生活方式。建设绿色城镇化是一项社会系统工程，需要坚持供给侧和需求侧协同调控、社会主体共同发力、政府和市场两手合力的原则。城镇化绿色发展的总体思路为：以技术创新为驱动，以产业结构升级为主导，以绿色生产和绿色消费为两翼，以市场机制为基础，以政策支持为支撑。

一是从供需两端多主体协同治理。绿色发展需要全社会所有主体的积极参与和努力，需要政策引导与体制机制保障，需要技术的进步和创新突破，需要生产和消费观念的根本改变，政府、企业、个人都是实现城镇化绿色发展目标的社会实施主体。政府作为绿色发展的监督者和政策制定者，通过制度设计引导和激励企业与居民自觉践行绿色生产和绿色消费，通过政策设计，引导资金、技术流向绿色低碳产业，推动企业绿色生产。政府要加大宣传力度，加强环保相关科学知识传播，让绿色发展理念深入人心，成为一种自觉行为，鼓励居民绿色出行和绿色消费。通过绿色金融的资金引导，加大对绿色消费和投资的金融支持，推动形成绿色低碳的生产生活方式；采取差异化的政策措施，使绿色发展投入与公众参与能力相契合。企业通过技术创新开发出绿色产品和服务，为消费者提供更加绿色环保的消费选择，满足消费者的绿色消费需求，消费者对绿色环保生活的需求也牵引企业进行绿色技术创新。企业生产和消费者消费行为的信息反馈进一步促进政策优化，最终形成"政府—企业—个人"互动共促的闭环路径，政府将政策安排渗透到生产生活的各个环节，形成从政府到企业再到个人最终又回到更有效率的政策制定这一渗透链条（图 6-1）。

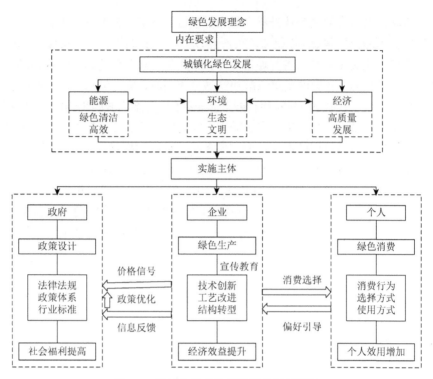

图 6-1 城镇化绿色发展路径的逻辑框架

二是要把绿色发展理念融入城镇化发展的规划、建设和管理等全过程和全领域。加快发展清洁生产，改变城市能源消费结构，减少对化石能源的消费，推进工业生产方式的变革，构建绿色工业体系。城镇能源系统需要从单纯追求能源消费侧的节能减量向以低碳发展为导向的能源消费转变，促进城市实现绿色低碳发展。

三是大力发展绿色环保产业。提高企业环境准入门槛，限制高污染、高排放、高耗能产业发展。对现有存量"三高"产业的落后设备进行淘汰，利用绿色技术进行改造，带动这些产业的转型升级，推动绿色环保产业的发展，带动产业链相关产业的绿色发展，构建绿色产业链，在设计、制造、包装、运输、使用、废物处理回收等各个环节实施全方位的绿色全产业链制造模式，助力绿色城镇化的实现。

四是推广城市绿色建筑。按照城市绿色发展要求，践行绿色发展理念，要采取能够节约资源、减少排放、提高效率、保障品质的方式进行工程建造。以数字化、智能化技术为基础，促进建筑业与信息产业等业态融合，发展智能建造，加大绿色建材产品和关键技术研发投入，构建低增量成本、高性能绿色建筑和超低能耗建筑、近零或零能耗绿色建筑关键技术体系。促进绿色建材、装配式建筑和钢结构住宅广泛应用。提高建筑节能标准，完善建筑节能与绿色建筑标准体系，开展零碳建筑设计标准、绿色建筑工程质量验收规范、建筑碳排放核算标准等制定修订工作，提升公益性和大型公共建筑节能标准。

五是推进城市生态修复。城市发展从以增量扩张为主转变到增量存量协同发展。推进城市生态修复，构筑城市生态廊道和生态网络，建设公园城市和生态文明城市，扩展城镇绿色生态空间。比如，成都近年来大力建设公园城市示范区和未来公园社区，将生态建设放在城市可持续发展的首位。成都目前已建成环城生态公园，将城市形态、城市功能、产业业态和市民生活融为一体，追求对人与生态的和谐发展。

6.2.6　以城市群为载体，建设大中小城市和小城镇协调发展的城镇化

随着城市群的发展，空间集聚已经从"产业聚集"转向"城市聚集"。城市群既是"城市集合体"，也是利益共同体、责任共同体、命运共同体，以城市集聚为特征的城市群发展模式不仅实现了各类生产要素在城市群的集聚，而且使得这些要素能在城市群范围内实现高效流动和优化配置。要以城市群为抓手，使城市的发展从独立、板块式的发展转变为网络化、互联互通发展。

党的二十大报告提出，"以城市群、都市圈为依托构建大中小城市协调发展格局"①。《中华人民共和国国民经济和社会发展第十四个五年规划和 2035 年远景目标纲要》提出"以促进城市群发展为抓手"，通过京津冀、长三角、珠三角等 19 个城市群促进我国城镇化空间格局不断完善。

一是明确城市群内部不同规模城市的发展定位。城市群内不同城市发展的定位应该有所差异，超大规模城市需要提高综合素质，发展为国际化大都市。中小城市应该大力提升核心竞争力，小城镇要突出特色发展。总之，三类不同规模的城市要根据发展实际情况明确在城市群中的定位，进一步发挥城市群外围中小城市对核心超大城市的产业疏解功能，增强小城镇的公共服务和居住功能，促进城市群内大中小城市网络一体化协同发展。

二是城市群内不同规模城市要做好产业分工协作。发展的产业和产业集聚区域都要做好明确分工。可以说城市群内部城市之间的合作最重要的就是产业合作。从构建一体化的产业链出发，根据不同城市的产业发展比较优势，在做好城市群核心城市和外围城市产业发展定位的基础上，以城市群内核心城市为主导发展产业集群，

① 习近平. 习近平：高举中国特色社会主义伟大旗帜　为全面建设社会主义现代化国家而团结奋斗——在中国共产党第二十次全国代表大会上的报告[EB/OL]. [2023-09-18]. https://www.gov.cn/xinwen/2022/10/25/content_5721685.htm.

建立产业链上下游联动机制，避免产业同构，深化各城市产业分工协作，中心城市主要聚焦发展生产性服务业，外围城市主要发展制造业，小城镇主要发展零部件配套生产和农产品加工。推进产业转移与承接，如京津冀城市群已基本形成了"北京疏解、津冀承接，北京研发、津冀转化"的产业协同创新发展格局。鼓励毗邻城市成立园区合作联盟，构建常态化协作联动机制，共建跨区域产业园区。

三是城市群内实现基础设施互联互通。交通一体化规划和共同建设是城市群规划的重要内容。完善城际交通网络，以核心城市与相邻城市的互联互通为重点，发展城际铁路，打造以轨道交通和城市快速路为主体的交通圈，形成网络化、组团式、集约型的一体化区域空间[①]。

四是城市群内公共服务共享。城市群是利益共同体，要推进城市群内教育和医疗等优质资源的区域共享。发挥核心城市优质教育资源的溢出效应和扩散效应，开展城市群内跨区域联合办学，加强科技合作协同创新，逐步实现教育资源的区域均等化。推动城市群内医疗卫生资源的共享，推动医疗卫生数字化建设，发展互联网医院，促进跨区域医疗业务应用系统的互联互通和业务协同。

五是城市群生态环境共建共保。城市群内部城市不仅是利益共同体也是责任共同体，在生态环境保护方面，各城市不可能单打独斗，独善其身，必须通力合作，划定生态保护红线，建立生态保护基金和生态补偿机制，共同保护生态环境，实现城市群的绿色低碳发展。

六是城市群体制机制创新。要实现城市群内不同城市的深度合作和长期合作，需要建立具有约束力的长期合作制度和体制机制作为制度保障。通过自上而下的体制机制改革，从根源上打破行政壁垒，明确不同层级城市的资源配置关系。在此基础上建立跨区域的协调机制，建立健全省级统筹、中心城市牵头、周边城市协同的协调机制，确立市长联席会议制度。以核心城市为主建立城市群领导小组，定期召开会议，负责城市群规划、建设、管理的决策，以及协调处理跨地区纠纷等；领导小组下设立城市群合作管理办公室，负责城市群协作的日常工作等。从体制机制上为城市群内部的深度合作提供制度保障，提升整个城市群的竞争力。

6.2.7 坚持开放发展，实现高度开放的城镇化

新时代应该以全球化的视角建设高度开放的城镇化，培育具有国际竞争力城市，充分利用国际循环向全球价值链高端攀升，拓展产业链与供应链，以国际循环带来的各类要素促进国内循环，在不断开放中实现城镇化高质量发展。

（1）实现更宽领域的空间开放。利用"一带一路"倡议、自贸区、自由贸易

[①] 李博雅，肖金成，马燕坤. 城市群协同发展与城市间合作研究[J]. 经济研究参考，2020，（4）：32-40.

港、开发开放试验区、保税区等开放平台，把中心城市、都市圈和城市群发展成为参与国际分工合作、吸引全球高端要素集聚的重要平台，实现以国内大循环吸引全球资源要素，实现资源国内循环与国外循环相互促进，为城镇化高质量发展提供更广阔的空间和强大的动力。另外，促进城市与城市、城市与乡村之间的开放，促进生产要素自由流动与合理配置，加快建设全国统一大市场。

（2）推进规则、管理、标准等制度型开放，构建更加完善的对外开放经济体制。从制度、规则上打通国内循环与国际循环相互融合、相互促进的痛点和堵点。对标高标准的国际规则，推动从"边境"开放向"边境后"开放。不断优化市场化法治化国际化的营商环境，建立与我国开放新格局相匹配的法律制度、人才管理制度、金融监管体制等，完善外商投资准入前国民待遇加负面清单管理制度，实行高水平的贸易投资自由化便利化政策，提升城市发展对全球资源的吸引力，不断提高利用外资的质量和水平。促进重点城市更深地融入全球经济体系，积极参与全球经济治理与全球规则制定。

（3）建立国际化城市。一线城市和综合实力较强的二线城市以建设国际化大都市为目标，坚持全球视野、国际惯例、国外经验与中国特色相结合，提升城市品质、城市功能与营商环境，以国际一流营商环境吸引和集聚全球优质要素，形成金融、贸易、航运、科技创新等全球资源配置中心。通过更高水平、更高层次的开放提升城镇化质量，以优质的城镇化质量促进国际化城市的建设，在两者的良性互动下形成越来越多的世界级城市群和城市。比如，上海一直努力建设具有世界影响力的社会主义现代化国际大都市。2021 年上海地区生产总值为 4.32 万亿元，位居全球城市第四位；上海已建成国际经济、金融、贸易、航运中心，金融市场交易总额从 2012 年的 528 万亿元增长到 2021 年的 2511 万亿元，上海港集装箱吞吐量连续多年居世界第一。上海已发展成为全球最具吸引力的外商投资热土之一，成为跨国公司产业链、供应链、创新链全球布局的首选地之一，截至 2021 年年底，已有超过 6 万家外资企业在上海投资，推动上海国际化水平不断提升。

（4）不同区域形成全面开放格局。党的二十大提出，"优化区域开放布局，巩固东部沿海地区开放先导地位，提高中西部和东北地区开放水平"[①]。新时代中西部地区应合力提高新亚欧大陆桥、西部陆海新通道以及中欧班列等通道的通行效率、降低运行成本，增强对产业的吸引聚集能力，并加强与周边国家毗邻地区的产业链、供应链衔接[②]，不断拓展中欧班列网络，进一步优化中欧班列网络空间布

---

① 习近平. 习近平：高举中国特色社会主义伟大旗帜 为全面建设社会主义现代化国家而团结奋斗——在中国共产党第二十次全国代表大会上的报告[EB/OL]. [2023-09-18]. https://www.gov.cn/xinwen/2022/10/25/content_5721685.htm.

② 马庆斌. 推进区域协调，打造开放新高地[N]. 经济日报，2022-10-31（5）.

局，扩大中欧班列的货物范围，丰富中欧班列的货物内容，把中欧班列发展成为中西部地区面向欧洲的对外开放新通道。目前武汉、郑州、重庆、成都、西安、乌鲁木齐等中西部城市已开通了直达欧洲一些主要城市的线路。比如，2022 年，西安中欧班列共开行 4639 列，同比增长 20.8%，西安中欧班列的开行数量、货运量、重箱率三项核心指标位居全国第一。西安创新"班列+"服务新业态，拓展延伸服务，吸引社会堆场集装箱回流，构筑内陆地区效率高、成本低、服务优的国际贸易通道，在新冠疫情期间，为稳定产业链和供应链起到了重要的作用，为西安经济高质量发展提供了支撑。将自贸区建设成对外开放的新高地，大力发展跨境旅游及边境贸易，提升沿边地区国际博览会档次；同时，进一步加强与沿边国家沟通，加大沿边开放力度。

东部沿海地区应致力于更好地与世界一流城市群、湾区等进行技术和产品竞争合作，适应并引领世界一流的规则、规制、管理、标准等制度型开放平台的建设，参与更高层次的国际经济合作和竞争，形成对外开放的新优势，率先建立全方位开放型经济体系。

东北地区则要立足东北亚，充分发挥自身粮食基地、能源基地的优势和作用，建设开放合作平台，将推动东北亚数字经济合作作为一个开放的契合点，不断提升东北地区的对外开放水平。

6.3　三种不同类型空间区域城镇化高质量发展的路径

6.3.1　中心城区高质量发展的路径——城市更新与品质提升

在高质量发展阶段，根据中心城区的发展阶段性特征和存在问题，中心城区要重点解决城市能级和品质提升问题以及城区更新问题。要进一步提升中心城区的风貌、建筑、基础设施、公共服务以更好地满足改善市民生活水平的需要，提高城市的宜居性，更好地适应未来城市发展对城市品质的需要。

1. 中心城区高质量发展坚持的原则

1）开发更新与保护并重的原则

开发更新中心城区或者老城区一定要尊重城市的历史文脉，要在开发中继续传承历史文化，让历史文化记忆永久流传下去，满足居民的精神需求，而绝不能肆意破坏城区的历史与文化宝贵遗产。开发与建设的重点解决中心城区地上与地下公共基础设施的老化问题以及卫生环境、绿化、停车场、休闲娱乐等公共服务上的不足。在克服老城区物质老化的同时，要重点解决老城功能逐渐弱化的问题。

准确把握城市经济社会结构变革趋势，高标准、高起点改造提升旧城区功能，推动中心城区向现代中心城市转变，实现中心城区经济振兴、社区发展、基础设施改造与生态环境改善。

2）商业地产做减法与环境保护做加法的原则

由于"退二进三"政策的实施，大量制造业已迁出中心城区，对因搬迁而留下中心城区闲置的企业用地，如果一味地将其作为商业房地产项目来开发，就会加剧中心城区的拥堵和环境压力。所以应该将这些土地更好地用来提供休闲广场、绿化带、运动健身、文化街区等，以提升中心城区居民的居住环境和生活品质。

3）以人为本，提升城市品质的原则

坚持以人为本是城镇化的出发点和归宿，建设"宜居""宜业"的高质量城市，提高居民的效用水平。提供与城市规模相匹配甚至适度超前的市政基础设施和公共服务设施，增强城市对重大灾害的应对能力。根据居民集成化、便利化、品质化的消费需求，提高服务业的供给质量、改善供给方式，加强智慧城市建设，提升城市治理效率与质量。坚持绿色低碳发展观，运用绿色技术对老旧小区进行更新改造，扩大绿色基础设施、增加绿地面积和绿色建筑。

2. 中心城区高质量发展的具体路径

中心城区要坚持产业转型升级、开发与保护并重、城市品质提升的原则，遵循产业与城市发展提档升级的路径，解决好城市更新问题，实现中心城区高质量发展。

1）产业发展要提质增效，发展现代服务业

中心城区的产业发展要向高端化、智能化和服务化转型。应大力发展以现代服务业、旅游业、文化创意产业等为主体的服务型经济，提升产业层级和品质，实现中心城区高质量发展。

一是促进生产性服务业向价值链高端和专业化延伸。生产性服务业的发展有利于促进技术进步、提高生产效率、推动制造业升级。首先，要创新生产性服务业业态，要加大与数字技术的融合，加强生产性服务业基础设施建设，创新生产性服务业产品，增强服务功能，开发数字内容，提升服务品质，形成对服务对象全生命周期服务的产业链。其次，要优化生产性服务业结构，根据先进制造业的生产模式特征，重点发展产品研发与设计、科技咨询、现代金融、电子商务、现代物流、信息服务、商务服务等生产性服务业细分行业，为制造业企业提供价值链全过程服务，构建高端生产性服务业体系。

二是提供更高品质和多样化的生活性服务业。生活性服务业是人民美好生活需求的直接载体，随着新时代社会主要矛盾的变化和人民群众消费需求的升级，中心城区的生活性服务业需要向更高品质和便利性方向发展，大力发展健康、养老、托育、旅游、文化、体育等服务业，增加与老年人、儿童与残疾人等弱势群体相关的服务设施，扩大普惠性居民生活服务供给，提升各类社区的管理和服务水平。让生活性服务业与数字技术的深度融合，为居民提供便利性、个性化、共享性与多样化的各类生活服务，以提高城市的宜居水平进而提升居民的效用水平。

2）加大对中心城区的老旧小区、城中村和遗留老旧工业厂区的改造

党的二十大报告提出，"实施城市更新行动，加强城市基础设施建设"[①]。中心城区的发展模式已从大规模增量建设向存量提质改造和增量结构调整的发展阶段转变，新时代城市更新改造是城镇化高质量发展的重要内容。

（1）做好老旧小区的更新改造。改造要以民生需求为导向，以功能配套为重点，补短板，惠民生，提高居民的安全感、获得感与幸福感。第一，完善城区基础及配套设施。改造公共部分老化管网管线，完善供水、排水、燃气、弱电、防水改造，完成光纤入户，完善安防、消防及照明设施，修补破损道路。第二，提升房屋质量及居住功能。整治建筑外立面，进行建筑节能改造，加装电梯，改造室内管网。第三，改善小区环境。拆除违建房屋，加大绿化种植，加强垃圾分类管理，增加居民公共活动场所及运动休闲设施。第四，完善公共服务设施。构建社区15分钟生活服务圈，配套养老、家政、托幼等服务设施，完善无障碍及适老化设施等。

（2）解决好城中村的拆迁改造问题。首先，要做好城中村改造规划，改造规划要融入新的城市发展理念，合理规划土地用途与布局，按照宜居宜业的城市建设标准规划。因地制宜，不能一味拆除，有些城中村有历史文化遗迹的，需要在保护的前提下，更新改造成旅游街区。其次，全方位加强基础设施建设，拓宽道路，铺设供水、供热、供气、供电、排水、消防、安防、移动电信等基本设施，补齐城中村基础设施短板，实现城中村基础设施现代化和安全再造。再次，加强教育、医疗、文化、休闲等软环境建设。改造后的城中村社区要配套幼儿园、社区医院、休闲广场、绿地等设施，改善居民的居住环境，满足居民的精神健康文化需求。最后，解决好回迁社区治理问题。在拆迁改造过程中，要始终坚持以人为本，健全城中村居民权益保护机制。保障拆迁安置对象合法权益，解决好拆迁补偿等问题，建立城中村改造后农户住房转让的保障机制。一要通过多种方式进行调研了解回迁安置社区居民内心的需求，以便为治理决策制定提供依据。二要激发居民的社区认同感。通过举办各种社区活动与回迁安置社区居民交流，提高他们对社区的归属感，提升社区凝聚力。三要明确治理主体。社区治理要因地制

---

① 习近平. 习近平：高举中国特色社会主义伟大旗帜 为全面建设社会主义现代化国家而团结奋斗——在中国共产党第二十次全国代表大会上的报告[EB/OL]. [2023-09-18]. https://www.gov.cn/xinwen/2022-10/25/content_5721685.htm.

宜，对于已经撤村建居的社区，在社区党支部的领导下建立以居委会为主体，村集体经济组织协助治理的治理结构；对于拆迁后治理实权仍然归属原始村委会的社区，建立独立自主经营的经济主体治理结构，同时，鼓励社会组织、社区居民等多元主体参与到社区治理的工作当中，构建多元主体共治的治理机制[①]。

在城中村改造方面，深圳可以算得上一个典范，深圳作为国际化大都市目前依然有 1000 多个城中村散落在城市的各个角落，做到了城村共生。经过改造，城中村由过去单一的居住载体，发展成为创业、就业、商业的重要场所，成为宜居宜业的新城市空间。比如，深圳市光明区公明街道下村社区的西柚小镇，普通农民房经过重新定位改造后，发展成为年产值超 5 亿元的产业空间，改变了以前单一的房屋出租，发展成集人才公寓、创客办公、涂鸦艺术、主题商业于一体的综合体。深圳的城中村除了有餐饮等普通生活性服务业之外，还有大量的高科技企业，如龙岗区南湾街道南岭村，探索"创投+孵化器"模式，成立深圳首个社区股份公司创投基金，投资生物科技、人工智能等多家初创企业。深圳城中村社区已实现数字化治理，如南山区南山街道南园村有多个"互联网+服务"载体下沉到村居之中，居民可通过自助服务平台自助办理各类生活业务，提高了居民生活的便利化水平。

（3）对老旧工业厂区厂房要充分利用和改造。对因中心城区"退二进三"政策导致的制造业外迁而遗留的工业厂区与厂房进行充分利用和改造。老旧工业厂区是城市宝贵的工业遗产，不仅记录了城市工业化进程不同阶段的重要信息，还承载了行业和城市的历史记忆和文化积淀。对于"腾笼"后留下的老旧厂房，要防止一味简单粗暴地拆除，而是要充分利用和挖掘这些老建筑的特色，对这些工业遗产在保护的前提下进行改造和提升利用，"变废为宝"，发展工业旅游体验和休闲文化产业，既保护了工业遗产，又创新了产业业态，丰富了居民的休闲文化生活。

比如，西安灞桥区的纺织城，曾是西北地区最大的纺织工业基地，纺织业也曾经是西安的支柱产业之一。从 20 世纪 90 年代后期开始，由于国家产业结构调整、市场竞争加剧和生产工艺的落后，纺织城逐渐走向衰落，纺织城企业逐步外迁至现代纺织工业园以进行产业升级，原来老纺织城因此保留了众多特色建筑和老旧厂房，这些都是工业遗产。当地政府充分挖掘纺织城旧城区的特色和亮点，将老纺织城打造成特色文化创意区，吸引了众多市民和游客前去参观，在参观游玩中让年轻一代了解了西安纺织工业的发展历程与辉煌，也唤醒了老一代人对一个时代的记忆。目前西北第一印染厂旧址已建成了纺织城艺术区；原来纺织专用铁路线也改造成西安铁路主题公园；国棉三厂社区建成了苏式特色商业街。

---

① 王悦，申强. 解决城中村回迁安置社区治理问题的创新研究[J]. 农村经济与科技，2021，32（7）：235-236.

3）保护中心城区的历史文化资源，提升城市品质

城镇的历史文脉资源将在后工业化阶段成为越来越增值和令人关注的稀缺资源。从发展内涵来看，中心城区及老城区往往是城市发展历史和文化资源最为丰富的地方，具备提升集聚城市功能以及提升城市品质的作用。中心城区的改造，要突出文化展示、遗址保护、公共服务和生态建设。中心城区的改造要依附曾经的历史文化特色，将历史与现代文化和技术结合起来，一定要以"保护为主"为前提，按文化遗产的通则来修复文脉。既要保护历史和传承历史，又要让老城区融入现代城市发展理念，要以城市独特文化为基底进行街区开发。需要深入挖掘城市历史文化内涵，对中心城区内的历史遗迹进行重点保护，充分展示城市传统特色风貌和文化底蕴，以提升中心城区的品质与内涵。

比如，广州老城区的永庆坊是凝聚广州历史人文底蕴的西关旧址，片区内保留大量传统民居和文物保护单位。永庆坊在建筑、环境上一定程度地保留了老西关传统风貌，在对建筑立面进行更新、保护与整饰的同时，依然强化了岭南建筑整体风貌特色，保留了岭南传统民居的特点，对现存的两处文物保护建筑进行结构加固。通过对下水管道等基础设施的深度改造，全面改善了硬件环境；对西关骑楼、名人建筑、粤剧艺术博物馆等进行了保留和修复，让它们成为城市乡愁记忆符号，形成了"坊、巷、里、弄"的空间格局，改造后的永庆坊成为开放式、低密度的新体验场所。同时也引入了新业态，如文化体验、网红店铺、主题民宿和共享办公等，让老城区焕发新活力。通过改造成功实现了老城活化，新旧文化在永庆坊内碰撞，永庆坊成为承载着千年商都文化记忆的广州新地标，成为不少市民休闲、众多国内外游客游览的网红打卡地。广州永庆坊的改造很好地兼顾了历史文物保护与城区基础设施更新，新旧文化在同一时空并存碰撞，其改造经验值得其他地区学习。

6.3.2　新城区高质量发展的路径——产城融合发展

新城区要重点解决产城分离问题，建设产城融合、宜居宜业的高质量新城区。具体路径思路：产业发展规划与城区规划相匹配的顶层设计路径、产业的经济功能和城区的服务功能相匹配的协调发展路径、产业和城区发展效率相匹配的高效发展路径。

1. 新城区高质量发展的原则

1）坚持人本主义原则

要改变以往新城区和开发区发展实践中重城市"物"的建设而轻视"人"的全面发展的理念，人本主义价值观的核心是关注人的价值和需求、关系人成长和发展的环境因素，最终实现人的全面发展。在高质量发展阶段应该坚持以人为本，

既要进行新城区产业发展，又要重视新城区居民的工作、生活、学习和休闲娱乐等城市功能配套建设和人文环境建设，将人文精神和文化因素渗透到新城区的规划发展当中，充分考虑到人的高层次需求，形成以人为核心的新城文化，让新城区或者开发区成为居民安居乐业的美好家园。

2）科学规划原则

区域的发展一定是规划先行，在科学规划的引领下才能可持续发展。产城融合水平较高的地区都与科学和超前的发展规划密切相关。如果缺乏科学的发展规划，就会在发展中出现只重视产业发展而忽视城市建设等产城分离问题。对于新建的新城区或者开发区，一定要坚持先规划后建设的原则，坚持依靠规划引导城镇和产业融合发展[①]。

3）城市功能配套至上的原则

新城区的功能配套包括生产性功能配套与生活性功能配套。城市是产业发展的空间载体，为产业发展和人的发展提供各项服务功能。城市环境和功能的改善促进了更多资本、人才与技术的集聚。新城区城市功能发展直接决定产城融合的效果。

在生产性功能配套方面，要结合制造业服务化的趋势，推进生产性服务业和制造业的深度融合，提升研发设计、金融、物流、信息、商务咨询等现代服务业的服务水平，使得生产性服务业嵌入到制造业价值链的各个环节，促进制造业价值链的攀升，提高新城区制造业的附加值和竞争力。同时，新城区需要为产业提供基本的配套基础设施，满足多元多层群体的就业与消费需求，为所有市民提供更加便利的生活性功能，实现生活的包容性与韧性的兼顾，最大限度地满足人的多元化需求，提高城市治理的科学化、精细化和人性化水平，通过生活配套功能的提升提高新城区的宜居水平。

4）坚持产业结构持续优化原则

根据空间经济学的空间集聚理论，随着产业在中心城区的集聚会出现"拥挤效应"，中心城区的制造成本将会上升，制造业将会转移至核心城区的外围，也就是新城区。但是在转移过程中，新城区的制造业不能简单地作为中心城区企业的迁入地，而应该是在转移中进行产业优化升级，通过技术创新嵌入产业链的高端环节来优化产业结构，在数字经济时代要实现产业高端化与智能化发展。一是产业发展的能级要提升，大力发展具有高技术和高附加值的先进制造业。加大制造业与数字经济的深度融合，充分发挥数字经济的乘数效应，提升产业发展质量和效益，发展智能制造，促进制造业向高端化、智能化和绿色化转型。二是产业结

---

① 潘锦云，吴九阳. 产城融合发展模式的形成机理与实现路径：基于提升城镇化质量的视角[J]. 江汉论坛，2016，（11）：23-29.

构要持续优化，产业链要延链强链补链，纵向延伸产业链，以主导产业为核心，延伸至上游的技术研发环节，下游拓展到市场营销环节。通过与数字经济的融合强化产业链，将数字技术渗透至价值链诸多环节，实现各环节价值增值。

5）坚持环境绿色低碳化原则

绿色低碳发展是城镇化高质量发展的重要目标，也是满足人民对美好生活向往的重要内容，因此要建设绿色低碳的新城区。一是淘汰高耗能高排放的产业，发展绿色低碳的环保产业，开发清洁能源，减少对化石能源的依赖，从源头上减少产业对环境的污染。二是合理布局生态功能区。合理规划新城区的绿化空间和生态功能区，把生态功能区建设成生活区和产业区隔离区、市民的休闲区，进而提升新城区的品质，给居民带来更多的生态福利。

2. 新城区高质量发展的具体路径

1）产业发展规划与城区规划相匹配的顶层设计路径

传统的城镇化往往重视规模扩张而忽视合理布局和规划，因此高质量的城镇化一定要以规划引领产业和城镇融合发展，产业和城镇化发展要做到科学地统筹规划，协调联动发展，才能产生互动效应。

一是在产业规划理念上，首先，产业发展定位要围绕建设现代化产业体系的基本要求，根据数字经济时代产业发展的新特点，结合本地的产业发展基础，确定好主导产业。其次，在空间上不能将新城区和中心城区完全分割，要和中心城区形成合理分工合作，获得协同发展和规模经济效应。科学规划产业空间布局，按照集群发展的思路规划制造业和生产性服务业的空间布局。再次，需要做好新城区与周边城镇的统一规划，在坚持科学发展理念的原则下，根据产业和社会发展需要，合理规划产业布局，新城区产业园区与周边城镇之间要在规划上实现衔接。最后，新城区内部不同板块之间要实现产业错位发展，避免产业雷同。

二是做好城市各项功能的规划布局，解决新城区存在的"职住失衡"导致的通勤成本高等问题，实现"职住平衡"和各种功能的协调。新城区规划之初就以建设高质量城市为出发点，在基础设施、公共服务方面的规划要高起点、高标准，要有超前理念，硬件基础设施方面注重地铁等轨道交通建设，尤其要重视地下管廊建设，建设海绵城市。教育医疗等公共服务方面要进行合理的空间规划，使公共资源在新城区能够均衡布局；要使新城区居民获得与中心城区均等的公共服务和各项社会资源，如很多医疗与教育优质资源往往集中在中心城区，可以在新城区设立分院或者分校，实现新老城区资源共享，建设宜居宜业的高质量新城区。

2）产业和城镇在时间上同步均衡的发展路径

从时间角度来看，新城区应遵循产业发展和城镇化进程同步均衡发展的原则，不能出现"一前一后"或者"一快一慢"式发展，发展速度的不同步和不均衡会导致两者发展效率的不匹配。因此，应围绕产业发展需求优化城镇功能，确保城镇化有产业的带动，产业发展有城镇的支撑，避免出现"超前城镇化"或"滞后城镇化"现象，超前城镇化会使城镇化根基不牢，滞后城镇化不利于实现以人为核心的新型城镇化，因此要实现产业和城镇在时间上同步均衡发展。

3）产业和城镇在空间上统筹匹配的发展路径

从空间角度来看，新城区产城融合发展应坚持空间统筹匹配。生产、生活、生态空间布局是产城融合发展的物理空间基础。产城融合不但要实现时间上的均衡发展，而且要实现空间上的统筹规划。科学规划新城区的空间发展布局，形成新城区城镇功能与主要产业的空间分布基本匹配的发展状态。首先，在遵循市场规律和依赖科学论证的基础上，在产城融合的发展目标下，规划不同产业发展的空间距离。科学规划区域用地性质，大力发展战略性新兴产业和先进制造业，促进传统产业转型升级，优化产业的区域功能定位，形成科学发展的规划空间构架。其次，促使产业区与职工居住区的空间布局合理有序，根据工厂生产性质不同，科学规划工厂区和居民区的合理空间距离。最后，要做好生态空间的规划，加强城市生态公园、绿地等建设，生产空间和生活空间只有在良好的生态空间保障下，才能可持续发展。

4）产业和城镇在功能上相匹配的发展路径

产业和城镇功能相匹配，是指产业的经济功能和城镇的服务功能在发展中能够互相促进，形成良性循环。一方面，产业发展为城镇化提供经济支撑，解决城镇居民就业和公共服务设施的财政资金来源等问题。新城区的产业发展方向是产业高端化、集聚化和绿色化发展。大力发展战略性新兴产业，推动产业链向两端延伸，价值链向高端延伸。发挥产业集聚优势，与数字经济深度融合，以新产业、新业态为发展导向，吸引创新资源的集聚，加快创新创业服务体系和平台建设，促进产业发展的质量变革、动力变革和效率变革，实现高质量发展。坚持绿色发展，调整优化产业结构，对传统产业进行技术改造升级，发展节能环保产业，改变传统粗放型的经济发展方式，实现人口资源环境的可持续发展。另一方面，新城区要为产业的发展提供基本的基础设施及公共服务体系，以吸引劳动力和其他生产要素尤其是创新要素集聚，促进产业发展和升级。因此，新城区发展需要提供良好的"人"的城镇化服务，大力发展公共服务配套设施，提供和谐的社区环境，实现产城融合发展，满足人们的多样化需求。

比如，河北坚持高标准高质量推进雄安新区建设，积极承接北京非首都功能疏解，已有多家央企机构落户雄安新区。据河北省 2023 年政府工作报告，经过五年多规划建设，雄安新区城市框架已全面拉开，重点片区和重点工程建设扎实推进，首批疏解学校、医院已有序落地，2023 年共有 59 所优质学校和 65 所知名医疗机构和雄安新区建立帮扶合作关系。2022 年，河北制定承接北京非首都功能疏解"1+10"政策体系。通过全面落实中央疏解清单，引入北京优质的资源，雄安新区将在产城融合发展中建设成为高质量的城市新区。

6.3.3　小城镇高质量发展的路径——特色产业带动城乡融合发展

小城镇是城乡融合的节点，是连接城市和乡村的纽带，承担着农业现代化和农业转移人口就近城镇化的任务，也具有疏解中心城区产业和人口转移的功能，小城镇建设是城镇化的重要组成部分。小城镇又是城镇化体系最薄弱的环节，小城镇既没有优越的地理位置也没有坚实的产业发展基础，因此，小城镇高质量发展的难度要大于其他类型区域。要坚持产业发展和城镇建设同时发力，坚持"两条腿走路"。坚持特色产业带动城镇发展的原则，坚持服务于农业农村现代化和乡村振兴的原则，将乡村振兴嵌入小城镇发展，实现产业特色与城镇特色内在融合发展。小城镇要重点解决城乡二元发展问题。

1. 小城镇产城融合发展的原则

1）特色产业优先发展的原则

产业是小城镇发展的基础和内在动力，因此，小城镇建设的关键是定位好产业发展特色。要做好特色产业的科学谋划和定位，坚持利用好本地独有的发展禀赋，如自然风光、历史文化、特色农产品、传统手工业、古镇街巷等，这些都可以深度挖掘，发展成特色产业。在实践中应避免盲目模仿、生搬硬套、脱离本地产业发展基础去盲目跟风发展所谓的热门产业，所以要"接地气"，找准本地真正的特色，才能把产业做实。

2）服务于乡村振兴和城乡融合的原则

小城镇在空间上居于城市和乡村之间，是吸纳农业人口转移到城镇实现就地城镇化以及发展第二、三产业的重要载体。小城镇与乡村不仅空间联系紧密，而且经济和文化联系紧密，对农村农业的发展带动效应更强和更直接。同时，由于文化语言和生活习惯相似，社会交往圈也可以继续保持，农业转移人口更容易融入小城镇，在小城镇的根植性和心理归属感也更强，因此小城镇的城镇化成本更低，可操作性更强，有利于实现农业转移人口就地城镇化和市民化。小城镇形成产业集群后，可以和乡村在产业链上形成分工合作，其创新水平也可以溢出到乡村，促进乡村技术水平的发展，有利于实现农业农村现代化和乡村振兴，最终实现城乡融合发展，解决城乡二元发展问题。

2. 小城镇产城融合发展的具体路径

把小城镇变成开放型、环境优美的、现代化的城镇是城镇化高质量发展阶段的发展方向。现代化的城镇不仅可以吸引农民向小城镇聚集，也可以吸引城市退休的职工到城镇居住生活或者旅游，有利于实现空间上的城乡融合。在城市层级体系中，小城镇的地域特征和差异化更明显，表现在自然资源、历史文化、民俗节庆等方面。小城镇在地理位置上更加接近乡村，与中心城市边缘区不同，其发展定位应该是乡村偏向性，即保护和利用好乡村现有的各类自然资源、文化资源，通过发展特色产业带动小城镇的发展，建设功能特色鲜明、宜业宜居宜游、带动城乡融合的小城镇。

1）发展特色产业，培育小城镇发展的内生动力

我国小城镇尤其是县域小城镇是城乡要素和商品交流的汇合之地，是促进乡村振兴的重要平台载体。近年来，特色小镇发展迅速。2015 年以来，我国特色小镇发展迅速，因其具有产业强、体制活、环境美等特点，是城乡高质量发展的重要载体。特色小镇是在原有专业镇基础上，强调以人为本，注重生产、生活与生态的有机融合，更注重产城融合，实现了"产业、文化、旅游、社区"的功能叠加与融合，是"人、产、城"和谐共生的新空间形态。因此，特色小镇应该成为小城镇的引领区和示范区。发展特色产业增强小城镇和乡村的发展动力，应该因地制宜，依托城镇自身特色走差异化城镇发展道路，明确产业定位，实现城镇特色和产业特色的内在融合，避免出现产业雷同和重复建设等问题。

首先，根据本地的比较优势、资源禀赋和发展基础来选择特色产业，可以充分利用当地的自然风光、风土人情、特色产品、镇街小巷、个性产业、人文历史等来挖掘和展现特色。因此，小城镇可以发展观光体验旅游、民宿经济、农副食品加工制造、文化创意、现代休闲农业、养老等多种产业。着力形成"一镇一业、特色明显、产业兴镇"的小城镇产业发展格局。比如，浙江的特色小镇发展良好，在创新发展中发挥地方特色，实现了产镇融合，也为浙江传统的"块状经济"寻找到转型升级的路径。乌镇通过创新把古镇的风貌和现代互联网相互融合，成为世界互联网大会的永久会址。因此，需要用新的思维、理念、方法去发展特色小镇。在特色发展方面，浙江几乎所有的特色小镇均在传承传统产业的基础上和现代技术与理念融合，实现产业的升级，并紧密融合产业功能和文化功能、旅游功能、社区功能，实现具有综合功能的高质量小镇。

其次，小城镇产业要走集群化发展道路，实现规模经济和范围经济效应，打造区域品牌，提高其产业竞争力和影响力。通过建设特色小镇形成产业集群，促进生产要素在城乡之间相互流动与配置，带动城乡深度融合发展。

最后，小城镇发展同时需要坚持四化同步发展。注重城镇与产业同步发展，防范城镇化演变为房地产化，避免出现脱离城镇特色的"造城"运动。小城镇还肩负着实现乡村振兴与农业农村现代化的重要使命，要利用信息化技术手段促进农业现代化，延伸农业产业链，推动一、二、三产业融合发展，促进城镇化与工

业化、信息化、农业现代化同步、协调发展。

2）加强小城镇基础设施与公共服务建设

坚持"以人为本"的城镇化，防止出现"农村建城，农民离城"现象。建立健全城乡一体的社会保障体系和覆盖城乡均等化的基本公共服务体系。一是要加大小城镇基础设施建设，增加交通、垃圾处理等设施的投入，推动城市供水供气供热管网向小城镇延伸；扩大公共网络覆盖率，建设普惠互联网，提升区际网络效率。比如，截至 2023 年 2 月，江苏昆山玉山镇已建成智慧小区 71 个。二是扩大基本公共服务和社会保障的覆盖面，加大对小城镇在教育、医疗、养老、社会保障等方面的财政支持力度，满足农业转移人口的基本生活需求，逐步实现城乡公共服务均等化和一体化。同时，为了提高小城镇的宜居水平，还应建设绿地园林、公共休闲区，文化娱乐场所等，增强小城镇的吸引力。三是建立农民工就业创业服务体系，建立职业培训机构，运用"互联网+"现代农业等新业态新模式，实现农业转移人口就地城镇化和就业富民。确保小城镇居民改善生活条件、提高生活水平，共享城镇化发展的红利。

3）提升小城镇的治理水平

相对于市域和县域治理，小城镇治理水平有待提升。一方面是由于客观上小城镇的财政收入较低，乡镇政府无力保障基础设施和公共服务；另一方面由于小城镇自身的治理服务意识较淡薄，治理能力有限。要促进小城镇的高质量发展，需要加强治理水平，只有这样才能提供宜居宜业宜游的良好环境。良好的小镇环境一方面可以吸引中小城市的产业转移和旅游消费，另一方面可以为本地居民提供更好的公共服务，提升居民生活品质。

第一，要加大对小城镇的财政投入，在税收、土地出让金的分配上向小城镇倾斜。东部沿海地区的小镇因为产业发达，因此当地政府有足够的资金提高充分的公共服务和基础设施。但经济较落后的西部地区小城镇需要上一级政府财政的倾斜投入才能有治理资金去做好小镇的治理。第二，治理权力适度下放，提高镇政府的治理权限。协调好县、乡（镇）两级政府在镇域公共产品供给中的权力分配，在有足够的治理权限前提下，镇政府才能有效地对镇域公共服务进行规划、设计、运行和维护[①]。第三，镇政府需要营造良好的营商环境、社会治安环境、居住环境和人文环境，吸引社会资金和人才的集聚以推动产业和经济的发展，促进产镇融合发展，实现产业和城镇发展的互动促进良性循环。第四，需要完善基层治理体系，广泛吸纳市场主体、社区居民多方参与小城镇治理，合力提升小城镇的治理水平，实现小城镇共建共治共享。

需要指出的是，本书虽然提出了三种不同类型空间区域城镇化高质量发展的

---

① 吴淼.乡村振兴背景下小城镇差异化发展模式分析[J]. 国家治理，2022，（8）：42-47.

差异化路径，但并不代表三种类型区域是孤立式发展。三种不同类型区域应该联动和协同发展，由于产业链分工机制和产业转移规律，产业链不同环节会在不同空间区域分布，现代服务业尤其是产业链中价值高的研发设计与营销等环节更多地集中在中心城区，生产制造环节更多地集中在新城区和小城镇。新时代要求中心城区要带动新城区和小城镇的发展，充分发挥中心城区对新城区和小城镇的涓滴效应和扩散效应，从而带动区域协调发展，有利于解决发展的不平衡不充分问题，最终实现高质量的城镇化。

6.4 本 章 小 结

城镇化高质量发展研究的落脚点和目标是提出可操作性和符合实际的路径，本章研究结论如下所述。

（1）新时代的城镇化应立足于我国大规模人口特征的基本国情，坚持以人为本的原则，在新发展理念的战略引领下，以创新发展为动力，以提高农业转移人口市民化待遇为核心，以产城融合与城乡融合发展为两翼，以绿色发展为底线，以城市群为空间载体，以开放发展为必由之路，在持续的改革和创新之中实现以人为核心的高质量城镇化。

（2）中心城区、新城区、小城镇三种不同类型空间区域的高质量发展基于各自发展中的关键问题和发展基础，坚持因地制宜的原则，实施差别化的路径。

中心城区要在坚持开发更新与保护并重的原则、商业地产做减法与环境保护做加法的原则和以人为本，提升城市品质的原则下，实施城市更新与能级提升的路径，实现中心城区高质量发展，具体路径为：产业发展要提质增效，发展现代服务业；加大对中心城区的老旧小区、城中村和遗留老旧工业厂区的改造；保护中心城区的历史文化资源，提升城市品质。

新城区在坚持人本主义、科学规划、城市功能配套至上、产业结构持续优化、环境绿色低碳化的原则下，重点解决产城分离问题，建设产城融合、宜居宜业的高质量新城区。具体路径为：产业发展规划与城区规划相匹配的顶层设计路径、产业和城镇在时间上同步均衡的发展路径、产业和城镇在空间上统筹匹配的发展路径、产业和城镇在功能上相匹配的发展路径。

小城镇高质量发展要坚持产业发展和城镇建设同时发力，坚持"两条腿走路"。坚持特色产业优先发展的原则，坚持服务于乡村振兴和城乡融合的原则，将乡村振兴嵌入小城镇发展，实现产业特色与城镇特色内在融合发展。具体路径为：发展特色产业，培育小城镇发展的内生动力；加强小城镇基础设施与公共服务建设；提升小城镇的治理水平。

第7章 中国城镇化高质量发展路径实施的政策保障

在全面建设社会主义现代化的新时代和高质量发展阶段，应在新发展理念的引领下，以实现"人的城镇化"为根本目标，通过制度创新，实现激发活力、消除阻力、释放潜力、合成动力，为城镇化高质量发展路径实施提供不竭动力和政策保障。

7.1 构建"市场主导、政府引导"的城镇化发展体制

我国的城镇化具有"双重转型"的特征，即在资源配置体制上从计划经济体制转型到市场经济体制，在城镇化发展的核心内容上从土地城镇化转型到人的城镇化。在我国城镇化发展过程中，政府主导下的制度变迁发挥了重要作用，走出了一条具有中国特色的城镇化发展道路，市场与政府的关系变迁直接影响了城镇化的发展方式和格局演变。在高质量发展阶段，城镇化推进方式由"政府主导"转变为"市场主导、政府引导"，发挥"有效市场"和"有为政府"两手合力的作用。遵循城镇化和产业发展的基本规律，发挥市场在资源配置中的决定性作用，破除要素流动的行政壁垒和体制机制障碍，以提高资源的自由流动性和配置效率，避免盲目扩张和"造城"运动，消除城镇化高质量发展的体制障碍。

7.1.1 坚持政府与市场"两手合力"，发挥市场在城镇化资源配置中的决定性作用

一是打造公平高效的要素市场化配置环境。以建立全国统一大市场为抓手，打造城市一流营商环境以增强优质要素的集聚能力，减少市场进入的负面清单，营造公平竞争的市场环境，确保各类市场主体平等地获取要素资源。

二是完善要素市场配置的制度供给。在促进劳动力要素流动方面，深化户籍制度改革，打破限制人口自由流动的体制壁垒，鼓励要素由城市向乡村流动以促进乡村振兴；在促进数据要素流动方面，打破数据孤岛促进数据流通，实现数据在不同部门不同地区的统筹共享，建设全国统一的数据要素市场，更好地提升城市的数字治理水平；在土地制度方面，继续完善农村承包地"三权分置"制度，引导农村土地经营权有序流转，创新农村集体经营性建设用地入市制度，积极探

索宅基地"三权分置"的实现形式，推进宅基地使用权的健康有序流转，着力提高存量农房和宅基地的利用率。解决好城市住宅建设用地使用权到期续期中权益冲突问题。以制度创新降低要素流动成本，提高全要素生产率。

三是要结合不同区域城镇化发展的阶段特征以及市场化程度差异，因地制宜，在不同空间尺度实施差异化的市场化配置机制体制改革和政策体系，以精准化政策推进具有不同区域属性的要素市场化配置进程。

7.1.2　转变政府职能，减少政府"有形之手"对城镇化的过度干预

政府的角色应由"主导型"向"赋能型"转变，由"管家"向"店小二"转变。通过完善公平竞争的体制机制，引导政府投资逐步退出一般性竞争领域。转变政府职能，实现由管制型政府向服务型政府转变，实现有所为有所不为。政府的主要职能应该是制定城镇化科学合理的发展规划、推进户籍制度改革、推动土地制度改革、促进城乡公共服务均等化、制定法律法规制度、建立城市环境保护机制、加强市场监管和维护市场秩序等，为城镇化高质量发展提供良好的制度环境。

当然，传统城镇化是政府自上而下强制性推动的，高质量的城镇化需要除了政府推动外，应该包括市场多元主体的合力推动，需要市场主体、社会主体和广大民众共同参与，因为城镇化是一项系统工程，不能由政府全权包办，在城镇化规划和制度制定方面，要听取不同主体的意见，由社会主体共同建设和治理城镇。

7.2　深入改革户籍制度

形成于 20 世纪 50 年代的户籍制度在推动城镇化和工业化的同时，也造成了城乡二元结构。从户籍制度改革的历史进程看，无论是改革开放初期的自理口粮户改革，还是城镇住房、就业、社保及部分公共服务的市场化，再到中小城市落户限制的放开，每一次户籍制度改革的边际进展都是在户籍障碍的松动下完成的[①]，但是户籍所附带的福利功能依然存在，户籍附加的福利剥离进程缓慢，户籍利益依然存在二元固化，户籍制度的改革虽然已打破了人口在城乡和区域之间横向自由流动的制度障碍，但还是阻碍了劳动力在不同社会分层结构阶梯中纵向自由流动，在城市内部出现了农民工和本地市民的"新二元结构"。

近年来，我国人口流动出现新特点，农业转移人口跨省流动的增速放缓，也出现了因担心失去土地权益农业转移人口落户城市意愿有所下降的情况。虽然农业转移人口增量放缓，但常住人口城镇化率与户籍人口城镇化率的差距表明存量

---

① 邹一南. 农民工落户悖论与市民化政策转型[J]. 中国农村经济，2021，（6）：15-27.

未落户人口基数依然很大，也反映出户籍制度改革的滞后性。高质量的城镇化要实现以人为核心的新型城镇化，如何提高农业转移人口的市民化待遇是实现以人为核心的新型城镇化的关键，而影响农业转移人口市民化待遇的核心因素就是户籍制度。因此，推进户籍制度改革是实现以人为核心的新型城镇化的首要任务和根本抓手。

基于当前农业人口转移的新特点和农业转移人口的多元需求，户籍制度还需要从以下两个方面进一步深化改革。

7.2.1　弱化户籍的福利属性，实施差别化落户政策

农业转移人口市民化只有直接聚焦户籍制度改革，才能实现可操作、可督促和可评估。

一是要弱化户籍的身份属性和福利属性，强化户籍的权利属性。户籍不再是区分城乡居民的身份标准，更不能与公共服务挂钩，是否拥有户籍不影响城市常住居民享有社会保障和公共服务水平[①]。户籍制度应该只是履行人口登记和迁移管理的功能。需要将城市公共服务的对象由户籍人口扩展到常住人口，实现居住地公共服务的普惠化和均衡化。

二是实施差别化落户政策，让符合条件的农业转移人口落户城镇。首先，面对目前人口转移的新特点，需要合理引导转移人口落户城市的预期，消除落户的"隐形门槛"，确保有意愿、有条件的农业转移人口在城市应落尽落、便捷落户，解决"愿落不能落"的问题。虽然我国目前中小城市已全面取消落户限制或者放宽落户条件，但是目前大城市尤其是特大城市设置的落户积分条件依然较高，体现在居住时间、就业时间、纳税情况和社会保障状况等方面的门槛较高，一般农业转移人口很难满足，农民工只能"望城兴叹"。有些地方落户程序极其复杂，所需提供的材料繁多，导致很多有意有条件落户的农业转移人口，由于不了解落户政策和流程未能落户[②]。因此户籍制度改革需要消除影响落户的"隐形门槛"。大城市的承载力有限，农民工市民化难度也最大，因此应该促进更多的农业流动人口向中小城市和小城镇转移。其次，要积极改造城中村和棚户区，解决城市内部城中村农民的市民化问题。对于在城镇稳定就业居住5年以上和举家迁徙的农业转移人口等重点群体，应打通他们的落户通道，允许租赁房屋的常住人口在城市公共户口落户。最后，对于一些因担心失去农村土地权益而在城市落户意愿不强的农民工，还需要农村土地制度的联动改革，加快健全农村土地承包权、宅基地

① 黄锡生，王中政. 论城乡融合发展的双重逻辑及制度统合[J]. 现代经济探讨，2021，（5）：1-9.

② 欧阳慧，李智. 迈向2035年的我国户籍制度改革研究[J]. 经济纵横，2021，（9）：25-33.

使用权、集体收益分配权市场化退出机制和配套政策，确保农村土地"三权"的保障功能，为让农业转移人口吃下"三权"定心丸，提高其落户意愿，使他们能够进退有路，解决后顾之忧，破解"能落不愿落"的难题。我国目前不同类型城市落户政策如表 7-1 所示。

表 7-1　我国目前不同类型城市落户政策

分类	落户政策
超大城市（城区常住人口 1000 万人以上）	积分落户
特大城市（城区常住人口 500 万人以上 1000 万人以下）	积分落户
I 型大城市（城区常住人口 300 万人以上 500 万人以下）	全面放开落户条件，并全面取消群体落户限制
其他城市（城区常住人口 300 万人以下）	全面取消落户限制

注：以上包括本数，以下不包括本数

7.2.2　进一步完善居住证制度

继续完善城乡户籍"双轨制"向以全面实施居住证为目标的"单轨制"转变。促进城市公共服务由户籍人口享有向常住人口享有转变。作为户籍之外的一个新的载体，居住证是人口管理制度的创新，它承载着流动人口的权利和福利。居住证的政策实施对象是物，即城市福利，它实质上是将原本由户籍承载的城市福利进行了转移，而居住证所具备的"低门槛申领、阶梯式赋权"的特征，更符合农民工的流动就业特点，也易于被农民工所接受[①]。因此，居住证制度为流动人口享受城市基本公共服务与权益以及落户城市提供了有力的制度保障，有利于流动人口跨越户籍界限、享受居住地的基本公共服务，也有利于人口在全国范围内的自由流动，促进全国统一要素市场的建立。居住证制度作为户籍改革的过渡阶段，其完善程度决定了户籍制度的改革进程，只有当原先户籍捆绑的福利剥离到居住证上时，才意味着户籍制度改革进程即将结束。

居住证制度还需要从以下几个方面进行完善：一是居住证申请要实施"广覆盖，低门槛"。居住证的申请要和常住人口在城市的居住年限挂钩，而不能一味地和学历与产权房挂钩，避免造成对农民工的歧视，以解决当前很多地方居住证领取覆盖率低的问题。二是要提高居住证的"含金量"，一些地方迫于财政收入的压力，居住证政策惠及的人口主要集中在高学历、高收入等较为优秀的社会群体，而流动人口尤其是农民工等弱势群体能获得的福利则十分有限，如目前大部分省区市依然没有放开流动人口随迁子女在当地参加高考的权

---

① 邹一南. 农民工落户悖论与市民化政策转型[J]. 中国农村经济，2021，（6）：15-27.

益。因此，要保证拥有居住证的人能享受基本公共服务，要涵盖保障基本的民生需求，如教育、就业、社会保障、医疗卫生、住房保障等。同时也要增强其灵活性和弹性，完善阶梯式福利享受机制，改变以往"高门槛、一次性"的权益获取方式，适当降低申请门槛，使流动人口能随着居住年限和缴纳保险年限的加长等条件与贡献的积累，进一步享受更多的公共服务，由此权益获取调整为"低门槛、梯次式"的方式，实现分步推进、稳步提高。三是居住证管理需要数字赋能，探索实施电子居住证改革，推动居住证管理方式的升级，加强数字化带来的便利性，降低常住人口享受公共服务的交易成本，释放新型居住证改革的红利。

要想居住证制度顺利实施和取得实效，需要中央和地方两个层面合力推动。一是中央政府要做好顶层设计，应尽快出台居住证法律法规及配套的制度措施，户籍制度改革已到了攻坚期，很多深层次问题需要国家层面统筹，建立全国统一的制度体系并加强监管，为居住证制度改革提供良好的政策环境。二是要将居住证实施纳入地方政府考核体系，以增强地方政府的积极性，将居住证制度落地并发挥实效。三是需要建立保证居住证制度实施的财政分配体制，由于各地经济发展水平有差异，由此地方政府财政收入差距较大，对于一些经济较落后地区没有足够的财力来保证提供居住证所承载的所有公共服务，因此会通过提高申请门槛等方式降低成本，故而降低了居住证制度的实施效果。基于此，需要探索调整中央和地方的财政分配体制，按比例共同承担流动人口的基本公共服务供给成本，当然户籍放开后所需要的各项公共服务的具体成本还需要各地政府精确核算。

我国一些地区在居住证制度方面进行了一些探索性改革。2002 年，江苏省在全国率先打破城乡分割的户籍管理体制，取消农业户口和非农业户口的区分，实行以居住地登记为基本形式、以合法固定住所或稳定生活来源为户口准迁条件的新型户籍管理制度，是户籍制度改革的重要创新和实质性推进。天津从 2020 年开始对居住证积分落户不设总量限制。南京在 2021 年全面放宽郊区落户限制，并将城市紧缺艰苦行业纳入加分指标。同时，需要推动具备条件的都市圈和城市群内户籍准入年限同城化累计互认。无论流动到哪个城市，农民工都可以申领当地居住证，获得相当于或接近于市民的基本公共服务。自 2019 年以来，部分城市已率先实行了户籍准入同城化累计互认。浙江省宁波市先是在 2020 年 5 月提出，舟山户籍可等同于宁波户籍，同年 8 月，又进一步提出在申请落户时将在上海、浙江、江苏、安徽地区的社保缴纳可累计纳入宁波市缴纳年限。长三角区域内部分省份居民跨省迁移户口实现"一地办理、网上迁移"。2021 年 12 月，广东省政府也提出要在除广州、深圳市外的其他珠三角城市率先探索户籍准入年限同城化累计互认。

7.3　建立公共服务均等化体制

《"十四五"新型城镇化实施方案》提出，完善城镇基本公共服务提供机制，推动城镇基本公共服务常住人口全覆盖。

公共服务均等化体制的建立要求优化公共服务资源的空间配置，涉及不同空间尺度的社会主体，从城市内部来看，包括城市居民与进城务工人员；从城乡尺度来看，包括城市居民、城中村居民、城郊失地农民、乡村农民。建立公共服务均等化就是要实现不同空间的不同社会主体实现共享公共利益，实现价值理性和公正公义。人的城镇化之所以发展滞后，根源在于公共服务供给不足。流动人口只有充分享有和居住地居民相同的公共服务，才能深度嵌入城镇，才能真正实现"以人为本"的价值理念，实现人的全面城镇化，这也是高质量城镇化的核心内容，才能突破传统城镇化的人口城镇化滞后困境。我国现有公共服务供给存在总量不足和结构性失衡的问题，因此需要在公共服务供给侧扩大总量，同时要让不同空间与不同社会主体享有均等普惠的公共服务，简言之，公共服务需要扩大供给总量和提高均等化。

7.3.1　扩大公共服务供给，建立城镇内部不同主体公共服务均等化体制

在城镇内部，农业转移人口解决了落户问题后，需要享受和市民均等的公共服务和社会福利，要实现城市常住人口公共服务均等化和普惠化。只有实现公共服务均等化，才是真正实现以人为核心的新型城镇化。

1. 要增加农业转移人口的公共服务供给

公共服务具体包括基础教育、医疗卫生、劳动就业、社会保险、基本住房保障等方面。农民工市民化意味着农民工深度嵌入城市，享受城市市民平等的公共服务。进城务工人员也希望自己的孩子和城市孩子一样受到良好教育，也希望和市民一样用医保在城市看病，更希望在城市有自己稳定的住所，因此，地方政府需要从人的需求出发，围绕农民工最关心、最直接的问题，优先满足这些公共服务。需要落实农民工实际享有与城镇职工平等的医疗、养老待遇和住房保障制度。将进城落户农民工纳入城镇住房保障体系，落实农民工子弟异地接受教育的政策，建立健全劳动者平等参与市场竞争的就业机制、新就业形态劳动者劳动权益保障机制、欠薪治理长效机制、法律援助服务机制等劳动权益保护机制，满足农业转移人口"病有所医、老有所养、住有所居、学有所教、劳有所得"的民生需求。在所有的公共服务中，住房问题可能是最难解决的问题，需要把符合条件的、有稳定就业的农民工纳入住房保障范围，要从多渠道为农民工提供住房房

源。包括城中村改造、棚户区改造、政府和企业提供公租房、政府提供廉租房等，这一点四川省的做法值得借鉴，四川省从 2013 年开展了"进城农民工住房保障专项行动"，从城市的公租房每年拿出 30%的房源，解决农民工的住房问题。

2. 要加强基本公共服务国家统筹

建立公共服务均等化体制要考虑到地方政府在改革成本和改革收益之间的衡量，因此需要顶层设计，需要对地方加大财政支持作为激励。瓦格纳法则指出，随着人均 GDP 的提高，政府支出占 GDP 的比例也应提高，以消除居民的福利差距。公共服务均等化体制需要巨大的财力支持，需要加大中央预算内投资支持力度，建立财政性专项资金对吸纳落户较多城市进行支持，对这些城市建立基础设施投资补助机制。

第一，继续实施财政转移支付与农业转移人口市民化挂钩、城市基础设施投资与农业转移人口市民化相挂钩政策，应根据跨省份落户人口数量来确定中央财政市民化奖励资金分配比例。改进人地和人钱挂钩机制，形成常住人口多的城市，土地和投资多的正向激励。

第二，合理划分央地财政事权和支出责任，涉及公共教育、公共卫生等有关人力资本培育、群众健康的公共服务项目以及社会性救助等兜底性公共事务，以中央负担为主。省级政府依照国家基本公共服务标准，在确定本地基本公共服务设施布局时，应以常住人口规模和服务半径为依据。同时，需要建立与常住人口规模相关的地方税体系，形成常住人口多，税收收入多，公共服务好，吸引更多的人口流入的良性循环。

第三，考虑到人口的流动，公共服务也应该跟着人流动，需要国家促进不同地方的公共服务供给政策衔接，打通公共服务跨地区转移通道，解决流动人口获得公共服务的后顾之忧。

3. 构建多元主体供给体系

随着城镇化率的不断提升，对公共服务的需求日益增加，完全依赖政府供给是不现实的，尤其是经济较落后的地区，政府没有足够的财力去承担城镇化公共服务的成本。因此，基本公共服务除了政府供给外，其他公共服务还需要企业、社会组织合力提供，建立起多元主体供给的公共服务供给体系，增强公共服务的供给来源和供给能力。

7.3.2 建立城乡基本公共服务普惠共享的体制机制

人的城镇化不一定都要住在城市，无论住在城市还是乡村，享受的公共服务应该是均等的，住在乡村与城镇居民的生活质量是相同的，只有城乡公共服务均等化，才能从根本上解决城乡差距，才能体现"以人为本"的发展观，实现城乡居民共同富裕，体现社会的公平正义。因此，需要推动公共服务向农村延伸、社会事业向农村覆盖，健全全民覆盖、普惠共享、城乡一体的基本公共服务体系，推进城乡基本公共服务标准统一、制度并轨[①]。通过增量调整和存量优化，不仅要解决农民"有没有"公共服务，而且要解决农民公共服务"够不够"的问题，因此还需要提高新型农村合作医疗报销比例，以及农民养老金水平等，让农民充分享受公共服务。除了乡村居民，城中村村民和城郊失地农民这两类城市群体也应该享有和城市居民相同的公共服务。

公共服务均等化体制的建立，将推动城市和乡村对接和并轨，人们可以在繁华城市、温馨小镇和美丽乡村的多元居住环境中自主选择生活[②]，不同区域体现的是各自的特色，而没有公共服务和社会福利的差距。

7.4　构建城乡要素自由流动的体制机制

7.4.1　促进城乡各类要素自由流动

1. 促进劳动力流入乡村，吸引"新农人"入乡，"新乡贤"回乡，城市人才下乡，农村大学生和农民工返乡

一是拓宽落户渠道，简化落户程序，弱化城乡户籍限制，解绑户籍制度和基本公共服务的关联，使城乡间劳动力可按照自我发展意愿自由流动。二是加大返乡下乡创业就业的扶持力度，落实农业农村就业补贴，鼓励热爱农村、愿意到农村发展的城镇人口下乡参与农业生产，支持专业技术型人才在岗返乡创业，满足农村发展对高层次人才的需求。三是通过建立健全结构合理、均衡配置的基本公共服务体系，完善流动人员随迁子女教育、医疗、养老等各项制度，使劳动力要素能长期稳定地融入流入地，更好地发挥劳动力要素流动带来的优势。四是可以引导城市居民下乡消费和养老，促进城市各类人才广泛参与乡村振兴，通过投资和技术入股、经济合作、兼职兼薪、离岗创业、定期服务、交流轮岗等多种形式实现人才下乡[③]。五是完善农村人才培养机制，加强农业转移人口的就业技能培训，培育有文化、懂经营的高素质农业人才，提高农民就业竞争力，大力发展农村加工业、物流业、旅游业等，增加农村就业机会。六是建立农村新型集体经济组织

① 刘合光. 城乡融合发展的进展、障碍与突破口[J]. 人民论坛, 2022, (1): 46-49.

② 吴业苗. 人的城镇化研究[M]. 北京: 社会科学文献出版社, 2021.

③ 魏后凯. 推进县域城乡融合发展的战略路径[J]. 农村工作通讯, 2023, (5): 31-33.

成员加入机制，可根据成员为农村新型集体经济组织所做贡献、履行相关义务、居住生活年限等条件，吸收新成员，赋予其单项或完整成员权[①]，增强其发展的预期，稳定其在农村发展的信心。

2. 促进资本要素流入乡村

首先，鼓励和支持城市资本下乡，建立乡村振兴的多元化投融资机制。一方面需要提高各类规划、土地政策等的稳定性与可预期性，增强社会资本流向乡村的信心；另一方面，建立健全资本下乡的风险防范机制，完善农业补贴制度，发挥农村信贷担保体系的作用来补齐农村产业利润低、经营风险高的短板，在有效防范风险的前提下鼓励城市资本回流农村。其次，通过完善农业用地管理政策，落实各类保障农村产业建设用地指标政策，进而减少资本投资农村农业的阻碍，为符合下乡要求的工商资本提供人才支撑、信贷优惠、设施配套等多样化服务体系。最后，构建促进农村储蓄转化为农村投资的有效机制，长期以来农村储蓄成为城市建设的资金池，无法转化为农村的投资。因此，需要加大再贷款、再贴现、信贷担保等支持政策力度，积极运用金融科技，降低金融机构在农村开展业务的成本和风险，促进农村普惠金融的发展，多渠道解决农民贷款难的问题。

3. 促进技术要素流动

完善技术要素的产权保护机制，通过政策补贴降低技术下乡的成本，强化农业现代化科技和智能装备支撑，同时发挥劳动力和资本要素的协同作用，共同促进技术要素向农业农村流动。引导社会资本流入农业科技创新项目，提高下乡科研人员的社会保障水平，促进传统农业机械向智能农机的应用转变，为农村农业技术发展创造良好条件，帮助推动科研成果下乡转化为现实生产力，同时带动新型农业经营主体共同发展。拓宽技术应用范围，以科技改造乡村，借助 5G、大数据、云计算等技术助力农村产业发展，在提升传统产业的基础上探索技术新需求，大力发展"互联网 + 农业"等新型数字经济，推动农业现代化，引领乡村数字化转型发展。

4. 促进信息要素对乡村振兴的支持

首先，要加快完善乡村信息基础设施建设，夯实乡村 4G 信号和光纤宽带网络基础，落实宽带提速降费等信息服务建设，并探索 5G 技术在农村信息化基础环境等方面的应用，落实宽带提速降费等信息服务建设，不断提升乡村信息基础

---

① 魏后凯，叶兴庆，杜志雄，等. 加快构建新发展格局，着力推动农业农村高质量发展：权威专家深度解读党的二十大精神[J]. 中国农村经济，2022，（12）：2-34.

设施整体水平。其次，搭建城乡信息交流平台，加大城乡信息资源供给，在全国农业农村信息化示范基地推广学习，通过示范效应发挥城乡信息流动带来的增长作用。坚定实施创新驱动发展战略，加快互联网等信息产业发展步伐，推动城乡产业深度融合，催生城乡间新的商业模式，培育城乡融合发展新的增长点。最后，在提高农村内部基础设施承载力的同时，不断加强城乡公路、铁路、光缆线路等公共设施建设，打破城乡间要素流动的时空壁垒，进一步加速要素资源在城乡间的流动，借力信息要素打通城乡要素流动堵点，发挥要素流动对城乡融合发展的促进作用。

5. 构建城乡建设用地、土地要素自由流动的机制，进而建立城乡统一的建设用地市场

切实推进城乡土地要素平等交换，在土地征收、集体经营性建设用地入市等改革过程中，要保障农民公平分享土地增值收益[①]，完善被征地农民多元化利益补偿机制，促进城乡建设用地增减挂钩结余指标和农村土地整治新增耕地指标跨区域交易等途径，使农民间接分享城镇化地区的土地增值收益。土地出让收益要优先支持乡村振兴，要提高土地出让收益对农业农村的投入比例，最低应高于50%，使农村土地收益取之于农，更多地用之于农。

继续完善"三权分置"和"三块地"改革。农村承包地、宅基地和集体经营性建设用地是农民增收财产权益和乡村振兴的重要资源，要使土地回归作为生产要素的功能，有效盘活土地资源是推动乡村振兴的关键。推动进城落户农民"三权"自愿依规有偿退出，打通进城落户农民在农村的宅基地的退出通道。第一，在承包地方面，应完善"三权分置"办法，按照"促进利用、防止撂荒"的原则，引导农村土地承包权和经营权有序流转，鼓励集体内部成员之间为消除土地细碎化而开展土地承包权互换或经营权流转，鼓励进城落户农民将剩余承包期内的土地经营权一次性流转给其他经营主体[②]，调动新型经营主体长期投资的积极性。第二，在宅基地方面，按照"三权分置、差别赋权、立足存量"的思路深化改革，在落实集体所有权、保障成员使用权的基础上，放活宅基地的流转使用权，提高现有农房和宅基地的利用率，扩大现有农民住房财产权对外流转的空间[③]。这样不仅可以为外迁的集体成员提供退出通道，而且可以为外来的非本集体成员提供进入通道。第三，在农村集体建设用地方面，应拓展入市范围，科学规划村庄建设，把村庄废弃土地、闲置农村学校、废弃宅基地等建设用地就地或异地集中转为经营性建设用地后入市交易。提

---

① 韩长赋. 中国农村土地制度改革[J]. 农业经济问题，2019，（1）：4-16.

② 叶兴庆，程郁，赵俊超，等. "十四五"时期的乡村振兴：趋势判断、总体思路与保障机制[J]. 农村经济，2020，（9）：1-9.

③ 叶兴庆. 坚持三大思路有序扩大农村宅基地产权结构开放性[J]. 农村工作通讯，2019，（12）：53.

高入市主体的市场主体地位，扩大入市土地用途，促进入市收益与被征地收益平衡。

重庆的地票市场搞活了农村的土地。重庆市为进城落户的农民提供的支持可以概括为"1笔安家费""5件新衣服"。"1笔安家费"，就是宅基地退出给你的钱。"5件新衣服"就是可以享受城市居民在就业、社保、住房、教育、医疗的公共服务。这样一来，重庆市在外务工的农民，被吸引回到本地，退出宅基地，然后在重庆市或者重庆市下面的地级市、县级市买房子，做一些经营。这样就激活了土地这个要素，城市的地价、建设用地的价格也下来了，可以吸引到更多的外来投资者到重庆来投资，实现了经济发展的良性循环，也促进了城乡融合发展。

6. 培育城乡要素自由流动的市场秩序和市场环境

在构建促进要素城乡自由流动的体制机制基础上，农村自身还需要建立规范的市场秩序和良好的市场环境，提高对城市要素的吸引力，良好的市场秩序和市场环境有利于吸引城市要素的集聚，促进乡村振兴，乡村振兴会进一步扩大农村市场规模和竞争力，吸引更多的城市生产要素集聚在乡村，进而实现良性循环，最终实现城乡融合发展。

不健全的市场秩序会从根本上影响城乡之间要素资源的配置效率。城乡要素投入所带来的收益利润会随着城乡市场环境的差异而发生变动，要素倾向于从市场发育迟缓、市场秩序较差的农村流向市场发育较好、市场秩序较好的城市。大量生产要素在市场秩序良好的城市地区聚集，在规模经济效应的作用下推动城市经济增长，经济增长又进一步强化良好的市场秩序，进而增强了城市对生产要素集聚的吸引力，从而推进城市经济社会持续健康发展。相反，农村地区较为混乱的市场秩序加剧了要素资源的流失，进一步延缓了农村地区的发展。规范农村地区的市场秩序，有利于要素在城乡间自由双向流动，提高要素配置效率，推动城乡融合发展进程。

第一，扩展农村地区市场规模。市场规模的大小在很大程度上影响着生产要素的流动，市场规模较小的农村地区通常不能催生旺盛的消费需求，也就不能促进生产与投资，不能提高资源要素的利用效率，这就造成生产要素的利润水平不高，导致要素从农村不断流向城市，进而使得农村地区的发展长期相对滞后。市场规模决定着市场分工水平，城乡市场规模的不断发展，有利于城市与乡村之间的分工协作，从而有利于实现城乡的深度融合。

扩展乡村地区市场规模首要要构建城乡大市场的概念，避免人为制造城乡间、地区间要素流动和市场交流的障碍，为市场规模的扩展提供制度保障；其次，提高农村地区人均收入水平，通过较高的居民收入催生有效的市场消费和生产需求，为扩展市场规模奠定良好基础；最后，提高农村地区吸引劳动力的能力，通过农村劳动力人口的不断增加带动市场规模的不断扩展。

第二，积极培育农村地区市场体系。农村市场化程度不高，导致农村地区严重缺乏生产要素均衡流动的条件。市场发育水平高，体现着地区更好的经济发展水平、更加和谐开放的社会文化环境以及更加高效健全的政府，这些都能够增强地区对要素的吸引力。因此构建市场机制，提高农村地区的市场发育水平对促进城乡要素双向流动至关重要。

首先，政府逐步放开对下乡企业和资本的管控，通过政策鼓励乡村地区兴起的市场力量发展，进而夯实乡村地区市场发育的制度基础，支持乡村振兴。其次，尊重市场规律，确立好政府与市场的关系，发挥市场机制在资源配置中的决定性作用。政府对城乡要素流动的宏观调控有利于扭转城乡之间历史积累的发展差距，但政府的调控应该作为市场调节的后续补充，应该在尊重市场经济发展规律的前提下发挥作用，坚决杜绝政府行政手段对城乡资源要素配置的强行干预。最后，打破要素流动的区域行政壁垒，坚持建设城乡统一的市场体系，破除行政分割造成的要素流动阻碍。

第三，规范完善农村地区市场秩序。市场经济的发展离不开有序的市场秩序和交易行为，市场化中的机会主义动机在一定程度上侵蚀了农村地区淳朴的乡土文化，阻碍了农村地区培育良好的市场秩序，导致农村地区市场秩序较为混乱，从而加速了农村生产要素的流出，影响了农村的可持续发展。规范和完善的市场秩序，有利于消除城乡要素流动的外部环境差异，提高城乡要素资源配置效率。

规范和完善农村地区市场秩序要做到：首先，在建立农村市场体系的过程中不断规范市场秩序，在农村市场秩序的逐步规范中发展农村经济，只有这样，才能培育出正常运转的市场体系，实现长久的经济运行增长；其次，制定完善的市场秩序规范制度，约束和处罚破坏市场秩序的行为；最后，完善农村地区市场监管制度，提高农村市场监管效能，对于破坏市场秩序的行为监管部门必须及时制止并给予严厉处罚，保证市场秩序的稳定发展。

第四，培育城乡要素自由流动的社会环境。要素的自由流动与均衡配置离不开良好的社会环境，不完善的社会体系使得要素流动的成本增加，导致了要素的不均衡分布。要素自由流动除了受经济发展的影响，还受到社会公共服务、基础建设、人文环境的影响。社会发展程度的高低，在反映出区域经济发展水平的同时，也显示出该区域政府对社会管理水平的高低，体现着该区域长远发展的内在潜力，是要素流动和企业投资值得关注的重要因素。

首先，要积极拓展城乡经济社会交往。城乡经济社会交往的过程中伴随着以要素流动为核心的人流、物流和信息流。完善城乡基础设施网络建设，增加城乡间公路、铁路运营里程，为城乡经济社会交往提供便捷的交通渠道。加快地方改革进程，简化行政办事程序，提升政府服务效率，为城乡间人口流动、贸易往来、信息传播创造高效的社会环境。其次，大力培育发展城乡社会组织，扩展要素均衡流动的途径。就农村地区而言，农民可以根据发展需要，自愿加入农业生产经营相关的专业组织，通过集中要素增强议价能力，降低农村市场风险。就城市而言，营利性社会组织及为公益慈善组织的非营利性社会组织集中了一定数量的资源要素，具有对要素分布配置的能力。农业协会与城市社会组织进行对接合作，增加了要素流动的途径，能够充分提高城乡各地区的资源配置效率，有效推动城乡融合发展。放宽各种民间组织的准入条件，降低这类组织成立的审批门槛，缩短其成立的行政办理流程，降低其发展所要付出的行政成本，进而促进民间组织的成立发展；通过规范民间组织行为，完善民间组织管理制度，保障民间组织能够长久健康运作，对扩展城乡要素流动途径发挥作用。

7.4.2　因地制宜推进区域城乡融合发展

　　城乡融合发展并不是均衡发力，而是要关注要素流动产生空间效应的区域异质性，分析各区域要素流动对应的短板，在推进城乡融合中有重点和针对性，因地制宜着重解决各地区突出问题。

　　（1）西部地区要重点加强对资本和信息要素下乡的政策支持，积极促进技术要素融入农村场景为农村发展赋能。加大农村的各项公共服务设施建设的投入、教育医疗养老等社会福利保障的投入、产业升级优化的资本技术投入、高质量劳动力的人力资本培训投入，为社会资金下乡参与乡村振兴建设创造良好的乡村发展条件，同时增强金融对农业和农村地区的扶持效率，实现城乡联动发展和共同进步。拓宽农村对信息要素的获取渠道，提高农村光缆线路的覆盖和互联网的普及，加强交通网络设施建设，构建互联互通的城乡交流环境，鼓励带动农村居民有效获取并敢于利用信息和高水平技术，充分发挥信息和技术要素流动带来的正向空间效应，进而提升农村整体发展水平缩小城乡差距。

　　（2）中部地区近几年城乡融合发展的增速远小于东部和西部地区，在中部地区长期形成的工业优先发展以及"城镇偏向"导向政策下，城乡要素大多集聚在城市或外流入东西部地区，同时大多要素流动产生负向空间效应和空间溢出效应，针对这种现象，国家需加大对中部地区城乡发展的宏观把控和政策支持。对该地区进行综合性全局规划，通过明确中部地区的发展思路制定符合区域发展特点的政策，从制度上给予中部地区城乡融合发展的动力。加大对中部地区经济结构转型升级的资本技术投入，政策引导产业布局合理化，推动产业与要素资源合理高效配置，提高城镇化水平和质量，增强中部地区城市对乡村发展的扩散效应，鼓励人才、资本要素向中部地区集聚，进而使城乡间要素充分流动发挥作用。

　　（3）东部地区应重视劳动力和资本要素流动发挥的正向影响，利用乡村发展水平较高的条件优势进一步吸引人才和资本下乡，积极探索有利于人才和资本流动的相关制度模式，打造国内政策改革创新的前沿阵地，促进自身城乡融合发展的同时为中西部地区发展提供可借鉴的案例。技术和信息要素流动对相邻地区产生了显著为正的空间溢出效应，东部地区也应充分发挥这种正向的溢出影响，加强省际的交流与合作，畅通省际信息和技术交流，发挥东部地区城乡发展产生的示范效应和知识溢出效应，带动中西部地区城乡融合发展。此外，低水平的技术要素流动对东部地区城乡融合发展的阻碍作用不可忽视，促进高层次高质量要素在城乡间流动或许是东部地区城乡融合走向新阶段的关键。

7.5　建立环境保护机制

高质量的城镇化需要把生态文明建设的理念和原则融入到新型城镇化的规划、建设、城市运行和城市管理的各个方面和环节，建立"人"与"自然"和谐共生的生态城市，提高人民的福祉。城镇化环境保护机制需要实现在空间上的"协调性"、在时间上的"持续性"以及在治理主体上的"多元性"。要建立政府引导、市场主导、公众和社会组织参与的多元主体环境保护和治理机制，实现不同地区、不同社会主体多元协同联动与长期治理，使地方政府和市场主体在环境保护方面"有压力，有动力"，最终形成"有能力"。

7.5.1　完善绿色政绩考核机制以及环境保护和监管制度

一是加快完善绿色政绩考核机制，把生态环境绩效纳入地方政绩考核的硬指标，改变地方政府侧重于追求地区生产总值的传统发展理念，以绿色发展理念为引领，考核机制中需要增加环境质量提升、生态保护成效等方面的指标；使绿色发展成为地方政府的自觉行为，对于没有完成生态环境保护绩效的要追责。二是建立对微观主体在环境保护方面的奖惩机制，要加强绿色科技创新产权保护，加大对企业绿色技术创新的补贴制度以及贷款优惠制度，同时要加大对企业排污收费等行政手段的实施力度，通过征收生态环境税、资源税等，将企业的污染行为所带来的外部成本内部化，提高企业污染环境行为的成本，以减少企业环境污染的负外部性行为。三是明确各相关环境管理部门的权力和责任，环境监管分解落实到责任主体，建立生态环境治理的部门协调机制，形成各部门协同管理的环保监管体制。四是通过实行严格的法治为城镇化绿色发展建立制度保障。要加强立法机构环境司法制度建设，加快制定、修订、补充与绿色发展相关法律法规，提高环境立法条例的协调性、可操作性[①]。环境保护要做到源头严防、过程严管、后果严惩。

---

① 辜胜阻，李行，吴华君. 新时代推进绿色城镇化发展的战略思考[J]. 北京工商大学学报（社会科学版），2018，33（4）：107-116.

7.5.2　建立绿色金融市场体系

绿色金融有合理配置绿色资源、供给绿色资本、管理绿色风险的功能。其中最核心的功能是配置绿色资源，基础的功能是供给绿色资本，而其最突出的功能则是管理绿色风险。绿色金融能有效促进绿色产业发展、绿色技术创新、环境污染治理、公共环境改善等，从而促进城镇化高质量发展。多种类并行的绿色金融产品结构是绿色金融充分发挥其服务实体作用的前提。目前我国绿色金融还处于初级阶段，绿色项目的收益、期限和风险均无有效的保障，多样的绿色金融产品才能从绿色企业需求的各方面提供服务。例如，绿色信贷可以为绿色企业提供大笔发展资金；绿色基金可以为绿色项目提供长期资金支持；绿色期货与绿色保险可以帮助绿色活动规避风险；碳金融甚至可以为绿色企业提供新的可交易标的。这样的多种类发展才能发挥绿色金融的各种机制及作用，为不同的绿色实体企业提供针对性服务。绿色金融对城镇化高质量发展的影响机理如图 7-1 所示。

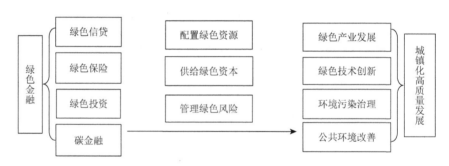

图 7-1　绿色金融对城镇化高质量发展的影响机理

1. 优化绿色金融机制，加大对绿色产业的资金供给

支持各类金融机构与相关中介机构发展绿色金融业务。目前我国绿色金融的主力是绿色信贷，因此需要扩大其他绿色金融产品的供给，引导资金更多地流向绿色产业，发挥绿色金融对污染性投资的抑制作用。持续推动绿色金融标准体系建设，促进绿色金融健康规范发展。同时，需要优化绿色金融机制和平台，构建绿色金融发展的区域协调机制，制定综合统一全面的绿色金融统计制度；就配套机制而言，各区域应建立相关制度做好绿色金融和转型金融的衔接，深入了解企业对绿色金融的需求，创新针对性强的绿色金融产品，如对传统洗煤向煤炭清洁高效加工转型的企业推行专项再贷款降低其融资难度，对高耗能企业研究绿色高

新技术提供特有债券增加其融资途径，提高服务"高碳转型"能力。同时，需要完善绿色风险补偿机制，通过财政贴息、税收优惠，设立绿色产业风险补偿基金等方式，充分发挥绿色金融对产业结构升级的作用，提高产业结构升级的效率，促进产业绿色化发展。

2. 向下扩展绿色金融，缩小区域城镇化发展差距

我国绿色金融发展区域多为发达省份或者已经被定为试点的省会级城市，而其余省份及二三线小城市还未能真正开展绿色金融活动，相关金融机构未能开拓其市场，该区域绿色金融需求方也难以享受绿色金融福利，降低了绿色金融对城镇化高质量发展的作用。

绿色金融向绿色金融活力低的省份、二三线城市拓展是绿色金融发展的必经之路。绿色金融在这些地方的发展，能够直接从资金层面上为当地绿色企业与项目提供新的融资渠道，为绿色技术的开发提供研发资金，直接提高当地城镇化高质量发展的能力；在信息层面上，能够将国家高质量发展、绿色发展的相关政策以较快速度传达到绿色金融活力低的地区，缩小其与发达省份的政策信息差，使其及时享受政策红利，并且可以提高和培养绿色金融活力低区域的群众对于"绿色"的认知，有利于建设绿色发展的城镇化，从而有效改善我国城镇化高质量发展的短板区域，提高我国城镇化发展总体质量。

因此，建议绿色金融发展迅速的区域，发挥扩散效应向周边区域提供绿色金融发展支持；推动银行等金融机构由试点区域向周围绿色金融不发达区域及三四线小城镇扩展绿色金融服务，鼓励这些区域积极发展绿色金融服务，拓展绿色金融市场，以发展绿色金融推动城镇化高质量发展。

3. 建立健全碳排放权、水权、排污权、用能权有偿使用和交易制度

城镇化的绿色发展和环境保护除了发挥政府强制约束的顶层推动之外，还应发挥市场利益机制的调节作用，构建激励与硬化约束协同发力的生态保护补偿制度。实行统一规范的绿色发展行业标准、交易监管机制。完善生态资源定价、交易、流转机制建设，推动生态资源权益交易，实现生态资源使用的"市场化"和"有偿化"。充分发挥碳排放交易价格机制的激励与约束作用，一方面发挥碳排放成本的约束作用，真正实现减排与收益挂钩；另一方面也可以将其作为一种激励方式，通过碳排放成本的提高倒逼企业进行减排科技创新，降低企业成本，推动新技术在全社会的普遍应用，实现碳排放在源头和流通两个环节的减少[①]。截至

---

① 徐政，左晟吉，丁守海. 碳达峰、碳中和赋能高质量发展：内在逻辑与实现路径[J]. 经济学家，2021，（11）：62-71.

2022 年 11 月 24 日交易结束，碳排放配额累计成交量破 2 亿吨大关，超过半数的重点排放单位参与了交易，对减少碳排放起到了重要的作用。通过生态资源使用的市场化和有偿化，将资源能耗和环境损失"内化"为企业环境成本，引导企业自觉将经济利益和长期生态治理效益紧密结合起来。探索建立初始分配、有偿使用、市场交易、纠纷解决、配套服务等制度。形成市场化、多元化补偿格局，增强全社会不同主体参与生态保护的积极性。

7.6　完善治理机制

高质量的城镇化要求治理理念从管制为中心转向服务为核心，治理主体转向多元化，治理方式转向精细化，治理工具转向智慧化。治理机制包括了城市治理机制、乡村治理机制以及市域治理机制。

7.6.1　提升城市治理水平，建设智慧城市和韧性城市

党的二十大报告提出，"提高城市规划、建设、治理水平"，"打造宜居、韧性、智慧城市"①。城市治理是国家治理体系和治理能力现代化的重要内容。城市具有群体多元性、城市系统运行复杂性、城市灾害残酷性等特点，需要精细化、科学化和智能化的管理方式。城市治理需要探索政府、社会、本地居民和外来居民共同治理的模式，综合发挥政府自上而下强制性治理与社会和居民自下而上的自发治理作用。对于城镇化发展的典型问题，如在城市病问题、城中村和城乡接合部综合治理、征地农民回迁社区治理、农民工市民化问题等方面实现精细化管理。高质量发展的城镇化需要改变城市管理理念，寓管理于服务之中，从刚性向柔性治理转变，提高城市治理的人本化、服务化、智能化与韧性化水平。实现城市从粗放型治理向精细化治理转变，建设智慧、人文、生态、宜居的高品质城市。

1. 建设智慧城市，提高城市的智能化水平

党的十九届四中全会明确将"科技支撑"作为完善社会治理体系的要素。因此，城市治理的现代化需要技术赋能。推进基于数字化、网络化、智能化的新型基础设施建设，要充分利用大数据、云计算、北斗卫星导航、地理信息、物联网等新一代信息技术，整合政府、社会以及行业资源，围绕改善民生、惠及百姓、

---

① 习近平. 习近平：高举中国特色社会主义伟大旗帜 为全面建设社会主义现代化国家而团结奋斗——在中国共产党第二十次全国代表大会上的报告[EB/OL]. [2023-09-18]. https://www.gov.cn/xinwen/2022-10/25/content_5721685.htm.

构建公共安全环境等关键主题，提升城市的信息化与智能化水平，实现城市管理的精准化与一体化水平。通过智能化和数字化为城市提供多层次、全覆盖、高品质的公共服务，创新公共服务供给模式，提升公共服务效率。通过在医疗、交通、旅游、地下管网、养老、公共安全等多个方面实现智能化管理，为民众提供更加便捷、高效的服务，建设以人为本、全时空服务的智能城市，最终实现城市产业发展科学化、公共服务便捷化、基础设施智能化、城市管理精细化、生活环境适宜化，进入城市治理的高端阶段。比如，苏州推进数字城管全覆盖，市级数字城管平台与 6 个区、34 个市级部门以及公安 110 指挥中心、便民服务中心等紧密联动，协调处理 11 大类 218 小类城市管理问题，值得其他地区借鉴。

2. 建设韧性城市，提高城市的灾害防御与应对能力

《中华人民共和国国民经济和社会发展第十四个五年规划和 2035 年远景目标纲要》提出，建设"韧性城市"，提高城市治理水平，加强超大特大城市治理中的风险防控。韧性城市建设是城市治理现代化水平的重要体现。韧性城市涉及城市、区域、社区、组织、个人等多个层面，包括基础设施韧性、经济韧性、社会韧性、空间韧性和制度韧性等多个维度[①]，包括硬件方面的城市建设韧性，也包括软件方面的城市治理韧性。建设韧性城市应该坚持以人民为中心，把人民的身体健康和生命安全放在首位，这也是城市高质量发展的基本要求。

第一，需要制定韧性城市发展规划，形成韧性城市建设的现代治理格局。韧性城市建设涉及经济建设、空间规划、基础设施、社会治理等多个层面，因此需要相关部门应当前瞻性地把韧性城市建设理念融入顶层设计中，形成各部门协同治理机制。目前，北京、上海、重庆、广州、南京等多个城市提出建设韧性城市的目标。北京是全国首个把韧性城市建设任务纳入城市总体规划的城市。2021 年 11 月，北京发布《关于加快推进韧性城市建设的指导意见》，提出到 2025 年，韧性城市评价指标体系和标准体系基本形成，建成 50 个韧性社区、韧性街区或韧性项目；到 2035 年，韧性城市建设取得重大进展，抗御重大灾害能力、适应能力和快速恢复能力显著提升。

第二，构建城市全生命周期管控机制。通过数字化提升城市治理的效能，加强数据搜集和定量分析的精准管理，提升城市的风险辨识和预警能力，不断提高精细化、精准化管理水平，实现把城市危机和风险消灭在萌芽之中[①]，分别通过"灾前预警—评估与规划"、"灾中应对—建设与统筹"和"灾后恢复—监测与管理"三个阶段的动态反馈来循环调整和修正[②]。对于医疗、电力、通信、排水等影响城市安全的重要基础设施，通过信息集中、资源整合、智能分析和仿真预测，构建

① 陶希东. 中国韧性城市建设：内涵特征、短板问题与规划策略[J]. 城市规划，2022，46（12）：28-34，66.

② 曾鹏. 韧性城市与城市韧性发展机制[J]. 人民论坛·学术前沿，2022，（Z1）：35-45.

统一的城市运行监测体系和突发事件综合协调体系，提高城市应对外部冲击的韧性和弹性。比如，北京（怀柔）韧性城市技术迭代平台于 2022 年 8 月正式发布，其采用软件层核心技术平台，通过地理信息平台、大数据平台、物联网接入平台等建设，为北京建设韧性城市提供了重要的技术支撑。

第三，建立城市全域统筹机制，覆盖建成环境全要素，有机协同房屋建筑、地表覆被、基础设施、公共服务、河流水系等各要素类型。

第四，建立健全城市公共服务资源的横向协同与纵向调度机制，构建公共服务资源共同体，提升城市区域应对突发灾害事件风险的能力。

7.6.2　健全现代乡村治理体系

乡村治理是国家治理体系的基础和重要组成部分，也是实现乡村振兴的重要制度保障。新时代乡村要形成自治、法治、德治"三治"融合的治理体系。

（1）乡村治理要以自治为基础。新制度学派代表人物诺思认为，制度是一系列被制定出来的规则、守法程序和行为的道德伦理规范，这些规则是由正式约束、非正式约束以及它们的实施机制组成[①]。从制度结构来看，正式制度是通过法律等强制执行的；非正式制度更多表现为通过主体的内省和非正式的奖惩自我实施机制，是一种自发的协调和实施机制；相比较于正式制度，非正式制度实施环节少，因而成本低。社会学家提出了"社会资本"理论，社会资本类似于非正式制度，社会资本通过关系网络、信任和互惠、规范等形式发挥作用，社会资本的核心是信任，载体是关系网络。社会资本在熟人社会的作用比在匿名社会的作用更明显，乡村是一个靠以血缘、亲缘、宗缘、地缘等特殊人际关系即"熟人关系"为纽带的乡土社会，因此乡村自治属于社会资本关系网络，可以实现人与人之间低成本的管理，也是一种依靠自我执行内生力量的非正式约束，成本低于政府等第三方治理。因此，乡村自治是乡村治理体系的基础。要充分发挥村民自治的主动性和治理能力，通过村民自我组织、自我管理、自我服务降低乡村治理的成本和成效，引导村民主动关心、支持乡村发展，积极参与到乡村建设和管理中来。

（2）乡村治理要以法治为本。法治是乡村治理的制度保障。目前乡村一些干部法治意识不强，执法不严、违法不究的问题尚未得到根本解决。因此，需要深入开展乡村法律宣传教育活动，提高农民法治素养，引导干部群众尊法学法守法用法。维护村民委员会、农村新型集体经济组织、农村合作经济组织的特别法人地位和权利。健全农村公共法律服务体系，加强对农民的法律援助、司法救助和公益法律服务。

---

① 诺思. 经济史中的结构与变迁[M]. 陈郁，罗华平，译. 上海：三联书店上海分店，1991：226.

（3）乡村治理要以德治为先。德治是乡村治理体系的价值支撑，没有农民群众道德意识的提升，良好的乡村治理无法落实到实处。德治也是中华民族的历史传统，国无德不兴，人无德不立。一是需要深入挖掘乡村熟人社会蕴含的道德规范，结合时代要求积极进行创新，强化道德教化作用，引导农民形成向上向善、孝老爱亲、重义守信的优秀品德。二是加强农村精神文明建设。坚持以社会主义核心价值观为引领，通过各种活动把社会主义核心价值观融入社会发展的各个方面，将其转化为乡村居民的情感认同和自觉行为习惯。三是建立道德激励约束机制，发挥声誉机制的作用，强化农民自觉形成道德激励和约束机制，以良好的道德为荣，以败德行为为耻，进而实现家庭和睦、邻里和谐、干群融洽的良好治理效果。

7.6.3　构建市域社会治理机制

党的二十大报告提出，"加快推进市域社会治理现代化，提高市域社会治理能力"①。推进市域社会治理现代化，不仅是推进社会治理现代化的战略抓手，也是推进国家治理体系和治理能力现代化的重要内容。

市域社会治理是在市域空间进行的社会治理，市域是指城市和乡村的全域范围，属于行政区划概念而不是一个地理空间概念。市域社会治理是对城市治理和乡村治理的统筹。

市域社会治理的目标是：形成市一县（市、区）一乡镇（街道）权责明晰、高效联动、上下贯通、运转灵活，党委、政府、社会、公众等多方主体合作共治的社会治理新体系，在全市域范围内构建形成共建共治共享的社会治理格局，最终实现城乡社会治理良性互动、共生共荣共赢。市域社会治理应该坚持以人为本的理念，坚持自上而下与自下而上相结合的方式，通过社会多方主体协同治理。

（1）提升市域社会治理中公众参与度。一是要创新公众参与方式，根据治理方式已经从线下向线上线下相结合转变的趋势，构建网络社会和现实社会相贯通的治理体系，提高市域社会治理公众参与的广度。二是要扭转公众参与的浅层化和初级化色彩明显的局面，要使群众能够更多地参与法律政策制定、重大污染事件调查等，提升市域社会治理公众参与的高度。三是通过公众参与的程序性和保障性制度建设，确保群众能够由外而内、由表及里循序渐进地参与制度政策制定之全过程以及教育、养老、交通、居住、环境、医疗、收入等民生领域的突出问

---

① 习近平. 习近平：高举中国特色社会主义伟大旗帜 为全面建设社会主义现代化国家而团结奋斗——在中国共产党第二十次全国代表大会上的报告[EB/OL]. [2023-09-18]. https://www.gov.cn/xinwen/2022/10/25/content_5721685.htm.

题解决，提升市域社会治理公众参与的深度。四是要确保公众参与不流于形式、不沦为徒具形式上的"花架子"，在制度政策制定完毕后，建立起包容性发展的公众参与机制，构建一个滚动的公众参与机制保障代际公平性，提高城乡融合发展的市域社会治理公众参与的效度。

（2）技术赋能提升市域社会治理水平。构建市域社会治理智慧化平台，统筹城乡社会治理融合发展，以一体化平台建设整合城乡社会治理事务，提升高效便民服务水平。打通城乡间、部门间数据、平台壁垒，实现信息技术的高度集成整合。

（3）建立市域社会治理制度运行中解决问题的快速反馈机制。市级党政部门建立专门的反馈信息收集机构或者平台，通过线上与线下反馈相结合，对收集到的反馈问题进行归类整理、分析研判，及时做出反应并予以解决。对于超出市域党政部门立法权或者管辖权范围的反馈问题，需要通过问题上报机制定期反馈到省级乃至中央政府部门，使市级党政部门的反馈问题上报机制成为市域社会治理过程中发现问题进入中央层面政策议程的触发机制之一，以推动制度运行过程中自下而上与自上而下的有机结合[①]，不断完善社会治理快速反馈制度。

7.7　健全空间管理机制

高质量发展需要建设协调绿色美丽的城镇化空间，需要健全城镇化空间管理机制。基于城镇化的空间约束，以合理的国土空间规划为基础，以空间治理机制为抓手，提高城镇空间承载力和国土开发利用效率，最终实现城镇化的空间协调与高效发展。城镇化空间结构主要包括生态、生产和生活的"三生"空间结构、城市间的空间结构和城市内的空间结构。

7.7.1　从宏观层面深度融合塑造城镇化空间形态的主体骨架

第一，加强城市之间的地理空间联系，继续构筑"两横三纵"的城镇化空间战略格局。以交通水系轴带串联起主要城市群、都市圈和中心城市，构建"一日经济圈"，由互联互通实现"多连多通、快连快通"。第二，坚持因地制宜、分类指导的原则，以"胡焕庸线"为界，推动东西两侧差异均衡发展，"胡焕庸线"以东要优化发展，提质升级，把城市群和都市圈地区打造成集聚经济活动的主要承载地，增强区域的竞争优势。"胡焕庸线"以西集中优势，加大对边境地区的支持

---

① 刘灵辉，田茂林. 市域社会治理现代化的制度困境突破：基于制度云平台的构想[J]. 电子科技大学学报（社科版），2022，24（1）：65-73.

力度，发挥口岸城市功能，推动其与"一带一路"倡议的深度融合[①]。

7.7.2　从中观层面充分发挥城市群和都市圈的空间载体作用

中国土地资源的特点和超大规模的人口特征，决定了城镇化必须走集约开发道路，城市群和都市圈已成为城镇化的重要空间载体。

首先，要促进城市群内部之间的空间经济联系。加强城市群内不同规模城市之间的投入产出关联度和城乡联系度，促进要素在城市群内自由流动，减少大城市的极化效应，发挥其扩散效应。优化中心城市的产业布局，增强中小城市以及小城镇的产业转移承接能力以及产业配套服务能力，形成城市群或都市圈空间层面的产业链专业化分工协作机制，城市群内区域产业分工应从传统要素基础上形成的纵向产业间分工主导模式，转向基于企业价值网络的产业内分工主导。促进土地利用效率和资源配置效率改善。形成"城市群—都市圈—中心城市—大中小城市—小城镇"多层级、多节点、协调发展的网络型城镇化空间格局[②]。

其次，城市群发展应采取分类推进模式。长三角城市群、粤港澳大湾区、京津冀城市群以建设世界级城市群为目标，进一步提质优化，增强自主创新能力，促进产业向高端化、智能化、服务化发展。长三角城市群应致力于建设成具有全球影响力的科创高地和全球重要的现代服务业和先进制造业中心；粤港澳大湾区要聚焦新兴产业、先进制造业和现代服务业，建设世界级城市群和国际一流湾区；京津冀城市群应调整区域经济结构和空间结构，推动河北雄安新区和北京城市副中心建设，探索超大城市、特大城市等人口经济密集地区有序疏解功能、有效治理大城市病的优化开发模式。长江中游城市群依托黄金水道，构建中部崛起的战略支撑带，全方位推动改革开放，以"三走廊"构建为纽带，推进湖北省光谷科技创新大走廊、湖南省湘江西岸科创走廊、江西省赣江两岸科创大走廊在"光芯屏端网"、大健康、生物医药等产业方面的合作，打造世界级新兴产业集群。成渝城市群需要加强重庆和成都的产业分工合作，构建协同开放通道、高能级开放平台等，建成内陆开放高地，融入全球的开放型经济体系的目标，成为西部大开发的重要战略引擎和我国高质量发展的重要"第四增长极"。其他城市群基本处于快速发育阶段和发育阶段，中心城市扩散和带动能力较弱，支点城市较少，资源主要集中在省会城市。这些城市群应优化城市群内部结构，进一步促进城市之间的互联互通，促进新旧动能转化，加速产业转型升级，形成产业链关联互补、城市

---

① 中国宏观经济研究院国土开发与地区经济研究所课题组, 高国力, 刘保奎, 等. 我国城镇化空间形态的演变特征与趋势研判[J]. 改革, 2020,（9）：128-138.

② 李兰冰, 高雪莲, 黄玖立. "十四五"时期中国新型城镇化发展重大问题展望[J]. 管理世界, 2020, 36（11）：7-22.

功能错位协同的多中心、多层级、多节点的网络型城市群，实现"多级引领，全域扩散"的空间格局。

7.7.3　从微观层面促进城市内部不同空间协调发展

1. 需要做好生态、生产和生活"三生"空间规划

城市空间规划需要通盘考虑空间的经济功能、生态功能和生活功能的需要，良好的生态功能和生活功能才能提高人民在城市生活的幸福感和归属感，实现城市空间权益。理想的城市空间应该是有合理的生产空间、绿色的生态空间、高品质的生活空间。需要合理规划生态、生产和生活"三生"空间，改变传统城镇化过度开发导致的生产空间挤压生活空间和生态空间的局面。生态空间是"三生"空间的先决条件，只有在良好的生态环境前提下，社会再生产才能顺利进行，才能使人们拥有宜居适度的生活空间，才能满足其对美好生活的向往。没有生态就没有生产与生活空间，因此要在保护生态的前提下，规划生产空间与生活空间，促进生产空间集约化，要协调生产空间与生活空间的比例关系，实现生态、生产和生活空间共生融合。传统城镇化的"三生"空间关系和高质量城镇化的"三生"空间关系如图 7-2 和图 7-3 所示。传统"三生"空间是互相挤占的，尤其是生产空间对生活空间和生态空间的挤占，传统发展理念重生产、轻生活，环保理念缺乏，导致对生态破坏严重，以牺牲生态为代价换取社会效益，这种城镇化发展模式是不可持续的。高质量发展阶段需要以新发展理念为引领，在追求绿色生态的前提下，发展生产，满足居民生活需求，新的"三生"空间是共融共生的统一体。

图 7-2　传统城镇化的"三生"空间关系　　　图 7-3　高质量城镇化的"三生"空间关系

2. 促进城市内部不同空间协调发展

需要考虑单位国土面积人口密度和经济活动密度，有效改善城镇化建设的空间需求约束。紧密的空间联系可以促进经济效率改善，充分发挥城镇空间结构的调节效应，以空间结构红利促进城市内部不同空间协调发展。加快城市尤其是特大城市核心区和中心城区过多的功能向非核心区和外围区疏解。核心区主要承载

服务城市的功能，其他功能可由多个副核心区承载。腾出的城市空间重点发展现代服务业。新城区和副核心区在承接核心区疏解转移的产业后，应该配套完善的城市功能，满足本区域就业人口的生活性服务需求，实现产城融合发展。

7.8　构建适用于高质量发展的地方政府考核评价机制

城镇化高质量发展需要对驱动主体之一的地方政府构建新的评价考核机制，地方政府考核评价机制应该真正发挥激励和约束的作用。一是建立符合城镇化高质量发展的评价考核机制。在城镇化高质量发展阶段，对地方政府的评价考核显然不能再用传统的方法评价，不能再唯"GDP"论，考核评价的指挥棒应根据需要做出调整，弱化速度指标，应将城镇化高质量发展的任务内化到地方政府的评价考核中。同时把各地制定的"十四五"规划中的目标任务量化明确，把质量提高、农民工市民化率、公共服务均等化、生态效益、城乡融合等关系到城镇化高质量发展的核心指标和实绩作为地方政府考核的重要内容。这些关键指标需要设置较高的权重[①]，使地方政府主动地去加大执行中央政策的力度，自发地去提升城镇化质量。二是建立审慎问责制度，对没有完成指标任务尤其是环保、农民工市民化等核心指标的地方政府，进行严格问责。

7.9　本　章　小　结

城镇化高质量发展路径的实施需要多元化政策作为制度保障。第一，构建"市场主导、政府引导"的城镇化发展体制，以消除城镇化高质量发展的体制障碍，营造良好的市场化环境。第二，深入改革户籍制度，满足农业转移人口的多元化需求。第三，完善城镇基本公共服务提供机制，推动城镇基本公共服务常住人口全覆盖，建立城乡基本公共服务普惠共享的体制机制。第四，构建城乡要素自由流动的体制机制，培育城乡要素自由流动的市场秩序和市场环境。第五，建立环境保护机制，具体包括完善绿色政绩考核机制以及环境保护和监管制度，建立绿色金融市场体系。第六，完善治理机制，包括提升城市治理水平，建设智慧城市和韧性城市；健全现代乡村治理体系；构建市域社会治理机制。第七，健全空间管理机制，包括从宏观层面深度融合塑造城镇化空间形态的主体骨架；从中观层面充分发挥城市群和都市圈的空间载体作用；从微观层面促进城市内部不同空间协调发展。

---

① 任碧云，郭猛. 我国新型城镇化高质量发展的策略研究[J]. 经济纵横，2021，（5）：110-116.